广东省教育科学规划课题“基于正面管教理论的高校思政课课堂管理效能提升研究”（课题编号2023JKDY008）、“积极心理学视域下高校思想政治理论课学习效能提升研究”（课题编号2021GXJK023）

# 新时代
# 高校思想政治教育
# 创新研究

顾美霞 ◎ 著

湖南大学出版社
·长沙·

图书在版编目（CIP）数据

新时代高校思想政治教育创新研究/顾美霞著. —长沙：湖南大学出版社，2024.7

ISBN 978-7-5667-3325-2

Ⅰ.①新…　Ⅱ.①顾…　Ⅲ.①高等学校—思想政治教育—研究—中国　Ⅳ.①G641

中国国家版本馆 CIP 数据核字（2023）第 247643 号

**新时代高校思想政治教育创新研究**

XIN SHIDAI GAOXIAO SIXIANG ZHENGZHI JIAOYU CHUANGXIN YANJIU

**著　　者：** 顾美霞
**责任编辑：** 龚　仪
**印　　装：** 长沙创峰印务有限公司
**开　　本：** 710 mm×1000 mm　1/16　　**印　　张：** 13.25　　**字　　数：** 212 千字
**版　　次：** 2024 年 7 月第 1 版　　**印　　次：** 2024 年 7 月第 1 次印刷
**书　　号：** ISBN 978-7-5667-3325-2
**定　　价：** 58.00 元

**出 版 人：** 李文邦
**出版发行：** 湖南大学出版社
**社　　址：** 湖南・长沙・岳麓山　　**邮　　编：** 410082
**电　　话：** 0731-88822559（营销部），88821327（编辑室），88821006（出版部）
**传　　真：** 0731-88822264（总编室）
**网　　址：** http://press.hnu.edu.cn
**电子邮箱：** 627913106@qq.com

# 前　言

“育才造士，为国之本。”思想政治工作是中国共产党的优良传统、鲜明特色和突出政治优势，在党的百年伟大历程中发挥着生命线的重要作用。实现中华民族伟大复兴，思想政治教育的地位和作用不可忽视。党的十八大以来，以习近平同志为核心的党中央高度重视学校思想政治工作。围绕“培养什么人、怎样培养人、为谁培养人”这个根本问题，习近平总书记先后发表一系列重要讲话、作出一系列重要指示批示，系统、科学、深刻地回答了事关新时代思想政治教育的一系列方向性、根本性问题，为高校思想政治工作指明了前进方向。习近平新时代中国特色社会主义思想铸魂育人成效明显，思政课建设、日常思想政治工作、课程思政建设全面推进，形成了新时代思想政治工作的一系列新思想、新举措，推动新时代思想政治教育不断取得新突破、开创新局面、展现新气象。站在新的历史起点上，把新时代思想政治教育创新的深刻经验总结好、学习好，传承好、发扬好，具有重大现实意义和深远历史意义。

因事而化、因时而进、因势而新。世界百年未有之大变局、中国特色社会主义新时代是高校思想政治教育创新的时空坐标，其发展环境和整体生态发生重大变化，同时也面临着重大机遇与挑战，积极创新思想政治教育理论和方式方法尤为迫切。党的二十大报告提出要“用社会主义核心价值观铸魂育人，完善思想政治工作体系”，这一要求指明了高校思想政治教育创新发展的方向和思路。完善与创新思想政治工作体系，就基本内容而言，凡是与学生的学习过程和成长活动有关的要素都应当纳入思想政治工作体系中，构成思想政治工作链条中的“扣”和“环”，成为育人体系的组成部分。“全员育人、全程育人、全方位育人”的“三全育人”格局和“课程育人、科研育人、实践育人、文化育人、网络育人、心理育人、管理育人、服务育人、资助育人、组织育人”的“十大育人”体系构建，结合起来为健全和完善学校思想政治工作体系提供了可资落地、可供实施的基本思路。从内涵上看，高校思想政治教育的创新不仅要涵盖系统与要素、内容与方式的创新，而且强调构建多学科参与、多领域相融合、多部门合作的“大思政”格局。新时代思想政治教育逐渐融入课程思政、文化建设、网络阵地、心理健康教育、创新创业教育等领域协同育人，是拓宽高校思想政治教育的渠道、实现思想政治工作社会协同和系统创新的表现。

正是在这样的新时代条件与丰富的实践创新经验积累的背景下，本书着眼于新时代高校思想政治教育理论研究和实践工作中的前沿问题，围绕党的十八大以来高校思想政治教育面临的新情况、新问题，对新时代高校思想政治教育的新规律、新经验进行梳理、总结和分析。主要包括新时代高校思想政治教育的理论创新，高校思政课程与课程思政的协同创新，高校传承弘扬中华优秀传统文化、红色文化等文化育人模式创新，高校网络思想政治教育嬗变及其话语创新，高校思想政治教育与积极心理学、创新创业教育的融合创新等内容，力求与时俱进地补充更新材料，从不同侧面对新时代高校思想政治教育理论问题做出有益探索；力求在实践中检验真理和发展真理，以期为深化新时代高校思想政治教育改革、推动高校思想政治工作高质量发展提供有益参考。

本书的撰写得益于相关参考书籍及学者的启发、帮助，得益于华南师范大学马克思主义学院关锋教授严谨治学的学术精神的熏陶与其作为潜心育人的“大先生”的躬身垂范；本书的出版得益于出版社编辑的支持，得益于华南农业大学马克思主义学院的经费资助。在此一并表示衷心感谢与崇高敬意！

顾美霞

# 目　次

# 第一章　新时代高校思想政治教育理论创新

思想政治工作是中国共产党的优良传统、鲜明特色和突出政治优势，在党的百年伟大历程中发挥着生命线的重要作用，并取得了重大成就。党的十八大以来，特别是习近平总书记主持召开学校思想政治理论课教师座谈会以来，思政教育在党中央治国理政战略全局中的地位日益凸显，发展环境和整体生态发生根本性转变。习近平新时代中国特色社会主义思想铸魂育人成效明显，思政课建设、日常思想政治工作、课程思政建设全面推进，形成了推进新时代思想政治工作的一系列新思想、新举措，为新时代高校思想政治教育提供了理论指引和行动指南。

## 第一节　新时代高校思想政治教育理论创新的时代条件

准确把握新时代，科学判断新时代条件下的发展变化，对我们深刻认识高校思想政治教育及其发展大势，进而提出顺应人类文明发展趋势、反映时代进步要求、最大程度地实现我国高校思想政治教育创新发展的新思想、新举措，具有重大理论和实践意义。思想政治教育是社会生活中的客观存在，思想政治教育过程的基本要素是相对确定和相对稳定的。思想政治教育过程的基本要素包括思想政治教育者、受教育者、教育内容、教育环境、教育方法等。新时代发展格局的不断变化，为思想政治教育主客体、内容、环境、方法等创造了新条件。高校为适应知识经济和信息时代的需要，顺应新时代发展形势，更充分地发挥高校思想政治教育的功能和作用，更新观念、丰富内容、改进方法、提升目标便成为思想政治教育可持续发展的时代选择。

## 一、新时代高校思想政治教育的时空坐标

思想政治教育作为社会结构中的一部分，不仅受一定的社会生产力影响，而且同时受时空坐标背景下多重因素的影响。高校思想政治教育的时空坐标可以从国际、国内两个方面进行分析：一是从世界格局和国际秩序来看，世界处于百年未有之大变局；二是从国内的时空方位来看，党的十八大以来，中国特色社会主义进入新时代。

### （一）世界百年未有之大变局

“世界百年未有之大变局”是党的十八大以来，以习近平同志为核心的党中央对世情、国情、党情的深刻把握，及对国际格局和国际秩序现实考量后的理性判断。“世界百年未有之大变局”中的“百年”是个约数，指出了大致的自然时间范围。“世界百年未有之大变局”中的“未有”指出了其不同于以往的鲜明特征。“世界百年未有之大变局”中的“大”指出了变化的剧烈程度。“世界百年未有之大变局”中的“变局”体现了一种时空变换意识。“世界百年未有之大变局”的出现，是国际上各种力量重塑世界格局的结果，是伴随国家实力的变化各主体权力变动的表现。

第一，“世界百年未有之大变局”设定了世界变化的时空方位。“世界百年未有”既表明了自然时间演进的不可逆转性，又说明了以意识形态、经济版图、科技进步等为代表的一系列标志性事件在成就“世界百年未有之大变局”中的社会时间的作用。在时间的长河中，我国既走过了自然时间的刻度，又走过了以独特事件记忆为表征的社会时间的维度。当前，国际政治经济秩序发生了重要变化，我国成为世界第二大经济体，中国的国际地位呈现出从边缘向中心的变化，技术革命重构了人们的思维方式、记忆方式、生活方式、发展方式，推动了中国经济社会的发展与变革。当前，中国的改革进入深水区，亟须破除利益固化的藩篱。反全球化浪潮此起彼伏，民族主义、民粹主义等社会思潮均有所抬头，中国既面临着发展的机遇，也面临着发展的挑战。如何在“世界百年未有之大变局”中找到我们的航向，利用好机遇，化解风险和应对挑战，成为我们高度关注和必须思考应对的问题。

第二，“世界百年未有之大变局”是中国国家实力增强的一种现实折射。中国近代史是一部屈辱史，也是一部奋斗史。面对中华民族深重的危机，一些有识之士开始寻求救国之道，但是由于这些有识之士所处社会阶层自身的局限性，近代所有救亡图存的尝试均以失败告终。新文化运动后期，十月革命一声炮响，给中国送来了马克思列宁主义。1921 年，中国共产党成立。此后，在极其艰难的条件下，中国共产党从一个只有几十人的小党逐步成长起来，团结带领中国人民取得了新民主主义革命、社会主义革命和建设、改革开放的伟大胜利。今天的中国，已经实现了从“站起来”“富起来”到“强起来”，在政治、经济、文化、社会、生态文明建设方面取得了一系列成就，中国站到了国际舞台的中央，不管是在处理国际事务还是国内事务时均显得更为成熟、理性。在一些重大灾害面前，中国积极地向其他国家和地区提供力所能及的支援；在国际社会中，中国积极倡导“人类命运共同体”的价值理念，向其他国家努力传递中国声音、讲好中国故事。中国已经成为重塑国际格局和国际秩序的一股不可忽视的力量。

“世界百年未有之大变局”在带来大变数的同时，也带来了大机遇。面对“世界百年未有之大变局”，我们要努力做到“立”“破”并举。正如习近平总书记在推进“一带一路”建设工作 5 周年座谈会上指出的：“当今世界正处于大发展大变革大调整时期，我们要具备战略眼光，树立全球视野，既要有风险忧患意识，又要有历史机遇意识，努力在这场百年未有之大变局中把握航向。”[①] 对“世界百年未有之大变局”的认识，是我们做好一切工作的出发点。马克思、恩格斯曾指出：“一切划时代的体系的真正的内容都是由于产生这些体系的那个时期的需要而形成起来的。”[②] 新时代思想政治教育也要围绕“世界百年未有之大变局”的时空坐标展开。在新时代思想政治教育中明确“世界百年未有之大变局”的时空坐标，我们不仅要弄清其“是什么”“为什么”，还要关注“怎么做”。理论只有通过实践才能转化成现实。具体来讲，在“世界百年未有之大变局”下开展新时代思想政治教育，需要增强以下

① 赵超、安蓓、黄敬文：《习近平在推进“一带一路”建设工作 5 周年座谈会上强调 坚持对话协商共建共享合作共赢交流互鉴 推动共建“一带一路”走深走实造福人民》，《人民日报》2018 年 8 月 28 日第 1 版。

② 《马克思恩格斯全集》第 3 卷，人民出版社 1960 年版，第 544 页。

“两力”。

第一，面对风起云涌的国际局势，需要增强新时代思想政治教育的定力。改革开放以来，人们的物质生活获得了极大的改善，物质文明获得了极大的发展。而市场经济是把“双刃剑”，市场经济的发展一方面带来了生产效率的提高，另一方面也容易造成两极分化。在市场行为中，也存在一些市场主体为了追求经济利益不顾道德、不顾法律、不讲诚信的行为，极大地败坏了社会风气。同时，西方敌对势力也对我国虎视眈眈，它们对自身的政治诉求进行文化重构，借助一些文化产品的包装将拜金主义、享乐主义、极端个人主义等思想传入中国。在西方文化的影响下，我国部分大学生中出现了盲目追求个性、爱国意识淡漠、崇洋媚外的现象。中国作为一个文明古国，拥有深厚的文化底蕴，如何在新时代的背景下推动中华优秀传统文化创造性转化和创新性发展，如何在新时代推动社会主义核心价值观入脑入心，如何在新时代践行社会公德、职业道德、家庭美德、个人品德的要求，如何在新时代推动爱国主义精神落地生根……这些都是塑造人们的行为、规范个体认知的指针，也是新时代思想政治教育的风向标。培养未来社会主义事业的建设者和接班人，我们需要适应新时代发展的要求，培养有理想、有本领、有担当的时代新人，进一步增强新时代思想政治教育的定力。

第二，面对文明的融通，需要增强新时代思想政治教育的张力。文明不仅会传达一定的价值理念，而且是增进文化认同的工具。文明融入一个国家或民族的文化血脉和文化基因中，对一个国家或民族的人们的思维惯性、行为模式产生潜移默化的影响。在文明的存续过程中，文明需要不断根据时代的变化、面临的挑战进行自我调整，在与自然灾害、人为灾害的抗争中取得自身生存的空间，否则就会遭到淘汰。在“世界百年未有之大变局”的时空坐标中，任何想借助自身的优势地位让其他文明臣服于它的文明都会带来文明的冲突。中国作为一个负责任的大国，拥有五千多年文明，一向倡导和平独立，秉承着不称霸的原则。文明承载了一定的需要和利益诉求，需要不断地进行文明间的融通，才能拥有更为持久的生命力。在“世界百年未有之大变局”中，面对文明的融通，我们需要不断吸收其他文明中的优秀元素，不断丰富新时代思想政治教育的内涵，增强新时代思想政治教育的张力。

大变局带来大挑战，也带来大机遇，我们必须因势而谋、应势而动、顺势而为，必须立足大局、引领变局、开创新局，努力实现变中求进、变中突破、变中取胜，这对于指导我们推进高校思想政治教育创新发展具有重大而深远的意义。

**（二）中国特色社会主义新时代**

2017年10月18日，习近平总书记在中国共产党第十九次全国代表大会报告中指出："经过长期努力，中国特色社会主义进入了新时代，这是我国发展新的历史方位。""中国特色社会主义进入新时代，意味着近代以来久经磨难的中华民族迎来了从站起来、富起来到强起来的伟大飞跃，迎来了实现中华民族伟大复兴的光明前景；意味着科学社会主义在二十一世纪的中国焕发出强大生机活力，在世界上高高举起了中国特色社会主义伟大旗帜；意味着中国特色社会主义道路、理论、制度、文化不断发展，拓展了发展中国家走向现代化的途径，给世界上那些既希望加快发展又希望保持自身独立性的国家和民族提供了全新选择，为解决人类问题贡献了中国智慧和中国方案。"①

"新时代"的提法明确地为党的十八大以来中国特色社会主义建设划定了时间范围，指出了时代主题、时代特征、时代使命的具体场域。中国特色社会主义新时代，是对以往社会实践经验的深刻总结，是对时代主题的深刻回应，"这个新时代，是承前启后、继往开来、在新的历史条件下继续夺取中国特色社会主义伟大胜利的时代，是决胜全面建成小康社会、进而全面建设社会主义现代化强国的时代，是全国各族人民团结奋斗、不断创造美好生活、逐步实现全体人民共同富裕的时代，是全体中华儿女勠力同心、奋力实现中华民族伟大复兴中国梦的时代，是我国日益走近世界舞台中央、不断为人类作出更大贡献的时代"②。

马克思、恩格斯指出："历史的每一阶段都遇到一定的物质结果，一定的生产力总和，人对自然以及个人之间历史地形成的关系，都遇到前一代传给后一代的大量生产力、资金和环境，尽管一方面这些生产力、资金和环境为新的一代所改变，但另一方面，它们也预先规定新的一代本身的生活条件，

① 《习近平谈治国理政》第三卷，外文出版社2020年版，第8-9页。

② 《习近平谈治国理政》第三卷，外文出版社2020年版，第9页。

使它得到一定的发展和具有特殊的性质。”① 中国特色社会主义新时代是在总结了以往中国特色社会主义建设的理论、实践经验和教训的基础上发展起来的，是在汲取中华优秀传统文化、革命文化、社会主义先进文化的基础上发展起来的，是在具体分析时代特征、时代主题的背景下发展起来的，既有继承，又有创新。中国特色社会主义新时代“不仅对物质文化生活提出了更高要求，而且在民主、法治、公平、正义、安全、环境等方面的要求日益增长”②。在中国特色社会主义新时代开展思想政治教育，需要处理好以下两对关系。

第一，不忘本来与吸收外来的关系。在和平与发展成为时代主题的情况下，任何一个国家、任何一个民族都不可能退回自我封闭的状态，而是在政治、经济、文化、教育、科技等方面深度交融。中国特色社会主义进入新时代，为新时代思想政治教育指明了前进的方向。中国的历史、文化传统等赋予了新时代思想政治教育相应的内涵与要求，比如，中华优秀传统文化中的讲仁爱、重民本、守诚信、崇正义、尚和合、求大同理念是人们行动的导向，同时，西方某些国家的关于思想建设、道德建设、法治建设方面的优秀成果也应该为我们吸收利用。我们要秉承既批判又建设的态度取其精华、去其糟粕，将思想政治教育本土化的成果与吸收借鉴的西方文明建设方面的成果有机结合起来，密切联系实际，将外来的先进文化成果中的理念、方法与中国文化有机融合，创造性地解决外来的先进文化成果“水土不服”的问题，进一步丰富新时代思想政治教育的内容。

第二，批判继承与创新发展的关系。新时代思想政治教育并不是无源之水、无本之木，它必然是对以往的思想政治教育的批判继承。以往的思想政治教育成果作为国家文化软实力的重要组成部分，塑造着人们的社会认知，引领着人们的世界观、人生观、价值观。改革开放以来，中国共产党不断探索思想政治教育规律、加强思想政治教育工作，把思想政治教育融入我国的社会主义现代化建设中，使得社会思想道德状况明显改善，人们的精神面貌焕然一新，展示出强大的中国精神和中国力量，显示了中国特色社会主义思

① 《马克思恩格斯文集》第1卷，人民出版社2009年版，第544-545页。

② 《习近平谈治国理政》第三卷，外文出版社2020年版，第9页。

想政治教育的政治优势。在这种情况下，新时代思想政治教育必须一方面批判继承以往思想政治教育的合理因素，另一方面创新发展新时代思想政治教育有待改进的地方。比如，中华传统文化博大精深，儒家的“入世”、道家的“出世”等都有其合理的部分，我们要通过吸收合理的因素激发行动的正能量，从而发挥其积极的效用。

## 二、新时代高校思想政治教育的时代境遇

新时代多元共享的发展环境，社会转型时期的道德爬坡、滑坡状况和新媒体瞬时、开放的传播方式重塑整个社会结构，潜移默化地改变着大学生的思维方式和行为方式，这为高校思想政治教育带来了新契机，同时也给高校思想政治教育工作者带来了新挑战。

### （一）新契机：主导性与主体性相统一的教育生态重塑

思政课要坚持主导性和主体性相统一，这个要求对高校思想政治教育也同样适用。高校思想政治教育的对象是青年大学生，教育理念和方式是否适应青年大学生的认知习惯、审美特点和接受方式决定了教育质效。在时空场域变换的网络思想政治教育中，思想政治教育工作者不仅要重视，更要引导和调控受教育者主体性作用的发挥。只有正确处理好教育者的主导作用和受教育者的主体性作用的关系，实现受教育者与教育者双向交流，思想政治教育过程才能顺利进行，思想政治教育活动才会具有明显效果。①

新时代为满足青年学生主体地位的需求提供了技术条件。新时代为大学生提供了多元、共享、交互的技术媒介和时代环境，使得高校思想政治教育主体、形态和传播方式发生了重大变革。从技术上讲，新媒体技术的交互性加强了人与人之间的互动关系，为满足青年学生主体地位的需求提供了技术条件。传统的思想政治教育受到沟通渠道和教育规模迅速扩大等因素的影响，大部分师生之间缺乏及时有效的沟通和良性互动，容易产生思想和情感上的隔阂。青年大学生思维活跃、自主意识强，这就要求思想政治教育工作者充分尊重青年大学生在教育活动中的主体地位和需求，用平等的方式开展教育。教育者主动研究青年的特点，善于用青年视角、思维及话语讲道理，与时俱

① 廖小琴：《思想政治教育过程要素再探究》，《思想教育研究》2022 年第 1 期。

进更新教育理念、优化教育内容和改进教育方式。

新时代为教育者以话语同频引发思想共振和情感共鸣提供了平台。以微博、微信为代表的媒体所具有的即时性、交互性为师生提供了良好的情感交流平台，有利于实现由单向传播向多向互动的形式转变。在微博、微信这个平等的话语场域中，人类的交往活动不断超越现实社会空间向虚拟空间拓展，这就为师生提供了重新进行网络交往互动的全新空间。对于思想政治教育工作者而言，过去“填鸭式”和权威式的教育方式被打破，教育双方融会成对等的交流者，成为人际沟通和情感表达的主体。教育者在网络空间中可以成为受教育者的知心人，可以近距离感受青年学生的信息接受方式和话语习惯，了解学生信息传递、思想表达和情感交流的渠道和方式，增强其与学生交流的平等性和互动性，以话语同频引发思想共振和情感共鸣。朋友圈、微博等平台打破了现实与虚拟世界的界限，无须面对面却能心连心的沟通模式使师生在网络平台中以平等的身份进行交流，极大地缩短了双方的心理交往距离，学生可以敞开心扉自由发表意见和观点，减轻思想顾虑和心理负担。这些都为教育者主动进入网络空间成为学生的“圈内好友”，在了解学生的思想动态的基础上开展针对性教育提供了可能。因此，师生可借助微博、微信这类全新的、平等的、交互式的信息传播和交流平台消除彼此间的隔阂，建立主导性与主体性相统一的教育生态，实现学生健康成长的目标。

**（二）新挑战：传统道德范式面临变革**

我国社会正处于由传统向现代、由伦理社会向法治社会的过渡期，社会转型时期面临思想观念的深刻变革、市场规则泛化、科技对个体意义感的剥夺等挑战，使得传统道德范式面临着被重塑的命运。

思想观念的深刻变革，消解了传统道德的整齐划一。目前的中国处于走向现代化的社会转型时期，新发展阶段是对经济社会发展规律的深刻揭示，在这一过程中，人们的思想文化观念将会经历一系列深刻的变革，在价值和现实层面也将产生一系列变化、矛盾以及冲突。对于“社会转型”的含义，我国社会学学者主要有以下三方面的理解：一是指从计划经济到市场经济的体制转型；二是指由体制转轨、利益调整等因素引起的价值观念、行为方式、价值体系等方面的社会结构转型；三是指从传统社会向现代社会、从农业社会向工业社会、从封闭性社会向开放性社会变迁和发展的社会形态转型。[①]改革开放四十多年来，我国已经在经济领域获得了极大的成功，民主政治逐步完善，公共生活领域不断扩大，而与此同时关于社会道德滑坡和道德爬坡的争论一直不休。情感冷漠、价值失范、信任危机是道德生活中的突出问题。法国思想家卢梭认为，物质的发展与道德的堕落往往趋同，而这一论调在20世纪得到发酵，存在主义哲学家海德格尔指出，社会物质文明的发展常常使人类陷入危险的境地。与其说是道德的爬坡和滑坡之争，毋宁说是我们的道德陷入了某种困境，道德困境也超出了时代，成为不同社会背景下人们必须直面的普遍命题。显然，不同的社会背景为这一命题添加了具体的规定，而我国现代的发展历程为这一命题标下了特有的注脚。“道德具有历史性，不同时代具有不同的道德观念，永恒不变的道德是不存在的。”[②] 传统道德由特定的时代衍生，在社会生活大变革的背景下，不足以满足现实生活的伦理诉求。随着民主政治生活的逐渐发展、公共生活的扩大、多样化道德体系的建立和多元价值坐标的确立，以往以政治力量为主导的调控方式让位于多样化的道德选择。在新的时代条件与环境下，社会道德不可避免地出现了传统与现代的对抗，人们面临传统与现代的价值选择的尴尬境地。

市场规则泛化冲淡了思想政治教育的正向引导作用。“道德是一定生产方式的产物，是对经济基础比较直接的反映。”[③] 道德作为社会上层建筑，由经济基础所决定，依靠社会舆论、风俗习惯和人们的内心信念而对社会生活发挥作用。马克思主义伦理学认为，社会经济结构的性质直接决定各种道德体系的性质，社会经济关系所表现出来的利益，直接决定道德的基本原则和主要规范。从历史的维度看，社会主义道德较之于其他社会形态的道德有着巨大的进步。市场经济作为改革开放四十余年的主题，市场规则、市场化思维融入了我国社会生活的各个领域，这突出表现在教育、医疗和住房上。用市场化思维来治理非市场领域，必然造成人际关系的物化和传统社会道德根基的消融。从现实社会生活的角度看，与经济高速发展相伴随的是收入差距的

① 张勇、张玲：《新时代高校思想政治教育创新研究》，中国社会科学出版社2019年版，第7页。

② 本书编写组：《马克思主义基本原理概论》，高等教育出版社2018年版，第110页。

③ 同上。

扩大化趋势；教育、医疗等民生领域的部分问题被诟病；裙带关系等个别社会现象造成了部分民众的仇富、仇官心理。“人们为之奋斗的一切，都同他们的利益有关”[①]，走出当前的道德困境，必须依赖于社会利益的妥善分配和社会矛盾的巧妙化解，必然指向制度伦理的建设和个体道德品性的培育。

科技对个体意义感的剥夺，遮蔽了社会的主流价值体系。科技的发展使人对自然和社会的认识不断加深，改变了过去人基于宗教和意识形态对自然的盲目服从，意味着生产方式的变革和人们生活方式的变更。对科技的依赖在改变人们的思想观念、重塑新时期道德体系的同时，也导致了人与社会、人与自然间天然联系的隔断。“科技以其独有的去魅力量支撑起对形而上学拒斥的优越感，从而制造了个体生活意义的困境。”[②]

大学生的价值取向往往成为社会转型时期的晴雨表，而大学生在社会转型中的心路历程，又常常为人们观察和认识一个时代的发展特征提供了较为独特的视角。经济和科技的发展衍生出大量的道德真空，对于利益的驱逐将使部分社会个体丧失理智的约束，利用道德和法律真空制造谋利契机，也在无形中强化了对个体价值的塑造，而这种对个体自由的崇拜，容易衍生出极端个人主义和道德无用的观点。现阶段高校思想道德教育发展已经大大滞后于社会发展，部分社会领域表现出这样的状态：人伦关系迅速被斩断，信义原则迅速被抛弃，而以法约为基础的经济道德尚未完全确立，处于无规则的混乱状态。[③] 然而，道德困境并不意味着高校思想道德教育的停滞不前，恰恰是高校思想政治教育困境引发了向上的动力，孕育了新生的力量，道德作为一种意识形态必然寻求自身的话语地位。

## 第二节　新时代高校思想政治教育的守正创新

习近平总书记在全国高校思想政治工作会议、全国教育大会、学校思想

① 《马克思恩格斯全集》第 1 卷，人民出版社 1956 年版，第 82 页。

② 李彬：《当前个体生活的特点及其道德困境》，《道德与文明》2011 年第 3 期。

③ 张勇、张玲：《新时代高校思想政治教育创新研究》，中国社会科学出版社 2019 年版，第 11 页。

政治理论课教师座谈会、中国人民大学考察调研等重要场合，就高校思想政治教育多次提出明确要求，为新时代思想政治教育提供了根本遵循。党中央和国务院也印发了《关于加强和改进新形势下高校思想政治工作的意见》《关于新时代加强和改进思想政治工作的意见》等重要文件，进一步把思想政治工作落到实处。教育部等十部门印发《全面推进“大思政课”建设的工作方案》，要求充分调动全社会力量和资源，建设“大课堂”、搭建“大平台”、建好“大师资”，为高校思政课建设、日常思想政治工作、课程思政建设的全面推进制定了建设方案，开辟了高校思想政治教育的新局面。

## 一、新时代思想政治教育的新论述

守正创新就是新时代高校思想政治教育要在时代变迁、外部环境变化、观念变迁发展等诸多变化中坚守发展社会主义教育事业的初心使命。党的十八大以来，习近平总书记有关思想政治理论课建设、开展思想政治工作、推动贯彻“大思政课”理念的重要讲话，已经成为教育战线育人实践的根本遵循[①]，也是新时代高校思想政治教育守正创新的主要内容，促进了思想政治教育工作实践推陈出新，推动着思想政治教育理论在传承中不断发展。

### （一）思政课是落实立德树人根本任务的关键课程，新的教育战略定位更加清晰

一是提出办好思想政治理论课意义重大，思政课是落实立德树人根本任务的关键课程。习近平总书记在学校思想政治理论课教师座谈会上指出：“思想政治理论课是落实立德树人根本任务的关键课程……思政课作用不可替代，思政课教师队伍责任重大。”“我对教育工作在这方面强调得最多，教育工作别的方面我也强调，但思政课建设我必须更多强调。”“办好思政课，就是要开展马克思主义理论教育，用新时代中国特色社会主义思想铸魂育人。”[②] 习近平总书记在中国人民大学考察调研时指出：“落实立德树人根本任务，传承红色基因，让听党话、跟党走的信念成为人大师生的自觉追求。”“思政课的

① 田丽、赵婀娜、黄超等：《大思政课，总书记心中的一件大事》，《人民日报》2022年5月22日。

② 习近平：《思政课是落实立德树人根本任务的关键课程》，《求是》2020年第17期。

本质是讲道理，要注重方式方法，把道理讲深、讲透、讲活，老师要用心教，学生要用心悟，达到沟通心灵、启智润心、激扬斗志。”① 新时代讲好用好思政课，要站在培养担当民族复兴大任的时代新人的战略高度，认准思政课的重大意义，理解透立德树人的根本任务，掌握好讲透讲活思政课的方式方法。

二是跳出思政课看思政课，提出“大思政课”改革新部署，引领高校思政教育进入新阶段。习近平总书记在2021年全国两会期间强调：“‘大思政课’我们要善用之，一定要跟现实结合起来。上思政课不能拿着文件宣读，没有生命、干巴巴的。”② 习近平总书记在学校思想政治理论课教师座谈会上指出：“改革创新是时代精神，青少年是最活跃的群体，思政课建设要向改革创新要活力。如果做一天和尚撞一天钟，照本宣科、应付差事，那‘到课率’‘抬头率’势必大打折扣。很多学校在思政课上积极采用案例式教学、探究式教学、体验式教学、互动式教学、专题式教学、分众式教学等，运用现代信息技术等手段建设智慧课堂等，取得了积极成效。这些都值得肯定和鼓励。”③ “在大中小学循序渐进、螺旋上升地开设思想政治理论课非常必要，是培养一代又一代社会主义建设者和接班人的重要保障。”④ 要更好地讲活新时代思政课，就要敢于改革创新，从教学理念、技术手段、方法等方面做出积极尝试，尤其是强调大中小学思政一体化的总体设计，以及新时代思政课的创新思维和系统思维，合力推进“大思政课”的整体优化。

### （二）持续加强党对高校思想政治工作的领导，阐明“培养什么人、怎样培养人、为谁培养人”这个根本问题

一是办好思政课，最根本的是要全面贯彻党的教育方针，解决好“培养什么人、怎样培养人、为谁培养人”这个根本问题。重视思想政治教育是中国共产党的优良传统。早在1847年，马克思、恩格斯在《共产主义者同盟章程》中明确提出了要十分重视“宣传工作”对群众的思想发动和教育作用。

---

① 鞠鹏、谢环驰：《习近平在中国人民大学考察时强调 坚持党的领导传承红色基因扎根中国大地 走出一条建设中国特色世界一流大学新路》，《人民日报》2022年4月26日。

② 杜尚泽：《“‘大思政课’我们要善用之”（微镜头·习近平总书记两会“下团组”）》，《人民日报》2021年3月7日。

③ 习近平：《思政课是落实立德树人根本任务的关键课程》，《求是》2020年第17期。

④ 张烁、谢环驰：《习近平主持召开学校思想政治理论课教师座谈会强调 用新时代中国特色社会主义思想铸魂育人 贯彻党的教育方针落实立德树人根本任务》，《人民日报》2019年3月19日。

刘少奇曾将“宣传工作”解释为“思想工作”。列宁在1902年创立布尔什维克党时提出了“政治工作”和“政治教育工作”的概念。1934年斯大林将其改述为“思想工作”“政治思想工作”。中国共产党在诞生之后发展的长时间里沿用上述各种概念。1951年刘少奇提出“思想政治工作”的概念。1957年毛泽东在《关于正确处理人民内部矛盾的问题》一文中进一步阐述了“思想政治工作”的概念。从1960年至1978年，思想政治工作领域形成了“政治思想工作”的统一叫法。1978年，党的十一届三中全会开创了改革开放和社会主义现代化建设新时期，国家各项工作围绕经济建设这一中心开展。在这种历史条件下，逐渐以“思想政治工作”或“思想政治教育”取代了“政治思想工作”。随之而来的，我国高校思想政治理论教育也进入了历史发展的新时期，高校思想政治理论课程经历了恢复发展、深化改革、加强建设的四十多年历程，焕发出新的生机活力，成为高校开展思想政治教育的主渠道。

习近平总书记在全国高校思想政治工作会议上强调：“高校思想政治工作关系高校培养什么样的人、如何培养人以及为谁培养人这个根本问题。要坚持把立德树人作为中心环节，把思想政治工作贯穿教育教学全过程，实现全程育人、全方位育人，努力开创我国高等教育事业发展新局面。”① 习近平在学校思想政治理论课教师座谈会上指出：“办好思想政治理论课，最根本的是要全面贯彻党的教育方针，解决好培养什么人、怎样培养人、为谁培养人这个根本问题。”② 我们党把重视思想政治教育的优良传统在新时代进一步发扬光大。

二是坚持社会主义办学方向。坚持社会主义办学方向是坚持马克思主义教育理论、体现中国特色社会主义制度的必然要求。早在面对民族危亡的革命时期，我们党在硝烟战火中创立了抗日军政大学、陕北公学、延安中国女子大学等高校，开展马克思主义理论教育和宣传，培养具有坚定理想信念的马克思主义信仰者、传播者、教育者，为共产主义事业培养了大批革命人才，体现和坚持了社会主义办学理念和方向。新时代我们党更加深刻地认识了坚

① 张烁、鞠鹏：《习近平在全国高校思想政治工作会议上强调 把思想政治工作贯穿教育教学全过程 开创我国高等教育事业发展新局面》，《人民日报》2016年12月9日。

② 张烁、谢环驰：《习近平主持召开学校思想政治理论课教师座谈会强调 用新时代中国特色社会主义思想铸魂育人 贯彻党的教育方针落实立德树人根本任务》，《人民日报》2019年3月19日。

持社会主义办学方向对于办好中国特色社会主义高校的重要意义。习近平总书记在学校思想政治理论课教师座谈会上指出："坚持社会主义办学方向，落实立德树人的根本任务，坚持教育为人民服务、为中国共产党治国理政服务、为巩固和发展中国特色社会主义制度服务、为改革开放和社会主义现代化建设服务。"① 习近平总书记在教育文化卫生体育领域专家代表座谈会上指出："要坚持社会主义办学方向，把立德树人作为教育的根本任务，发挥教育在培育和践行社会主义核心价值观中的重要作用，深化学校思想政治理论课改革创新，加强和改进学校体育美育，广泛开展劳动教育，发展素质教育，推进教育公平，促进学生德智体美劳全面发展，培养学生爱国情怀、社会责任感、创新精神、实践能力。"②

**（三）坚持理论创新与理论武装同步推进，强调铸魂育人的新思想**

习近平总书记在中国人民大学考察时指出："思想政治理论课能否在立德树人中发挥应有作用，关键看重视不重视、适不适应、做得好不好。"③ 习近平总书记在全国高校思想政治工作会议上强调："要坚持不懈传播马克思主义科学理论，抓好马克思主义理论教育，为学生一生成长奠定科学的思想基础。"④ 习近平总书记在学校思想政治理论课教师座谈会上指出："办好思政课，就是要开展马克思主义理论教育，用新时代中国特色社会主义思想铸魂育人，引导学生增强中国特色社会主义道路自信、理论自信、制度自信、文化自信，厚植爱国主义情怀，把爱国情、强国志、报国行自觉融入坚持和发展中国特色社会主义、建设社会主义现代化强国、实现中华民族伟大复兴的奋斗之中。"⑤ 新时代思想政治教育不仅要坚持不懈传播马克思主义科学理论，还要坚持用马克思主义中国化时代化最新成果教育青年。新时代思想政

① 张烁、谢环驰：《习近平主持召开学校思想政治理论课教师座谈会强调 用新时代中国特色社会主义思想铸魂育人 贯彻党的教育方针落实立德树人根本任务》，《人民日报》2019 年 3 月 19 日。

② 习近平：《在教育文化卫生体育领域专家代表座谈会上的讲话》，2020 年 9 月 22 日，中华人民共和国中央人民政府网站，http：//www. gov. cn/xinwen/2020-09/22/content _ 5546157. htm。

③ 鞠鹏、谢环驰：《习近平在中国人民大学考察时强调 坚持党的领导传承红色基因扎根中国大地 走出一条建设中国特色世界一流大学新路》，《人民日报》2022 年 4 月 26 日。

④ 张烁、鞠鹏：《习近平在全国高校思想政治工作会议上强调 把思想政治工作贯穿教育教学全过程 开创我国高等教育事业发展新局面》，《人民日报》2016 年 12 月 9 日。

⑤ 习近平：《思政课是落实立德树人根本任务的关键课程》，《求是》2020 年第 17 期。

治教育就是坚持用马克思主义中国化时代化的最新成果——习近平新时代中国特色社会主义思想武装青年、铸魂育人。

**（四）坚持遵循规律与改革创新协调统一，提出“八个相统一”的新思路**

一是推动思想政治理论课改革创新，增强思政课的思想性、理论性和亲和力、针对性，实现知、情、意、行等“八个相统一”。习近平总书记在学校思想政治理论课教师座谈会上强调，推动思想政治理论课改革创新，要不断增强思政课的思想性、理论性和亲和力、针对性。要坚持政治性和学理性相统一；坚持价值性和知识性相统一；坚持建设性和批判性相统一；坚持理论性和实践性相统一；坚持统一性和多样性相统一；坚持主导性和主体性相统一；坚持灌输性和启发性相统一；坚持显性教育和隐性教育相统一。①“八个相统一”成为新时代推进思政课改革创新的重要遵循，牢牢把握“八个相统一”要求，不断深化对思想政治教育工作规律、思想政治理论课教学规律、学生成长发展规律的科学认识，与时俱进地推进理念、内容和方式的改革创新。

二是思想政治理论课主渠道教育要坚持在改进中加强、在创新中提高，及时更新和丰富教学内容、手段，防止形式化、表面化。习近平总书记在全国高校思想政治工作会议上强调：“要用好课堂教学这个主渠道，思想政治理论课要坚持在改进中加强，提升思想政治教育亲和力和针对性，满足学生成长发展需求和期待，其他各门课都要守好一段渠、种好责任田，使各类课程与思想政治理论课同向同行，形成协同效应。”② 习近平总书记在湖南考察时强调：“要把课堂教学和实践教学有机结合起来，充分运用丰富的历史文化资源，紧密联系中国共产党和中国人民的奋斗历程，深刻领悟马克思主义中国化的内在道理，深刻领悟为什么历史和人民选择了中国共产党和社会主义，进一步坚定‘四个自信’。”③

---

① 张烁、谢环驰：《习近平主持召开学校思想政治理论课教师座谈会强调 用新时代中国特色社会主义思想铸魂育人 贯彻党的教育方针落实立德树人根本任务》，《人民日报》2019 年 3 月 19 日。

② 张烁、鞠鹏：《习近平在全国高校思想政治工作会议上强调 把思想政治工作贯穿教育教学全过程 开创我国高等教育事业发展新局面》，《人民日报》2016 年 12 月 9 日。

③ 岳月伟、李学仁：《习近平在湖南考察时强调 在推动高质量发展上闯出新路子 谱写新时代中国特色社会主义湖南新篇章》，《人民日报》2020 年 9 月 19 日。

### （五）坚持真理与价值、教书与育人相统一，提出成为“大先生”的新要求

思政课能否讲深、讲透、讲活，教师至关重要。立足新时代的历史方位，习近平总书记深刻阐释了做一名什么样的思政课教师、怎样做好一名思政课教师的基本要求和实现路径，包含了对“大先生”的期许、对理想信念的强调、对道德情操的要求和对队伍建设的希望等内容。习近平总书记在学校思想政治理论课教师座谈会上指出：“经师易求，人师难得。”“教师承载着传播知识、传播思想、传播真理，塑造灵魂、塑造生命、塑造新人的时代重任。思政课教师，要给学生心灵埋下真善美的种子，引导学生扣好人生第一粒扣子。”① 广大思想政治理论课教师政治要强、情怀要深、思维要新、视野要广、自律要严、人格要正。习近平总书记在全国高校思想政治工作会议上强调：“教师做的是传播知识、传播思想、传播真理的工作，是塑造灵魂、塑造生命、塑造人的工作。教师不能只做传授书本知识的教书匠，而要成为塑造学生品格、品行、品味的‘大先生’。”② “教师是人类灵魂的工程师，承担着神圣使命。传道者自己首先要明道、信道。高校教师要坚持教育者先受教育，努力成为先进思想文化的传播者、党执政的坚定支持者，更好担起学生健康成长指导者和引路人的责任。要加强师德师风建设，坚持教书和育人相统一，坚持言传和身教相统一，坚持潜心问道和关注社会相统一，坚持学术自由和学术规范相统一，引导广大教师以德立身、以德立学、以德施教。”③ 新时代对思想政治理论课教师的期许与要求，成为高校思想政治理论课教师教书育人和完善自我的重要标准。

## 二、培养担当民族复兴大任的时代新人

培养什么人、如何培养人、为谁培养人是高校思想政治教育的根本问题。青年大学生作为国家的希望、民族的未来，承担着与生俱来的历史重任。“士不可以不弘毅，任重而道远。”习近平总书记十分重视高校思想政治教育工

① 张烁、谢环驰：《习近平主持召开学校思想政治理论课教师座谈会强调 用新时代中国特色社会主义思想铸魂育人 贯彻党的教育方针落实立德树人根本任务》，《人民日报》2019 年 3 月 19 日。

② 学习小组：《习近平首次点评“95 后”大学生》，《人民日报》2017 年 1 月 3 日。

③ 张烁、鞠鹏：《习近平在全国高校思想政治工作会议上强调 把思想政治工作贯穿教育教学全过程 开创我国高等教育事业发展新局面》，《人民日报》2016 年 12 月 9 日。

作，在青年教育方面更是把青年的思想政治教育摆在了尤为重要的位置。习近平总书记关于青年思想政治教育的重要论述主要集中在以下文本中：《青年要自觉践行社会主义核心价值观》《习近平在全国高校思想政治工作会议上的讲话》《习近平关于青少年和共青团工作论述摘编》《习近平在北京大学师生座谈会上的讲话》《习近平在全国教育大会上的讲话》《习近平在学校思想政治理论课教师座谈会上的讲话》《习近平在纪念五四运动 100 周年大会上的讲话》等。习近平总书记在这些文本中明确了中国青年运动的主题、方向和青年应承担的历史使命和社会责任。他围绕立德树人这一根本环节，表达了对青年成长成才的殷切期盼，重点回答了新时代"培养什么样的青年""如何培养青年""为谁培养青年"等议题，为新时代青年思想政治教育提供了新的理论指导。

**（一）青年是党和人民事业发展的生力军**

中国共产党一直都把青年看作是祖国的未来、民族的希望，一直都把青年作为党和人民事业发展的生力军，一直都支持青年在人民的伟大奋斗中实现自己的人生理想。习近平总书记在庆祝中国共产党成立 100 周年大会上专门谈到青年，他指出："一百年来，在中国共产党的旗帜下，一代代中国青年把青春奋斗融入党和人民事业，成为实现中华民族伟大复兴的先锋力量。"① 习近平总书记在庆祝中国共产主义青年团成立 100 周年大会上的讲话用了多个"最"字表达他的评价和期待："青年是常为新的，最具创新热情，最具创新动力。""青年是社会中最有生气、最有闯劲、最少保守思想的群体，蕴含着改造客观世界、推动社会进步的无穷力量。""青年之于党和国家而言，最值得爱护、最值得期待。"② 实现中华民族伟大复兴的中国梦是党和人民的伟大事业，是一场历史接力赛，历史和实践向我们充分证明，"现在，我们比历史上任何时期都更接近中华民族伟大复兴的目标，比历史上任何时期都更有信心、有能力实现这个目标"③。为此，习近平总书记对青年一代寄予厚望，

① 习近平：《在庆祝中国共产党成立 100 周年大会上的讲话》，《求是》2021 年第 14 期。

② 习近平：《在庆祝中国共产主义青年团成立 100 周年大会上的讲话》，2022 年 5 月 10 日，中华人民共和国中央人民政府网站，http：//www. gov. cn/xinwen/2022－05/10/content _ 5689538. htm。

③ 《习近平谈治国理政》第二卷，外文出版社 2017 年版，第 57 页。

中国梦熠熠生辉，伟大的召唤指引着青年一代怀揣着梦想，大步向前。青年是党和人民事业发展的生力军，年轻人要把自己的理想同祖国的伟大事业结合起来，以中国梦成就广大青年的青春梦想，以青春梦想来进一步增强实现中国梦的信心。当代青年要以坚定不移的理想信念和踔厉奋发的前进姿态，积极主动投身到实现中华民族伟大复兴的历史征程中去。

**（二）青年是社会责任与历史使命的担当者**

回顾中国共产党的百年发展历程，我们可以发现，青年始终与时代发展同呼吸、共命运，青年一代始终坚定理想，勇敢地承担起自己的责任，为实现中华民族伟大复兴的中国梦注入源源不断的动力。习近平总书记在纪念五四运动100周年大会上指出："民族振兴是青年的责任。""只要青年都勇挑重担、勇克难关、勇斗风险，中国特色社会主义就能充满活力、充满后劲、充满希望。"① 习近平总书记给南京大学留学归国青年学者的回信中写道："希望同志们大力弘扬留学报国的光荣传统，以报效国家、服务人民为自觉追求，在坚持立德树人、推动科技自立自强上再创佳绩，在坚定文化自信、讲好中国故事上争做表率，为全面建设社会主义现代化国家、实现中华民族伟大复兴的中国梦积极贡献智慧和力量！"② 习近平总书记同北京大学师生座谈时指出："青年是标志时代的最灵敏的晴雨表。"③ 习近平总书记在知识分子、劳动模范、青年代表座谈会上指出："实现中华民族伟大复兴的中国梦，需要一代又一代有志青年接续奋斗。青年人朝气蓬勃，是全社会最富有活力、最具有创造性的群体。党和人民对广大青年寄予厚望。"④ 一百多年来，中国共产党矢志不渝地为实现中华民族伟大复兴的中国梦而接续奋斗，青年一代始终坚定理想，勇敢地承担起自己的责任。习近平总书记指出："中国梦是我们的，更是你们青年一代的。中华民族伟大复兴终将在广大青年的接力奋斗中变为现实。"⑤ 每一代年轻人都要担当起时代责任，为实现中华民族伟大复兴

① 习近平：《在纪念五四运动100周年大会上的讲话》，《人民日报》2019年5月1日。

② 习近平：《习近平给南京大学留学归国青年学者的回信》，2022年5月19日，中共中央党校网站，https://www.ccps.gov.cn/xtt/202205/t20220519_153907.shtml。

③ 徐京跃、霍小光、鞠鹏：《习近平在北京大学考察时强调 青年要自觉践行社会主义核心价值观 与祖国和人民同行努力创造精彩人生》，《人民日报》2014年5月5日。

④ 习近平：《在知识分子、劳动模范、青年代表座谈会上的讲话》，《人民日报》2016年4月30日。

⑤ 《十八大以来重要文献选编》（上），中央文献出版社2014年版，第277页。

而奋斗，这既是青年运动的主题，也是青年们要主动承担的时代责任和历史使命。

**（三）青年个人理想与国家发展同频共振**

中国正处于综合国力不断增强，国际地位显著上升的阶段。中国青年生逢其时，要清晰地认识到当下正是年轻人大有可为的时代，实现中华民族伟大复兴的梦想离不开一代代年轻人的接续奋斗。在实现中华民族伟大复兴的征程中，青年是社会进步的先锋力量，为推动历史的发展和社会的进步提供了不竭的动力。习近平总书记在给北京大学学生的回信中这样写道："中国梦是国家的梦、民族的梦，也是包括广大青年在内的每个中国人的梦。""同人民一起奋斗，青春才能亮丽；同人民一起前进，青春才能昂扬；同人民一起梦想，青春才能无悔。"① 实现中华民族伟大复兴的中国梦体现了中华民族和中国人民的整体利益，是每一个中华儿女的共同期盼。新时代以来，广大青年高喊"请党放心，强国有我"的口号，将个人理想同祖国的发展紧密结合。基于这样的历史定位和判断，习近平总书记要求新时代的中国青年，都要为实现中华民族伟大复兴的中国梦而努力，都要承担起推动中国特色社会主义现代化建设的历史使命。习近平总书记在纪念五四运动 100 周年大会上深情寄语当代青年："奋斗是青春最亮丽的底色。""民族复兴的使命要靠奋斗来实现，人生理想的风帆要靠奋斗来扬起。没有广大人民特别是一代代青年前赴后继、艰苦卓绝的接续奋斗，就没有中国特色社会主义新时代的今天，更不会有实现中华民族伟大复兴的明天。"② 习近平总书记在党的二十大报告中强调年轻人要砥砺前行，"让青春在全面建设社会主义现代化国家的火热实践中绽放绚丽之花"③。中国青年不仅是"追梦人"，更是"圆梦人"，他们是党和国家未来发展的重要依靠力量。

**（四）明确对青年思想政治素质的要求**

习近平总书记在纪念五四运动 100 周年大会上明确提出对青年思想政治

---

① 中共中央文献研究室：《习近平关于青少年和共青团工作论述摘编》，中央文献出版社 2017 年版，第 13、17 页。

② 习近平：《在纪念五四运动 100 周年大会上的讲话》，《人民日报》2019 年 5 月 1 日。

③ 习近平：《高举中国特色社会主义伟大旗帜 为全面建设社会主义现代化国家而团结奋斗：在中国共产党第二十次全国代表大会上的报告》，人民出版社 2022 年版，第 71 页。

素质的要求，“新时代中国青年要树立对马克思主义的信仰、对中国特色社会主义的信念、对中华民族伟大复兴中国梦的信心”①。具体而言，新时代对青年思想政治素质的要求集中体现在三个层面：一是要坚定对马克思主义的信仰。中国共产党之所以能够坚定信仰信念，把握历史主动，是因为有马克思主义这一科学理论的指导。马克思主义揭示了人类社会发展的客观规律，并要求我们坚持用马克思主义的基本原则、立场、观点、方法等认识问题并解决问题。青年则是中国共产党的得力助手和后备力量，是推动党的事业前进的重要依靠力量。对广大青年而言，确立马克思主义信仰，无论是在个人成长道路上，还是在追梦和圆梦的道路上，都能为他们提供强大的精神力量。广大青年要在全面建设社会主义现代化强国的伟大实践中践行马克思主义理论。科学的理论要在实践中才能焕发活力，广大党员特别是青年党员要“认真学习马克思主义理论，结合学习党史、新中国史、改革开放史、社会主义发展史，在学思践悟中坚定理想信念，在奋发有为中践行初心使命”②。二是夯实对中国特色社会主义的信念。坚定对中国特色社会主义的信念，就是在马克思主义的指导下，根据中国发展的实际情况，对中国特色社会主义的理论、制度、道路所持有的一种执着追求的态度。青年是一个民族发展的重要依靠力量，坚定对中国特色社会主义的信念，为促进青年的成长和进步积蓄最持久、最深沉的精神力量。广大青年要从知行合一上下功夫，才能更好地将中国特色社会主义共同理想内化为青年的精神追求，外化为青年的自觉行动。三是筑牢对实现中华民族伟大复兴的信心。党的二十大报告指出：“从现在起，中国共产党的中心任务就是团结带领全国各族人民全面建成社会主义现代化强国、实现第二个百年奋斗目标，以中国式现代化全面推进中华民族伟大复兴。”③ 中华民族伟大复兴要在广大青年的接力奋斗中变为现实。筑牢青年对实现中华民族伟大复兴的信心，源于我们有中国共产党的正确领导和马克思主义理论的科学指引。习近平总书记指出：“中国共产党为什么能，中

① 习近平：《在纪念五四运动100周年大会上的讲话》，《人民日报》2019年5月1日。

② 习近平：《习近平给复旦大学青年师生党员回信勉励广大党员 在学思践悟中坚定理想信念 在奋发有为中践行初心使命》，《人民日报》2020年7月1日。

③ 习近平：《高举中国特色社会主义伟大旗帜 为全面建设社会主义现代化国家而团结奋斗：在中国共产党第二十次全国代表大会上的报告》，人民出版社2022年版，第21页。

国特色社会主义为什么好，归根到底是因为马克思主义行。”[①] 中国共产党的“能”，增强了广大青年实现中华民族伟大复兴的信心，而这种必胜的信心也激励着年轻人为之努力奋斗。

**（五）淬炼新时代模范青年品格**

习近平总书记在庆祝中国共产主义青年团成立100周年大会上勉励新时代的广大共青团员在五个方面做模范：做理想远大、信念坚定的模范，做刻苦学习、锐意创新的模范，做敢于斗争、善于斗争的模范，做艰苦奋斗、无私奉献的模范，做崇德向善、严守纪律的模范。青年是国家的未来和希望，作为新时代的青年，我们应具备理想远大、信念坚定、奋斗进取、崇德向善、艰苦锤炼等品质，让青春在全面建设社会主义现代化国家的火热实践中绽放绚丽之花。青年的理想信念，不仅关乎青年自身成长成才，而且事关国家的未来。青年追求远大理想、坚定崇高信念，即是一个国家、一个民族无坚不摧的前进动力。一是新时代青年要做理想远大、信念坚定的模范，也要做敢于斗争、善于斗争的模范。在面对复杂多变的世界时，青年要坚定己见，做到“明辨是非、恪守正道”，在学思践悟中做到知行合一，将心、思、行融会贯通，并持之以恒地坚持锤炼自身的品性修为，真正做到“立大志、明大德、成大才、担大任”[②]。二是新时代青年要做刻苦学习、锐意创新的模范。在科学技术日新月异和各种新知识不断涌现的今天，广大青年要打牢自身基础、掌握真才实学，继续面向现代化、面向国际、面向未来，不断增强学习的紧迫感，及时更新知识，在刻苦钻研理论知识的基础上，还要掌握新的技能，从而培养出可以与时代发展需求相适应的素养和能力。此外，青年要加强同基层群众的联系，甘当人民群众小学生。习近平总书记始终把人民放在心中最高的位置，强调要尊重人民首创精神，甘当人民群众小学生。群众的实践是最丰富最生动的实践，群众中蕴藏着巨大的智慧和力量，要拜人民为师、向人民学习。广大青年要在社会大学里通过实践来增长才干，深入群众，深入基层，拜人民为师，甘当人民群众小学生，不断从人民群众中吸取经验，

---

① 《习近平谈治国理政》第四卷，外文出版社2022年版，第10页。

② 黄敬文、鞠鹏：《习近平在清华大学考察时强调 坚持中国特色世界一流大学建设目标方向 为服务国家富强民族复兴人民幸福贡献力量》，《人民日报》2021年4月20日。

在实践锻炼中汲取营养，凝聚实现民族复兴的磅礴伟力。同时，习近平总书记寄语广大年轻人要有敢为人先的锐气和超越前人的雄心壮志。广大青年要勇于创新，创新为一个民族乃至国家事业的发展提供源源不断的活力，机遇总是留给那些富有创新能力且敢于不断创新的人，而广大年轻人正是这个时代最具有朝气和活力的一批人，他们理应走在创新的时代前列。青年人自身要培养创新意识，要保持勤于思考的习惯，既要夯实基础知识、厚积薄发，又要满怀信心，以崇高的理想信念激励着自身不断去探索、去研究、去创新。三是新时代青年要做艰苦奋斗、无私奉献的模范。纵观千百年的发展历史，中华民族历经磨难，然而我们并没有被任何一种磨难打垮、击退，反而越挫越勇，从积贫积弱的中国到今天繁荣昌盛的中国，我们的民族精神、意志以及力量等得到了一次次的升华，这都离不开一代代人的顽强拼搏和接续奋斗。新时代青年要主动锤炼品德修为，加强个人修养；要敢于抵制歪风邪气，勇于弘扬清风正气；要以积极心态立德，做对社会有用之人。习近平总书记常常勉励广大年轻人要不怕困难、攻坚克难，勇于到条件艰苦的基层、国家建设的一线、项目攻关的前沿经受锻炼，增长才干。奋斗的青春最美丽。奋斗并不是一句响亮的口号，而是要求我们广大青年能够认真履责，在挫折中磨炼意志、不断奋起、勇往直前。四是新时代青年要做崇德向善、严守纪律的模范，要在自觉践行社会主义核心价值观中锤炼品行修为。社会主义核心价值观有着凝聚民心、汇聚民力的重要作用，是规范青年言谈举止的重要标准。要将社会主义核心价值观融入到青年日常的行为准则中，不仅要锤炼青年的品行修为，将正确的道德认知、自觉的道德修养、积极的道德实践结合起来，还要从英雄人物和时代楷模的身上汲取道德滋养，激励青年向榜样看齐，从做小事管小节开始，努力做到“明大德、守公德、严私德”。

## 三、新时代高校思想政治教育创新的实践特色和理论特征

### （一）实践特色

第一，立足治国理政战略全局定位高校思想政治教育。习近平总书记从中国特色社会主义事业发展、中华民族伟大复兴、世界和平的战略高度上来关心高校思想政治教育，肯定青年成长发展，战略定位高远，现实意义深刻。把高校思想政治工作与“培养什么样的人、如何培养人以及为谁培养人”这个根本

问题联系起来，思想政治教育工作成效与国家前途命运紧密相关。把思想政治工作与高等教育事业需求相结合，坚持把立德树人作为中心环节，把思想政治工作贯穿教育教学全过程，实现全员育人、全程育人、全方位育人，努力开创我国高等教育事业发展新局面。把新时代下国家的发展与青年的成长联系起来，青年的每一步成长都与国家前途命运紧密相关。青年是人生发展的黄金期，把握住了青年时期这一黄金发展档期，就把握住了社会主体后期发展的原动力。习近平总书记还从国家治理方面着手，把青年的成长要求与社会发展需求相结合，提出青年的教育现状关系到中国社会未来发展的趋向。

第二，紧扣时代责任担当培塑青年。习近平总书记在描述青年的地位和作用时，旗帜鲜明地指出青年是党和人民事业发展的生力军，是社会责任与历史使命的担当者，是推进人类和平与发展的崇高事业的强大力量，中国青年的发展关乎中华民族伟大复兴的顺利实现。习近平总书记号召广大青年在实现中国梦的历史进程中放飞青春梦想，把个人的理想追求融入党和国家的事业之中，为党、为祖国、为人民多作贡献。习近平总书记鼓励青年学子主动肩负历史使命，勇于担当时代大任，做中国特色社会主义事业的建设者，做全球和平稳定发展事业的促进者。民族复兴的使命离不开青年的奋斗，没有广大人民特别是一代代青年前赴后继、艰苦卓绝的接续奋斗，就没有中国特色社会主义新时代的今天，更不会有实现中华民族伟大复兴的明天。

第三，发挥优秀传统文化魅力引导青年。习近平总书记常常运用中华优秀传统文化精髓教育青年。他常常引经据典，用诗词古语寄语青年。习近平总书记的青年寄语结合了青年的成长规律，运用中华优秀传统文化中的智慧，通过平实的语言，教育和引导青年树立正确的人生目标与价值观。习近平总书记引用“大学之道，在明明德，在亲民，在止于至善”来教育青年要提高道德修养，践行社会主义核心价值观；用“自信人生二百年，会当水击三千里”引导青年理解奋斗是青春最亮丽的底色；用“学而不思则罔，思而不学则殆”启迪青年不仅要善学善思，更要懂得明辨是非；用“宝剑锋从磨砺出，梅花香自苦寒来”来劝勉广大青年要顽强拼搏、脚踏实地，做到知行合一；用“行百里者半九十”告诫青年要坚持不懈，越是到接近胜利的最后时刻，越要守住初心，一如既往地坚持奋斗，切忌半途而废；用“看似寻常最奇崛，成如容易却艰辛”鼓励青年要用发展的眼光看问题，前途是光明的，道路是曲折的，要不畏艰难；用“乘风好去，长空万里，直下看山河”教导青年要抓住历史发展机遇，争取在这个奋发向上就可能梦想成真的时代，与国家一同进步，努力实现人生价值。习近平总书记化用了许多传统文化的诗文典故、名人名句对青年进行教导和劝诫，表现了其对青年成长的关怀，呈现出深厚的文化底蕴和鲜明的民族特色。

第四，运用质朴务实的言行关怀思想政治教育。习近平总书记关于思想政治教育的重要论述，语言平实质朴、生动形象，体现出求真务实的语言风格和优良作风。这既是马克思主义理论的本质要求，又是共产党人的政治品格。习近平总书记指出思政课的本质是“讲道理”，把道理讲深、讲透、讲活，才有沟通心灵、启智润心、激扬斗志的效果。习近平总书记高度重视教师队伍建设，勉励教师要成为塑造学生的“大先生”，努力做培养时代新人的“大先生”。贴近青年生活的语气与措辞更加契合青年的心理，因而更容易为大多数青年所接受。习近平总书记在纪念五四运动 100 周年大会上的讲话中指出：“信任是理解的前提。要尊重青年天性，照顾青年特点，经常到青年中去，同青年零距离接触、面对面交流，了解他们的思想动态、价值取向、行为方式、生活方式，倾听他们对社会问题和现象的看法，对党和政府工作的意见和建议。”① 习近平总书记为了说明青年时期树立正确价值观的必要性，运用穿衣服扣扣子这一事例来打比方。正确的价值观是实现个人理想的思想根基，是理想信念的具体载体，树立正确的价值观对青年的成长成才意义重大。习近平总书记指出青年是社会中最有生气、最有闯劲、最少保守思想的群体，青年的价值取向决定了未来整个社会的价值取向，而青年又处在价值观形成和确立的时期，抓好这一时期的价值观养成十分重要。这就像穿衣服扣扣子一样，如果第一粒扣子扣错了，剩余的扣子都会扣错。可见理想信念教育决定着人生发展的重要方向，对青年未来发展起着全局性、统领性作用。因而，要把握好青少年阶段这一“拔节孕穗”关键期，用科学的理想信念来引导年轻人树立正确的价值观，帮助他们系好第一粒纽扣，使他们在成长的道路上能够抵御各种风险挑战。为了强调坚定理想信念的重要性，习近平总书记用精神上的“钙”来比喻理想信念，告诫青年如果缺乏了理想信念就会患上“软骨病”，他指出：

① 习近平：《在纪念五四运动 100 周年大会上的讲话》，《人民日报》2019 年 5 月 1 日。

“理想信念就是共产党人精神上的‘钙’，没有理想信念，理想信念不坚定，精神上就会‘缺钙’，就会得‘软骨病’。”① 习近平总书记以“钙”来比喻理想信念具体而又生动，思想政治教育对于加强青年理想信念的重要性不言而喻。近年来，由于经济的快速发展、利益结构的深刻调整、社会思潮的风起云涌，部分群体尤其是青年群体极易受到外界的干扰，再加上自身定力的不足，会出现一些类似“躺平”“摆烂”“攀比”等的不健康心理状态，这都是理想信念淡漠以及精神空虚的表现，不仅不利于青年个人的成长，也造成了不良的社会风气。为此，习近平总书记提出“补钙”治“软骨病”，练就“金刚不坏之身”的办法，提出要加强理想信念教育，及时“修枝剪叶、补钙壮骨”。习近平总书记还提醒“年轻人不要老熬夜”，话语中充满着温暖和关怀，平易近人，娓娓道来，体现出习近平总书记对青年质朴真挚的关怀。

### （二）理论特征

第一，理论性和实践性的统一。新时代高校思想政治教育理论创新具有丰富的理论内容，反映了高校思想政治教育培养方向和实际需求。立德树人是教育的根本任务，高校思想政治教育要始终坚持正确的发展方向不动摇，要始终明确自身的根本工作任务与根本性目标，要重视思政课建设和师资队伍建设，注重思政课程和课程思政、大中小学校思政课一体化建设等政策协同推进。这几个方面相互联系，不可分割，共同构成了习近平总书记关于高校思想政治教育重要论述的核心内容。理论来源于实践，并且被用来指导实践，而实践是检验真理的唯一标准。人们只有通过不断地实践，才能够找寻出符合时代发展需求的、科学的理论。习近平总书记关于高校思想政治教育重要论述扎根我国的“教育大地”，是对中国特色社会主义教育实践的总结。在教育工作中，这些论述把牢了教育的根本规律，用来指导中国教育事业发展的具体实践，解决了当前我国教育领域面临的问题和挑战，也必将在教育改革实践中接受科学性与真理性检验，并随着中国特色社会主义教育实践的发展不断丰富和完善。

第二，继承性和创新性的统一。新时代高校思想政治教育相关理论阐述是对马克思主义的继承，同时也从中国共产党重视思想政治教育的优良传统

---

① 《十八大以来重要文献选编》（上），中央文献出版社 2014 年版，第 80 页。

和历代领导人思想政治教育理念中汲取养分，在新时代的发展环境以及教育工作的发展过程中，针对我国现阶段实行的教育改革工作以及相关的教育理念的建设提出了一系列的新观点、新思路、新论断，形成了新的科学理论体系，在继承中不断创新发展。马克思关于人的自由全面发展理论认为，教育是要缓解个体需要与社会发展需要之间的矛盾，教育的作用就是使双方的需求能够被满足。习近平总书记关于高校思想政治教育的重要论述是对马克思关于人的自由全面发展理论的吸收与借鉴，从关乎个体发展与价值方面进行研究，强调了思政工作就是对人的工作。习近平总书记强调要高效完成新时代的思政工作，首先要明确的就是以人民为中心，力求满足人民对社会发展以及自身利益的需要，这在很大程度上增强了立德树人的总体实效，同时也为马克思主义在此方面的内容的具有创新意义的发展提供了新的实践支撑。在中国共产党一百多年的发展历程中，思想政治工作是党的优良传统、鲜明特色和突出政治优势，是一切工作的生命线。党的十八大以来，以习近平同志为核心的党中央高度重视思想政治工作，采取一系列重大举措切实加以推进。习近平总书记多次作出重要论述，深刻阐明了新时代思想政治工作的重大意义、根本任务、方针原则、基本要求，这些论述有许多创新性的论断。习近平总书记紧跟实践变化的脚步，站在时代发展的高度，把中华民族优良传统及历代共产党人的思想政治教育思想融合到一起，在继承中发展，在发展中继承，丰富和发展了我们党对思想政治工作的规律性认识，为我们做好思想政治工作提供了根本遵循。

第三，通俗性和生动性的统一。思想政治教育作为意识形态领域的重要组成部分，带有一定的抽象性。习近平新时代青年思想是站在广大青年的角度，运用通俗且形象生动的语言向青年传递理想信念、价值立场。比如把加强理想信念形象地比喻成“补足精神之钙”“扣好人生的第一粒扣子”“把握好思想的总开关”，这些通俗生动的表述能够让广大青年更好地理解，并且为青年如何去践行指明了方向。理论是用来服务群众的，加强科学理论的传播是为了让大众更乐于接受它，并为之付出实际行动。而语言的通俗性就是人们了解理论的门槛，只有在能看懂、理解理论内涵的基础上，其思想才能被广大青年接受。理论的生动性则是吸引青年学习的关键，它可以激发青年深入探索理想信念内涵的兴趣，做到真学真懂，从而让理论学习真正内化于心、外化于行。

第四，历史性和时代性的统一。习近平总书记关于高校思想政治教育的重要论述注重与中华优秀传统文化相结合，不仅历史底蕴丰富，同时也顺应新时代发展要求，具有时代气息。习近平总书记强调，抛弃传统、丢掉根本，就等于割断了自己的精神命脉。回顾历史，站在巨人的肩膀上看事情、想问题，能使事物发展得更好，也能使前进的道路更加光明。德育思想在我国古代是重要的教育思想，也是优秀传统文化的一部分。习近平总书记要求思想政治教育工作者要去伪存真，将传统文化中优秀的德育思想融入到现今的教育活动中来，做到在继承中创新，在实践中发展，以思想的进步来促进现代化教育事业的改革、创新和发展。习近平总书记提出的教育理念有着深厚的传统文化底蕴，具有浓厚的历史气息和历史韵味。习近平总书记立足我国新的时代背景，创造性地回答了我国在新时代开展教育活动的根本任务是立德树人，强调了发展素质教育的必要性，明确了教育的本质、内涵与发展目标，强调新时代的教育活动旨在培养国家未来发展急需的重要人才，具有鲜明的时代特征。习近平总书记强调，中国特色社会主义理论体系是要不断发展的，但是在发展过程中不能偏离马克思主义以及社会主义的根本发展方向。① 在新时代进程中，只有坚持守正创新，才能更有效地在各级学校全面开展思想政治课程的教学。新时代，中国特色社会主义教育事业最根本的任务就是为国家的发展提供人才资源储备，从我国传统文化中找寻人才成长土壤，为中国现代化建设提供稳固的人才根基。习近平总书记关于高校思想政治教育的重要论述是在新时代背景下形成的理论成果，也是对中国古代德育思想的传承和发扬，实现了历史性与时代性的统一。

## 第三节　新时代高校思想政治教育的理念创新

我国高校思想政治教育工作取得了一系列重要的成就，丰富了思想政治教育的构成元素，为今后进一步的理论创新提供了新的可能。中共中央、国

---

① 习近平：《思政课是落实立德树人根本任务的关键课程》，《求是》2020 年第 17 期。

务院印发的《关于新时代加强和改进思想政治工作的意见》和教育部、中央宣传部、中央网信办等十部门印发《全面推进“大思政课”建设的工作方案》等文件对加强学校思政课和课程思政建设、日常思想政治工作提出了要求，要充分调动全社会力量和资源，建设“大课堂”、搭建“大平台”、建好“大师资”，进一步加快构建学校思想政治工作体系。

## 一、树立“大思政”协同育人理念

### （一）高校思想政治教育工作建设现状及“大思政”概念的提出

高校思想政治教育工作的系统性、整体性、协同性存在不足。笔者经过梳理发现不足主要表现为以下三个方面：一是思想政治教育主渠道和主阵地结合不足。在实际工作中，作为主渠道的高校思想政治理论课教学与作为主阵地的日常思想政治教育出现“两张嘴”“两层皮”的现象，这是高校思想政治教育工作的主要困境之一。作为主渠道的高校思想政治理论课重在理论教学，而实践教学不足，缺少亲和力与感染力，难以融入学生的思想和行为之中；作为主阵地的日常思想政治教育主要聚焦在校园活动，忽视日常学习生活中思想理论的引领作用，理论与实践脱节，育人合力不足。二是思政课程和其他各类课程协同不足。一方面，其他学科与思政课程交叉融合建设不够。2020年教育部印发《高等学校课程思政建设指导纲要》，明确了课程思政建设的内容体系和课程体系，深度挖掘高校各学科门类专业课程蕴含的思想政治教育资源，使其他各类课程与思政课同向而行，形成协同效应。自此高等学校课程思政建设全面推进，相关部门协同联动取得了较为喜人的效果，然而依然存在部分课程与思政课程协同不足，教师课程思政能力有待提高，其他学科与思政课程交叉融合建设不够，协同效应有待提升的问题。另一方面，马克思主义理论学科自2005年提升为一级学科以来，学科建设取得了重要成绩，为新时代开创党和国家的事业新局面提供了坚强思想保证和强大精神力量，但离新时代党中央提出的“在哲学社会科学学科建设中发挥引领作用”的要求还存在较大差距。三是有形和无形的思想政治教育融合不足。网络已经成为青年学生思想来源、意见表达、生活交往的重要平台，同时也是思想政治工作的无形战场。心理和文化作为一种隐性教育力量，在高校思想政治教育中发挥着越来越重要的作用。在实现有形和无形的思想政治教育相互融合上，高校的认识还不够到位，办法还不够有效。

高校思想政治教育是一项系统工作，树立“大思政”育人理念，方能构建全员、全程、全方位育人。针对当前我国高校思想政治教育工作的系统性、整体性、协同性存在不足的问题，“大思政”作为一种思想政治教育的范式被提出，学术界对“大思政”的研究、解析和探讨也日渐增多，而随着时代潮流的变革，“大思政”不断被赋予新的时代内涵。2016 年底习近平总书记在全国高校思想政治工作会议上的讲话，阐明了在高校思想政治工作中应树立“大思政”思维，构建“大思政”工作格局，才使学术界更多地关注到“大思政”这一主题。因此，有学者认为“全国高校思想政治工作会议的召开，标志着我国‘大思政’战略定位和工作格局的正式确立”①。可以说把“大思政”贯穿于育人的全过程和各个环节，形成育人的长效机制，是高校思想政治教育发展的方向。② 学术界也逐步拓深与细化“大思政”概念的内涵与外延，从传统的“教书育人、管理育人、服务育人”的“三育人”理论，逐步发展到“四育人”“五育人”“八育人”的提法。2017 年 12 月，中共教育部党组印发了《高校思想政治工作质量提升工程实施纲要》，构建了以“十大育人体系”为内容的一体化育人格局，“十大育人体系”建设的内容、载体、路径和方法基本得到确定。2022 年 7 月，教育部、中央宣传部、中央网信办等十部门印发《全面推进“大思政课”建设的工作方案》，要求充分调动全社会力量和资源，建设“大课堂”、搭建“大平台”、建好“大师资”，为高校思政课建设、日常思想政治工作、课程思政建设的全面推进制定了建设方案。③笔者认为，“大思政”的核心内涵是坚持全员育人、全程育人、全方位育人即“三全育人”的要求，树立协同育人的思想政治工作理念，采用“十大育人体系”具体的体制机制。

### （二）“三全育人”与“十大育人体系”

2017 年 2 月，中共中央、国务院印发了《关于加强和改进新形势下高校

---

① 共青团中央书记处：《充分发挥高校共青团在大学生思想政治工作中的生力军作用——深入学习习近平关于高校思想政治工作的重要论述》，《人民日报》2017 年 1 月 26 日。

② 张莉、胡芝：《“大思政”视域下高校思想政治教育协同创新研究》，《学校党建与思想教育》2018 年第 11 期。

③ 教育部等：《全面推进“大思政课”建设的工作方案》，2022 年 8 月 10 日，中华人民共和国教育部网站，http://m. moe. gov. cn/srcsite/A13/moe _ 772/202208/t20220818 _ 653672. html。

思想政治工作的意见》，提出“三全育人”即全员育人、全程育人、全方位育人，并于2018年公布首批“三全育人”综合改革试点单位。“三全育人”综合改革工作的总体目标，是以习近平新时代中国特色社会主义思想为指导，坚持和加强党对高校的全面领导，紧紧围绕立德树人根本任务，充分发挥中国特色社会主义教育的育人优势，以理想信念教育为核心，以社会主义核心价值观为引领，以全面提高人才培养能力为关键，切实提高工作亲和力和针对性，强化基础、突出重点、建立规范、落实责任，一体化构建内容完善、标准健全、运行科学、保障有力、成效显著的高校思想政治工作体系，使思想政治工作体系贯通学科体系、教学体系、教材体系、管理体系，形成全员、全程、全方位育人格局。高校要把立德树人作为根本任务，融入思想道德教育、文化知识教育、社会实践教育各环节，把思想政治工作贯穿教育教学全过程，把思想价值引领贯穿教育教学全过程和各环节，形成教书育人、科研育人、实践育人、管理育人、服务育人、文化育人、组织育人长效机制。[①]因此，笔者认为“大思政”的核心内涵是坚持全员育人、全程育人、全方位育人即“三全育人”的要求，而教育部提出的“十大育人体系”就是“三全育人”一体化的具体表现形式。

要破解高校思想政治教育工作的系统性、整体性、协同性不足的问题，必须立足“三全育人”一体化来加强顶层设计，统筹“十大育人体系”多元主体，充分发挥课程、科研、实践、文化、网络、心理、管理、服务、资助、组织等方面工作的育人功能，挖掘育人要素，整合多方资源，形成育人合力，促进主渠道与主阵地有机结合。

做好保障“三全育人”的顶层制度设计，注重育人的协同性和实效性。要突破高校思想政治教育工作条块分割、多部门各自为战、缺乏协同的育人困境，单个部门或局部工作改革并不能真正解决工作协作性不强的问题。高校党委作为思想政治工作的责任主体，在进行顶层制度设计时要坚持把思想政治教育贯穿于教学管理和人才培养全过程，创建权责清晰、分工明确、齐

① 中共中央、国务院：《关于加强和改进新形势下高校思想政治工作的意见》，2017年2月27日，中华人民共和国中央人民政府网站，http：//www. gov. cn/zhengce/2017-02/27/content_5182502. htm。

抓共管的协同联动工作机制，充分调动高校各部门、所有教育工作者的积极性，保证“三全育人”教育成效。

教育顶层设计还要注意大中小学思政课一体化衔接递进。各学段的思政课是一个内在统一的有机整体，高校思想政治教育既应当与其他学段拉开层次、各有侧重，又应当相互衔接、层层递进，设计符合大学生在大学时期表现出来的成长特点、需求和身心发展规律。高校要注重大中小学思政课建设体制机制上的整体协调统筹，进一步结合培养担当民族复兴大任的时代新人的要求，促进大中小学思政课在教育理念、教学思路和教学目标上的纵向衔接递进。①

促进思政课的主渠道与日常思想政治教育主阵地协同融合。要建立“主渠道”思政课教育和“主阵地”日常思想政治教育教师的共建互动与交流机制。思政课是立德树人的关键课程，但它又不是孤立的和自足的，而是作为主渠道嵌入并从属于大学生思想政治教育的整体系统。思政课作用的发挥，离不开日常思想政治教育这一主阵地的协同。相对来说，思政课教学重在理论教育，它主要是以思想的魅力、理论的力量引导学生懂得人生和社会发展的道理，懂得马克思主义中国化与中国特色社会主义事业发展的道理，以此获得科学的理论武装，树立正确的世界观、人生观、价值观；日常思想政治教育则重在实践教育，主要结合学生日常的学习生活开展有针对性的教育实践活动，帮助学生解决实际问题，在真切生动的教育实践中提升学生的思想政治觉悟，增强学生的价值判断能力。但是，思政课的理论教学与日常思想政治教育实践又不能分离。如果思政课的理论教学完全脱离日常思想政治教育的实践活动，就容易陷入抽象和空洞。如果日常思想政治教育完全脱离了思政课的理论教学，就容易失去理论方向和思想支撑。②

坚持系统思维，抓好“十大育人体系”的要素协同，促进形成思想政治教育育人合力。思想政治教育是一项复杂的系统工程，要充分发挥课程、科研、文化、网络、心理、管理、服务、资助、组织等方面工作的育人功能，挖掘育人要素。只有让思想政治教育全方位渗透到专业教育、校园文化建设、

① 杨晓慧：《以“大思政”理念创新思政育人格局》，《思想教育研究》2020 年第 9 期。

② 同上。

网络空间和日常实践中，让学生在课堂上接受理论，在生活中体会践行，在文化中滋养浸润，在实践中淬炼坚守，思想政治教育才能形成育人合力。高校可从“十大育人体系”的维度出发，抓好各要素之间的协同联动，推动思想政治教育入脑入心。如在文化育人体系中，主动发挥校园文化的思政功能，挖掘校内红色文化、学校历史和大学精神等资源，传承红色文化，营造育人软环境。在课程育人体系中，构建思政课程与课程思政协同育人机制，推进课程思政全覆盖。

组建思政课教师、辅导员、党务与思政工作干部等融合发展的“大思政”队伍，形成思想政治教育的强大合力。要注重思政工作队伍的专业化建设，促进思政课教师和学生思政工作队伍融通和凝聚。思政课教师要学习辅导员等学生工作队伍在组织学生活动及活跃学生氛围等方面的方式方法，了解学生思想困惑，进而增强教学效果。高校学生工作队伍要向思政课教师队伍学习，加强专业理论学习，提升工作的理论水平。实行主渠道主阵地两支队伍岗位互换、挂职锻炼，促进两支队伍体制上的融合、工作上的配合、资源上的整合。如为解决日常思政队伍专业化发展问题和主渠道主阵地脱节问题，高校成立思想政治教育研究中心，挂靠马克思主义学院，作为日常思想政治队伍专业化发展的孵化平台。思政工作队伍建设的专业化水平是做好工作的决定性因素，既要严格落实教育部相关政策要求，精选人员配足配强思政工作队伍，也要着眼长远和根本，在行政发展、学术发展、职称评聘等方面搭建平台，对思政工作队伍精培优育。通过大力推进专业化、职业化发展，形成一支“专家化、学者型”的思政工作队伍，为提升思想政治教育的科学化水平提供坚强保障。促进思政课教师和学生思政工作队伍融通和凝聚，着力解决各管一摊、各自为战、协同育人不足的问题，从而保证高校思想政治工作主渠道建设与主阵地建设的人员聚合和协同联动。

## 二、创新“大思政课”观，整合社会大资源

习近平总书记在2021年全国两会期间强调：“‘大思政课’我们要善用

之，一定要跟现实结合起来。上思政课不能拿着文件宣读，没有生命、干巴巴的。”[①]“大思政课”的提出为破解思想政治理论课建设中存在的问题提供了新思路，为思政课善用“大”的资源、汇聚“大”的合力指明了方向。

**（一）树立“大思政课”课程观**

课程作为学校完成其教育根本任务的主要载体和媒介，直接关系着时代新人培育的方向和质量。课堂作为课程实施的基本途径，是学生掌握知识、提升能力、熏陶情感、淬炼理想信念的最重要场域，是课程实施的核心节点。肖珍、靳玉军认为“大思政课”的要义是思政课作为落实立德树人根本任务的关键，在理论上要落实使命担当，以服从和服务于党的最新理论成果构建“大课程”，以互联互动用活“大课堂”，使思政课成为存在感强、认同度高、可感度深、获得感足的“金课”。[②]笔者认为“大思政课”是时代大课、理论大课、实践大课，需要有大视野、大情怀和大格局，应从理论与现实相结合、校内校外资源相整合的方向着手，包括使命、课堂、课程和实践等内涵，落实全员育人、全程育人、全方位育人的“三全育人”机制，实现“立德树人”目标。

**（二）构建线上线下、校内校外联动的“大思政课”**

落实落细“大思政课”，就要打通并优化思政“大课堂”，统筹构建教学课程体系，这也是炼成“大思政课”的关键所在。2022年教育部等十部门印发的《全面推进“大思政课”建设的工作方案》提出要全面推进“大思政课”建设，要坚持开门办思政课，强化问题意识、突出实践导向，充分调动全社会力量和资源，建设“大课堂”、搭建“大平台”、建好“大师资”，建设全国高校思政课教研系统，设立一批实践教学基地，推出一批优质教学资源，做优一批品牌示范活动，支持建设综合改革试验区，推动思政小课堂与社会大课堂相结合，推动各类课程与思政课同向同行，教育引导学生坚定“四个自信”，成为堪当民族复兴重任的时代新人。[③]各高校可以探索多种形式相结合

① 杜尚泽：《“‘大思政课’我们要善用之”（微镜头·习近平总书记两会“下团组”）》，《人民日报》2021年3月7日。

② 肖珍、靳玉军：《新时代“大思政课”的核心要义、实践要求与价值意蕴》，《学校党建与思想教育》2022年第9期。

③ 教育部等：《全面推进“大思政课”建设的工作方案》，2022年8月10日，中华人民共和国教育部网站，http://m. moe. gov. cn/srcsite/A13/moe_772/202208/t20220818_653672. html。

的“大思政课”，通过虚拟仿真教学系统和微课视频等线上途径，突破传统课堂的单一线下形式和时空局限，让学生在线上体验高科技的过程中产生共鸣。“大思政课”要校内外贯通，除立足课堂外，还应聚焦校园、社会，多角度改革和优化思政实践教学载体，与校园劳动、校外实践、红色教育基地等现场教学结合起来。建立“大思政课”实践教学资源共享机制，高校主动探索与校外机关事业单位、社会团体和优秀校友企业等共建校外实践教学基地、创新创业孵化基地、科技创新基地、劳动教育基地等，通过多方资源协同联动，真正实现思政课堂与社会实践的有机融合，共享校内与校外实践育人资源。思想政治教育要跟随时代步伐，响应时代需求，构建线上线下、校内校外联动的“大思政课”，做到思政教育的内容和形式与时代精神同频共振。

# 第二章　高校思政课程与课程思政协同育人研究

思政课程是高校德育的主渠道、主阵地，课程思政是新时代思想政治教育发展的重要方向。中共中央、国务院颁发的《关于进一步加强和改进大学生思想政治教育的意见》中明确提出："高等学校各门课程都具有育人功能，所有教师都负有育人职责。""要深入发掘各类课程的思想政治教育资源，在传授专业知识过程中加强思想政治教育，使学生在学习科学文化知识过程中，自觉加强思想道德修养，提高政治觉悟。"① 课程思政缘于习近平总书记在全国高校思想政治工作会议上的一段讲话："要用好课堂教学这个主渠道，思想政治理论课要坚持在改进中加强，提升思想政治教育亲和力和针对性，满足学生成长发展需求和期待，其他各门课都要守好一段渠、种好责任田，使各类课程与思想政治理论课同向同行，形成协同效应。"② 2020 年，教育部印发的《高等学校课程思政建设指导纲要》指出"全面推进课程思政建设是落实立德树人根本任务的战略举措"③。简而言之，就是要发挥高校所有课程的育人功能，将知识传授与价值引领结合起来，做到"课程思政"与"思政课程"同向同行，形成协同效应。

"课程思政"的提出不仅仅是从学科发展角度进行的考虑，更是从我国高

---

① 中共中央、国务院：《关于进一步加强和改进大学生思想政治教育的意见》，《中国高等教育》2004 年第 20 期。

② 张烁、鞠鹏：《习近平在全国高校思想政治工作会议上强调 把思想政治工作贯穿教育教学全过程 开创我国高等教育事业发展新局面》，《人民日报》2016 年 12 月 9 日。

③ 教育部：《高等学校课程思政建设指导纲要》，2020 年 6 月 1 日，中华人民共和国教育部网站，http：//www. moe. gov. cn/srcsite/A08/s7056/202006/t20200603 _ 462437. html。

等教育“培养什么人、怎样培养人、为谁培养人”这一根本问题出发进行的考量。长期以来，专业教育和思政教育存在着“两张皮”的问题。不可否认，通识课程和专业课程在理论教育方面下足了功夫，但在育人环节存在着明显的短板，具体来讲就是课程的思想政治教育功能没有得到有效发挥。为了有效化解这一难题，“课程思政”的理念应运而生。

新时代对高等教育提出了新要求，人民对高等教育有新的期待。提升高等教育发展的质量和效益，实现高等教育内涵式发展是关乎民族未来发展大计的重要战略抉择。近些年来，学者们从不同的维度探讨推进思政课程与课程思政协同建设研究，取得了一系列丰富的理论成果，为推进新时代高校思想政治教育创新发展提供了指导。

## 第一节　思政课程与课程思政协同育人研究及概念辨析

### 一、思政课程与课程思政协同育人研究现状及展望

#### （一）思政课程与课程思政协同育人研究现状

学界对二者协同育人的研究主要从两方面进行了分析：一方面是为什么要将思政元素与课程融合的问题，这关涉思政课程与课程思政之间的关系研究；另一方面是以具体的课程为例，探讨思政元素与课程怎样融合的问题。

第一，关于课程思政与思政课程的关系。课程思政与思政课程的本质都是育人，在根本使命上具有一致性，最终目标都是实现立德树人。大多数学者认为思政课程与课程思政是同向同行的关系。邱仁富认为，要正确处理课程思政与思政课程“同向”与“同行”的辩证关系：“同向”就是政治方向、育人方向要一致，文化认同要有统一性；“同行”就是要步调一致、相互补充、相互促进、共同发展。同向同行的问题实质上是认识与实践的统一性问

题，“同向”是“同行”的前提，“同行”是“同向”的目的。[①] 董勇认为从思政课程向课程思政的转化有独特的价值内涵。首先，从思政课程到课程思政是“因势而新”的思政教育理念的升华，有利于进一步发挥人的主体性，突出体现了以人的发展为中心的根本目的；其次，是“因事而化”的由单一化转向多学科融入的路径、由灌输说教转向隐性渗透的方法的思政内涵转型；最后，是“因时而进”的话语体系、内容体系、传播体系和队伍体系的思政体系重构。[②] 还有一些学者认为，思政课程与课程思政是辩证统一的关系，是既有联系又有区别的。许硕和葛舒阳认为，课程思政与思政课程在教育教学目标、承担的责任使命和教师品德要求方面具有价值指向的一致性，但也要充分认识其在思想教育内容、教育载体和教育方法等方面的差异性。[③] 同时，思政课程与课程思政是互补的关系。一方面，思政课程为课程思政提供理论指导以及富有哲理性的思政元素；另一方面，课程思政也为思政课程提供丰富的实践专业案例，让学生能够更好地认识抽象的理论观点。实际上，从思政课程到课程思政，正是理论要与实践相结合的一个有力论证。正确把握课程思政与思政课程的关系，对于推进课程思政建设具有重要意义。

第二，关于课程思政与思政课程融合的意义。问题反映时代的声音，思政课程与课程思政的融合有其必然的现实意义。课程思政的理念旨在解决长期以来思想政治教育与其他专业课程教育严重脱节的问题。因此，实现思政课程与课程思政的融合就是要构建融思想政治理论课、通识课、专业课等多门类课程于一体的立体化课程体系。陈艳从政治任务等角度探讨推进高职院校思政课程与课程思政交互融合是学习习近平新时代中国特色社会主义思想的必然要求，是尊重思想政治教育规律和大学生成长规律、提升高等教育质量的必然要求，是实现教书与育人相统一的必然要求。[④] 郑佳然认为新时代高校课程思政与思政课程同向同行具有重要意义：首先有利

---

① 邱仁富：《“课程思政”与“思政课程”同向同行的理论阐释》，《思想教育研究》2018 年第 4 期。

② 董勇：《论从思政课程到课程思政的价值内涵》，《思想政治教育研究》2018 年第 5 期。

③ 许硕、葛舒阳：《“思政课程”与“课程思政”关系辨析》，《思想政治教育研究》2019 年第 6 期。

④ 陈艳：《论高职院校“思政课程”与“课程思政”的交互融合》，《思想理论教育导刊》2018 年第 12 期。

于确保中国特色社会主义大学培养目标的顺利实现，其次有利于巩固马克思主义在高校意识形态领域的指导地位，最后有助于完善新时代高校思想政治教育课程体系。[①] 实质上，思政课程与课程思政同向同行就是两者融合在学理层面的表述。

第三，关于课程思政与思政课程融合方法的分析。学者们对课程思政与思政课程融合的路径进行了充分的探讨，不仅从宏观层面进行了把握，也从微观层面提出了两者融合的具体措施。陈艳认为高职院校要实现思政课程与课程思政交互融合有四个关键：一是领导重视，二是理念转变，三是课程改革，四是建设好教师队伍。[②] 崔戈以外语课程思政改革为例，认为目前外语课程思政建设尚未形成一个完备的、覆盖外语学科各门课程的体系。针对此，他提出外语课程思政要加强资源库、示范课、教学指南以及师资队伍“四位一体”的课程体系建设，此外，还要建立一支专业化的顾问队伍，以保证资料库的权威性和政治正确，确保思政元素选择的客观性。[③] 每一门课程的领域不同，话语体系也存在较大的差别，因此，在思政元素的选取上应做到具体课程具体分析，不能一概而论。

**（二）对新时代高校课程思政建设的评价与展望**

综上所述，学术界对课程思政的探讨与探索已经取得了一定的成绩，但也存在实证研究不足、具体可操作实施的方案较少等问题。

第一，实证研究不足。我国学者对课程思政建设研究的探讨虽然较多，但大多只停留在理论层面。当前，学界热衷于对课程思政实现路径的探索，并提出了一系列举措，包括主体、制度、观念、课程思政与思政课程的关系和课程设置等，但大多仅凭主观经验作出判断，缺乏具体的调研和实证分析，导致大多数学者所提出的方法举措趋向类似，这对于课程思政的有效践行并非好事。发现问题才能想办法解决问题，只有进行充分的调研，开展实证分

---

① 郑佳然：《新时代高校“课程思政”与“思政课程”同向同行探析》，《思想教育研究》2019年第3期。

② 陈艳：《论高职院校“思政课程”与“课程思政”的交互融合》，《思想理论教育导刊》2018年第12期。

③ 崔戈：《“大思政”格局下外语“课程思政”建设的探索与实践》，《思想理论教育导刊》2019年第7期。

析，才能推动课程思政的升级与升华。

第二，对于课程思政具体实施方案的探讨比较少。学界针对如何推进课程思政建设从不同的维度提出了看法，但大多数都是从宏观角度进行阐释，缺乏具体的可供借鉴的有效措施。比如，学者们基本上都强调要挖掘专业课中的思政元素，但对于谁来挖掘、如何挖掘、挖掘之后怎么用等问题还缺乏深入细致的研究。又如，学者们认为增强专业课教师课程思政的意识，提高专业课教师课程思政的素养和能力对推进课程思政至关重要，但意识的形成、素养的提升、能力的养成不是一蹴而就的事情。有学者提出开展教师专题培训活动，但对培训内容、方式、预期效果并未做具体阐述。

在新时代背景下，探索并实现真正意义上的课程思政是一个长期的过程，任务艰巨。厘清相关概念、开展实证研究并提出具体课程的改革方案是推动课程思政建设研究进一步发展的关键。

第一，厘清相关概念。未来的研究可以进一步梳理和厘清“课程思政”“大思政”等概念，使有关概念更加清晰，不致产生分歧和误解，从而使课程思政理念能更好地在高校推广，以期达到育人效果的最优化。

第二，开展实证研究并提出具体课程的改革方案。理论与实践是紧密联系的，理论对于实践的开展具有指导意义，而将实践经验总结上升为理论也同样重要。未来课程思政的建设应开展更具实际操作指导意义的研究，而不能仅限于纯理论的阐述。

## 二、“思政课程”“课程思政”等相关概念辨析

### （一）“课程”“思政课程”“课程思政”

“课程”一词在我国始见于唐宋期间。唐朝孔颖达为《诗经·小雅·巧言》中“奕奕寝庙，君子作之”句作疏：“以教护课程，必君子监之，乃得依法制也。”但这里课程的含义与现在我们通常说的课程的意思相差甚远。宋代朱熹在《朱子全书·论学》中也多次提及“课程”，如“宽着期限，紧着课程”，“小立课程，大作工夫”，其意思指功课及其进程。这里的“课程”仅仅指学习内容的安排次序和规定，没有涉及教学方面的要求，因此称为“学程”更为准确。到了近代，由于班级授课制的施行及赫尔巴特学派“五段教学法”的引入，人们开始关注教学的程序及设计，于是课程的含义从“学程”变成

了“教程”。受凯洛夫教育学的影响，新中国成立以后到20世纪80年代中期以前，“课程”一词很少出现。现代对“课程”的解读以诺伯特·M. 西尔、山尼·戴克斯特拉主编的《教学设计中课程、规划和进程的国际观》为主流。课程是指学校学生所应学习的学科总和及其进程与安排。课程是对教育的目标、教学内容、教学活动方式的规划和设计，是教学计划、教学大纲等诸多方面实施过程的总和。广义的课程是指学校为实现培养目标而选择的教育内容及其进程的总和，它包括学校老师所教授的各门学科和有目的、有计划的教育活动。狭义的课程是指某一门学科。

思想政治教育概念的提出和演变，有一个历史过程。马克思、恩格斯在1847年创立了共产主义者同盟，在同盟的章程中明确提出了要十分重视“宣传工作”对群众的思想发动和教育。刘少奇曾将“宣传工作”解释为“思想工作”。列宁在1902年创立布尔什维克党时提出了“政治工作”和“政治教育工作”的概念。1934年斯大林将其改述为“思想工作”“政治思想工作”。中国共产党自诞生之后发展的长时段里沿用上述各种概念。1951年刘少奇提出了“思想政治工作”的概念，后来毛泽东在《关于正确处理人民内部矛盾的问题》一文中进一步阐述了“思想政治工作”的概念。从1960年开始至1978年，思想政治工作领域形成了“政治思想工作”的统一叫法。1978年，党的十一届三中全会开创了改革开放和社会主义现代化建设新时期，国家各项工作围绕经济建设这一中心开展。在这种历史条件下，逐渐以“思想政治工作”或“思想政治教育”取代了“政治思想工作”。但是“思想政治工作”不等同于“思想政治教育”，前者包括后者，后者是思想政治工作的主要或基本的内容，是受政治制约影响的思想教育。随之而来的，我国高校思想政治理论教育也进入了历史发展的新时期，高校思想政治理论课程经历了恢复发展、深化改革、加强建设的四十多年历程，焕发出新的生机活力，成为高校开展思想政治教育的主渠道。概括地说，思想政治教育是社会或社会群体用一定的思想观念、政治观点、道德规范，对其成员施加有目的、有计划、有组织的影响，使他们形成符合一定社会所要求的思想品德的社会实践活动。

高校思想政治理论课简称思政课程，是指我国现阶段在普通高校开设的马克思主义理论课和思想政治教育课。马克思主义理论课包括马克思主义哲学原理、马克思政治经济学原理、毛泽东思想概论、邓小平理论概论、当代世界经济与政治等，思想品德课包括思想道德修养、法律基础、形势与政策等。高校思想政治理论课的教育目标和教学内容围绕着如何教育大学生树立正确的世界观、人生观和价值观，如何引导大学生逐步形成良好的思想政治素质和法律意识而开展有目的、有计划的教育活动。思政课程是高校开展大学生思想政治教育的主渠道和主阵地，关系着高校“培养什么人、怎样培养人、为谁培养人”这一根本问题。高校要用好思政课程教学这个主渠道，推动思政课程在改进中加强，提升思想政治教育亲和力和针对性，满足学生成长发展需求和期待。

课程思政的探索实践首先从上海开始。2004 年以来，上海贯彻落实中央对未成年人思想道德建设和大学生思想政治教育政策文件精神，开启了学校思想政治教育（德育）课程改革的探索之路。上海课程改革重心由中小学德育课程建设转变为注重大中小学德育课程一体化建设，逐渐构建全员、全课程育人格局的理念也越来越清晰。上海地区的本土实践逐渐实现了从思政课程向课程思政的转变。上海课程思政的本土实践经验被吸纳进了中共中央、国务院印发的《关于加强和改进新形势下高校思想政治工作的意见》中。2017 年，课程思政成为国家战略部署的新课程建设方向，被纳入中共中央办公厅、国务院办公厅印发的《关于深化教育体制机制改革的意见》中。2017 年中共教育部党组印发《高校思想政治工作质量提升工程实施纲要》，2018 年教育部印发《关于加强新时代高校“形势与政策”课建设的若干意见》，在全国推广课程思政。《高校思想政治工作质量提升工程实施纲要》提出要大力推动以课程思政为目标的课堂教学改革，优化课程设置，修订专业教材，完善教学设计，加强教学管理，梳理各门专业课程所蕴含的思想政治教育元素和所承载的思想政治教育功能，融入课堂教学各环节，实现思想政治教育与知识体系教育的有机统一。2019 年 3 月，习近平总书记在全国高校思想政治工作会议中强调：“要用好课堂教学这个主渠道。”“各类课程都要与思想政治理论课同向同行，形成协同效应。”“把思想政治工作贯穿教育教学全过程，实现全程育人、全方位育人，努力开创我国高等教育事业发展新局面。”[①] 2020年5月，教育部颁布的《高等学校课程思政建设指导纲要》指出：“全面推进课程思政建设是落实立德树人根本任务的战略举措。”课程思政与旗帜鲜明、直接教化的思政课程不同，它是采用间接迂回的方式，把思想政治教育内容潜移默化地融入到各类课程中。笔者认为，课程思政是把立德树人作为教育的根本任务，坚守正确的政治方向，以明道育德为核心，构建全员、全程、全方位育人格局，深入发掘各类课程的思想政治教育资源，使各类课程与思想政治理论课同向同行，形成协同效应，发挥所有课程育人功能，落实所有教师育人职责的一种综合教育理念。简单而言，课程思政就是高校的所有课程都要发挥思想政治教育作用。课程思政不仅是一种教学改革理念，也是一项高等教育系统工程。在这一系统工程中，如何基于系统思维调动和统筹各门课程教学资源主动积极挖掘和利用思想政治教育元素、课程思政视角下如何进行课程设计、课程思政视角下如何选择教学内容与任务、授课教师如何提升思想政治素养和思想政治教育能力、采取何种教学方法、如何有效开展教学评价等问题，成为推动这一工程卓有成效开展的关键所在。

### （二）思政课程与课程思政协同育人

协同理论认为，对于任何复杂系统，当在外来能量的作用下或物质的聚集状态达到某种临界值时，子系统之间就会产生协同作用。这种协同作用能使系统在临界点发生质变并产生协同效应，使系统从无序变为有序，在混沌中产生某种稳定结构。[②] 关于思政课程与课程思政协同育人的内涵，当前学术界尚无统一界定。笔者认为思政课程与课程思政协同育人的内涵是“大思政”系统内各个子系统相互协调、配合，凝聚合力，发挥思政课程与课程思政各自功能最终激发“大思政”整体功能，从而达到有序运作。

首先，理念目标一致是课程思政与思政课程协同育人的前提。两者必须以树人为核心、以立德为根本，解决“培养什么样的人、如何培养人以及为

① 张烁、鞠鹏：《习近平在全国高校思想政治工作会议上强调 把思想政治工作贯穿教育教学全过程 开创我国高等教育事业发展新局面》，《人民日报》2016年12月9日。

② 白列湖：《协同论与管理协同理论》，《甘肃社会科学》2007年第5期。

谁培养人”的根本问题。思政课程与其他各类课程保持同向同行，体现思想政治教育的根本目的和功能，共同把学生培养成为合格的社会主义建设者和接班人，达到协同育人的效果。

其次，要优化铸魂育人的内容供给。思政课程与课程思政协同育人既要找准内容契合点，又体现教学内容的差异性。一方面，要统一规划思政课程与其他各类课程在铸魂育人方面各自应起到的作用，以社会主义核心价值观为纽带构建全面覆盖、类型丰富、层次递进、相互支撑的课程体系，找到各类课程实现意识形态渗透和影响的可能空间。另一方面，要体现教学内容的差异性。课程思政与思政课程都有各自的教学大纲和教学内容，能够体现教学内容的差异性，这种差异性的保持，也是课程思政与思政课程协同育人的内在要求。因此，不能把思政课程变成课程思政，也不能把课程思政讲成思政课程，两者不能简单地合二为一。①

最后，注重探索同频共振的教学方式方法。专业课教师和思政课教师两大主力军能否跨学科交流、有效融通、加强协作，是课程思政与思政课程协同育人的关键。协同育人理念下的教师共同体应该是基于正确的政策引导形成认知共同体、基于共同的使命意识形成精神共同体、基于密切合作形成实践共同体。② 系统整合思政课教师和专业课教师队伍，打破学科界限，组建不同学科之间相互交流、相互促进的课程教学团队，共同挖掘育人素材，共同商讨教学方法。即便思政课是思想政治教育的主要渠道，其教学方法也不具有绝对的普遍性，其他各类课程实施思想政治教育必然各有差异，应采用不同的教学实践方法。思政课堂与专业课堂要互联互通、双向融入。显性教育和隐性教育相结合，既要有思政课程“惊涛拍岸”的声势，也要有课程思政“润物细无声”的效果，这才是教育之道。③

---

① 韩喜平、肖杨：《课程思政与思政课程协同育人的“能”与“不能”》，《思想理论教育导刊》2021年第4期。

② 王天民、闫智敏：《思政课程与课程思政协同运行：理据、契机与对策》，《教育与教学研究》2020年第6期。

③ 杨秀萍：《课程思政与思政课程协同育人：前提、途径与机制》，《黑龙江高教研究》2021年第12期。

# 第二节　思政课程与课程思政的理念共融

协同育人的核心在于理念共融。在“三全育人”系统中，思政课程和课程思政是一种共融共生的协同关系，都担负着传递知识和塑造价值的育人使命，协同发挥思想政治教育功能。“三全育人”即“全员育人、全程育人、全方位育人”，这一概念中包括了主体、时间、空间三个维度。因而，思政课程和课程思政的理念共融需要体现在主体、时间、空间三个维度的共融共生。

## 一、思政课程与课程思政融合的“全员共在”理念

“三全育人”中的“全员育人”理念要求高校全员都要作为思想政治教育的施教者，全员都要共在于思想政治教育的实践活动中。“共在”的理念可以被简单地理解为一种存在状态。在马克思主义理论中，人类的一切实践活动是“物的人化”和“人的物化”的统一过程，是人与他人协同开展改造世界的活动。人类共在的实践活动构建了世界的整体性，也使人的社会关系呈现出共在的状态。

### （一）思政课程与课程思政的全员关系共在

不同于传统的思想政治教育关系中，教师是教学过程中的主体，学生是接受老师灌输知识、引导思想的客体，新时代的师生关系在共在理念的基础上同台重塑。在传统的思想政治教育理念中，对高校学生进行思想政治教育是高校思想政治教育专职教师的工作，与其他教师无关，而随着新时代高校推进构建“大思政”工作格局，思政队伍全员化的理念也在实践中得到推广。

第一，师生关系同台双向重塑。过去思想政治教育强调教师对学生的改变、塑造、影响，是一种主客体分明的师生关系。但在关系共在的理念下分析教育关系，我们可以发现，教师与学生都有了进行平等交流、深入沟通的环境。在教育过程中，无论是思政课程还是课程思政的教育者和受教育者，都是教育主体，他们都是以生命共同存在状态参与教育活动，平等对话。每个教育参与者都在“同台参与”的教育活动中作用于他人，影响着他人。而如今这种影响和塑造关系已由单向影响转化为双向塑造，即老师可以影响和

塑造学生，学生也可以影响和塑造其他学生甚至影响和塑造老师；课程可以影响和塑造人，人同样也可以影响和塑造课程。这样的理念弱化了主客体差异，将原来的受教育者纳入教育关系的主体，改变了传统思想政治教育主体“孤掌难鸣”的状况，令学生也可以“同台唱戏”，从而促使思想政治教育实现“双向奔赴”、过程互动。

第二，思政队伍全员化概念扩大。从关系共在的理念出发，高校教师都是以生命共同存在状态参与教育活动的主体，高校思想政治教育工作不仅是高校专职思政教师的任务，同时也应该是全体教职工都要参与的教育工作。因而，在这样的理念下，高校思想政治教育教师不仅包括辅导员、思政课教师、机关党团工作人员等传统的高校思政工作相关教职人员，还包括其他任课教师、兼职教师、行政管理人员、后勤工作人员等中间层育人队伍，学生家长、校友、学校聘请的专家学者等也有责任担负起对高校学生进行思政教育的任务。[①] 可以说，关系共在理念下的高校思想政治教育教师包括高校全体教职人员，高校思政课程教师与课程思政教师在身份上共在于思想政治教育活动中。

### （二）思政课程与课程思政的全员身份共在

在传统的思想政治教育理念指导下，高校教师往往各在其位、各司其职，教师的思想性教育者身份与知识性教育者身份往往是割裂开的。与传统的思想政治教育关系不同，“共在”理念下的“教与学”的关系更加多元，教育过程中既存在思想性教育，又存在知识性教育，参与教育活动的教师的身份也可以更加多元。

第一，思政课程教师在扮演思想性教育者的同时也可以兼任知识性教育者。高校的思想政治课教师是指在高校内通过教授涵盖思想教育、道德教育、法制教育、政治教育等多方面内容的思想政治理论课，来对学生进行世界观、人生观、价值观塑造的教师群体。现阶段国内高校本科的思想政治理论课主要开设中国近现代史纲要课程、思想道德修养和法律基础课程、马克思主义基本原理概论课程、毛泽东思想和中国特色社会主义概论课程、形势与政策

① 刘瑞、周海亮：《以立德树人为根基的高校“三全育人”工作机制建构研究》，《学校党建与思想教育》2019 年第 3 期。

课程等，课程的安排与讲授更多侧重于对学生进行思想上的引导，思想教育者是高校思政课程教师的主要身份。但是，从“身份共在”理念出发考察高校思政课程教师的教育活动可以发现，思想性教育与知识性教育是可以同时进行的，高校思政课程教师在扮演思想性教育者的同时，也具有知识性教育者的身份，两种身份“共在”。在现阶段国内高校本科开设的各门思想政治理论课中，中国近现代史纲要课程以专业的历史知识为载体对学生进行爱党爱国的思想教育；思想道德修养和法律基础课程既发挥敦促学生守好社会底线的思想教育功能，又教授学生专业的法律知识；马克思主义基本原理概论课程在对学生进行世界观、人生观、价值观的塑造的同时，教授学生哲学知识；毛泽东思想和中国特色社会主义概论课程通过引入社会政治、经济、文化、生态和社会等热点话题，对学生进行政治、法制、文化等方面的教育。高校思政课程教师在对学生进行思想性教育时，往往是以知识性教育内容为载体的，二者并不能完全分离。

第二，专业课教师在扮演知识性教育者的同时也可以兼任思想性教育者。高校专业课教师一般是指在高校承担给学生传授专业知识任务的教师群体，他们往往各有所长。从传统的思想政治教育理念来看，这些教师只要完成好各自的知识教育工作就好，并不需要承担对学生进行思想性教育的工作任务。但在“身份共在”理念下探讨专业课教师的身份问题时，可以发现，这些教师的知识性教育者身份并不与思想性教育者身份冲突，二者可以合为一体，每一位专业课教师的身份都不是单一的，他们都能并且应该在做好原本的知识性教育工作的同时，做学生思想上的领路人。例如在理工类课程的专业知识教育中，教师可以将伦理素养、实干精神、合作精神、诚信意识等思想性教育内容融入课程之中；在人文艺术类课程的专业知识教育中，教师可以融入文化自信、个人素养提升、价值观塑造等思想性教育内容；在综合素养类课程的专业知识教育中，教师可以融入敬业精神、诚信精神、友善精神等社会主义核心价值观内容；等等。各门专业课程都可以“守好一段渠，种好责任田”，将思想性教育内容融入其中，从而实现“全员育人、全程育人、全方位育人”。

## 二、思政课程与课程思政融合的“全过程共享”理念

“三全育人”中的“全程育人”涉及的是育人过程中的时间维度问题，从入学到毕业，要全过程地对学生进行连贯性的思想政治教育，思想政治教育活动相关的教育资源与教育成果可以全过程共享。也就是说，作为思想政治教育实践活动的课程思政和思政课程，可以在教育实践过程中全过程地共享教育资源、教育成果。教育中的共享其实就是教育参与者共同的资源分享、情感认同和思想内化。马克思的社会共享思想是我们理解教育共享理念的基础。马克思围绕社会的人、社会有机体、社会活动、社会享受之间的关系分析道：“（人的）活动和享受，无论就其内容或就其存在方式来说，都是社会的活动和社会的享受。”①

### （一）共享思想政治教育的软硬件资源

高校思想政治教育资源的共建共享包括校园软件建设和硬件建设资源。如高校的校园文化氛围、校训校史、学校办学理念和学校声誉、校纪校风等都是高校能够创造出效益的精神形态资源，对校内进行的思政课程与课程思政活动而言，这些资源对其的影响是一样的，这些资源也可以在课程思政活动与思政课程活动之间共通共享。高校的硬件建设资源包括校园环境设施、经费投入、教学科研设备、办公设施、图书资料等，是提供给全体师生共享使用的，因而课程思政与思政课程的实践活动同样共享这些硬件资源。

### （二）共享思想政治教育的育人成果

立德树人的成效是检验高校一切工作的根本标准，课程思政与思政课程的共同目标即是“立德树人”。课程思政建设是把价值塑造、知识传授和能力培养三者融为一体，就是要寓价值观引导于知识传授和能力培养之中，帮助学生塑造正确的世界观、人生观、价值观。学生无论是在课程思政还是在思政课程中获得的价值塑造和知识体验，都体现了思想政治教育活动“立德树人”的成果。因而，课程思政与思政课程是同向同行，二者在教育实践中生产出的成果是可以相互作用、相互促进的，二者的教育成果有渠道得以共享。

① 马克思：《1844 年经济学哲学手稿》，人民出版社 2000 年版，第 83 页。

## 三、思政课程与课程思政融合的“全方位共建”理念

“三全育人”中的“全方位育人”理念要求在整个学校教学活动的过程中体现，高校应全方位共建思想政治教育育人环境。

### （一）共建“全方位育人”的环境

在“全方位共建”的理念下，思想政治教育内容要融入教学平台环境中。这里的平台环境既包括物理空间环境，又包括教育政策环境。从物理空间环境来看，“全方位共建”的物理空间环境建设要求将思政内容融入各门课程的课堂之中。这里既包括思想政治理论课课堂，也包括各门专业课课堂，也就是既包括思政课程环节，也包括课程思政环节。因而，在“全方位共建”的理念下，二者可以在物理空间环境中融合共建。而高校的各门课程是高校各类活动的轴心环节，这样的空间融合过程能够在高校中催生一个新的环境，即思政教育气息在整个学校范围内像空气一样无所不在、无时不有的场域，这也是一个“全方位育人”的环境。从教育政策环境来看，“全方位共建”的政策环境建设要求在政策上支持思政育人活动，教育活动的方方面面都不能离开“立德树人”这一根本任务。课程思政与思政课程建设都是这一方面建设的表现，二者同向同行，协同助力全方位教学平台共建。

### （二）共建“全方位育人”的教学设计

在“全方位共建”的理念下，思想政治教育内容要融入教学行为中，首先要让思想政治内容全方位地体现在教学设计中。这种全方位共建就意味着思想政治理论内容要贯穿课堂教学的全过程，所有课程都要涵盖思想政治教育内容。思政课程作为国家意识形态建设的一种课程实践形式，思想政治教育内容是课堂内容的核心，思政课程的教学设计是围绕着思政教育内容展开的。课程思政是将思想政治教育内容渗透到各门专业课程中，因而课程思政的教学设计也是围绕着思政教育内容展开的。思政课程与课程思政都属于共建全方位育人课程设计中的一环，在教学设计方面，二者同向同行，可以融合以形成协同效应。

# 第三节　思政课程与课程思政的内容相契

协同育人的基础在于内容相契。内容相契主要强调思政课程和其他课程彼此资源的相互挖掘、协同运行。以课程思政改革为突破口打破思政教育与专业课程教育的壁垒，遵循学科特点高屋建瓴地对课程进行顶层设计，将课程思政的理念目标和方法融入教学大纲、教学内容、教学方法、教学模式和考核方式等方面的改革，同时也要找准各类课程和思政教育的融入点与结合点，将思政元素和学科知识精准嵌入课程思政的教学内容中，优化课程设置，科学规划、循序渐进地推动课程思政的开展。因此，立足课程教学实际开展课程思政是推动协同育人的有效课堂教学形式，也是实现各类课程与思政课程内容相契合的立足点。

## 一、思政课程与课程思政内容相契的主要形式

以课程思政改革为突破口打破思政教育与专业课程教育的壁垒，是实现各类课程与思政课程内容相契合的重要立足点，课程思政教学设计能把思政元素和学科知识精准嵌入课程思政的教学内容中。

### （一）有助于挖掘思政教育元素，丰富课程思政教学资源

《高等学校课程思政建设指导纲要》明确指出：深入挖掘各类课程和教学方式中蕴含的思想政治教育资源，让学生通过学习，掌握事物发展规律，通晓天下道理，丰富学识，增长见识，塑造品格，努力成为德智体美劳全面发展的社会主义建设者和接班人。在课程的案例设计中探索课程思政在课程教学中的切入点和呈现点，挖掘承载思政功能的教学元素，并在案例设计中呈现出来，让思政教育内容成为课堂教学中有序、有机的组成部分[①]，保证知识传授与价值引领有效结合，为课程思政提供丰富的育人资源。

### （二）有助于课程思政融入教学，达成思想政治教学目标

课程思政教学案例的创新设计是抓住课程建设“主战场”、课堂教学“主

① 陈明霞：《增强高校课程思政实效的实践逻辑》，《教育评论》2020 年第 12 期。

渠道”的基础保证。设计案例是对挖掘的思想政治教育元素实施“冶炼、加工的工艺流程”，重点是学科知识内化与思政元素外显的融合设计。按照思想政治教学的目标、原则与要求，根据教学内容和学生学情，把抽象的思想政治理论转化为生动具体的教学案例，使无形的思政教育固化到有形的课程教学中，把工具化知识（科学知识）和价值化知识（道德、时代价值等）结合在一起。依据案例有效组织开展课程思政教学，为课堂教学提供精准的遵循与指导，确保课程思政教学目标的有效达成。

### （三）有助于发挥教师主体作用，提高课程思政教学水平

全面推进课程思政建设的关键在教师，教学案例的创新设计是发挥教师“主力军”作用的重要手段。通过编写教学案例，充分调动教师参与课程思政建设的积极性和主动性。在设计教学案例、开发育人资源的过程中广泛研讨，集体备课，试讲评课，集思广益，分析梳理相关资源，进行知识体系的加工改造，不断丰富和发展教学内容，探索课程思政教学模式，推动教师自觉将思想政治教育融入教学实践。案例的编撰过程也是专业课教师不断提高思想政治理论素质和教育教学水平的过程。

## 二、思政元素融入理工科课程的教学设计

数字图像处理课程是笔者主要参与的研究生课程思政建设课程。本书以该门课程为例探索思政元素融入理工科课程的教学设计。

### （一）课程特点

“新工科”背景下，在理工科高校中专门开设的思想政治相关课程约占10%，而约90%的课程为纯理工专业课程。因此，如何将专业课程教学与思想政治教育更好地结合，更有效地发挥专业课程的育人功能，真正实现全域（全部理工专业课程）、全员（全体大学生及研究生）、全时（大学本科期间及研究生期间）的立德树人目标，成为当前一项紧迫的时代任务。

“新工科”是在新形势、新背景下提出的一项重大教育改革。数字图像处理课程作为一门信息类专业基础选修课，因其具有理论性强、技术性强、覆盖面广的特点而备受笔者所在高校的学生青睐，教学对象包含了数学与信息学院、工程学院、电子信息学院的学生。数字图像处理课程是计算机科学与技术及电子信息专业的选修课程，该课程既注重理论基础，又强调实践实用，

要求学生不仅要掌握数字图像的增强、复原、分割和压缩等图像处理算法，还要能够通过程序实现这些算法，为今后独立地分析与解决信息领域的实际问题打下坚实基础。

作为理工类专业课程，要注重科学思维方法的训练和科学伦理的教育，培养学生探索未知、追求真理、勇攀科学高峰的责任感和使命感；要注重强化学生工程伦理教育，培养学生精益求精的大国工匠精神，激发学生科技报国的家国情怀和使命担当；要注重培养学生的“大国三农”情怀，引导学生以强农兴农为己任，“懂农业、爱农村、爱农民”，树立把论文写在祖国大地上的意识和信念，增强学生服务农业农村现代化、服务乡村振兴的使命感和责任感，培养知农爱农的创新人才。理工类教师应该将基本任务从传授知识过渡到人才培养上来，高校的首要学术责任是育人，而课程教学和课程讲授则是全员育人、全程育人、全方位育人过程中非常重要的环节，应该通过知识传授和能力培养的教学活动来实现对学生的价值塑造。

### （二）课程育人目标

第一，专业课程目标。数字图像处理课程是一门信息类专业基础选修课。该课程着重培养学生初步解决智能化检测与控制中应用问题的能力，为在计算机视觉、模式识别等领域从事研究与开发工作打下坚实的理论基础。主要任务是学习数字图像处理的基本概念、基本原理、实现方法和实用技术，并能应用这些基本方法开发数字图像处理系统，为学习图像处理新方法奠定理论基础。

第二，思政育人目标。要坚持把立德树人作为中心环节，把思想政治工作贯穿教育教学全过程，实现全员育人、全程育人、全方位育人的“三全育人”。深度挖掘专业课程中的思政元素，真正把课程思政作为联系专业知识学习与思想政治教育的纽带，在潜移默化中教育学生，培养学生树立正确的人生观、价值观和道德观，引导学生不断提高思想水平和道德品质，为国家培养出德才兼备、全面发展的人才。要在专业课程教学中把马克思主义立场观点方法的教育和科学精神的培养结合起来，提高学生正确认识问题、分析问题和解决问题的能力。要注重科学思维方法的训练和科学伦理的教育，培养学生探索未知、追求真理、勇攀科学高峰的责任感和使命感。

### （三）思政元素与课程内容融合设计

课程思政在课程育人和教学质量提升中有重要的意义，需要从教学设计上梳理课程所蕴含的思政教育元素，使课程思政贯穿在教学设计和实施的全过程之中，实现思想政治教育与知识体系教育的有机统一。注重在课堂教学中传播思想政治理论和道德价值观念，培养学生的爱国情怀、法制意识、社会责任、人文精神等。

第一，教学管理方面。教育学生要有社会责任感的前提是培养学生对自我的责任感，对自我的生存和发展负责。因此要求学生在课程学习过程中必须遵守学校规章制度和课堂纪律。

第二，教师自身方面。教师自身的人格魅力至关重要，对引导学生起到关键的作用。教师要率先垂范，严格要求自己；同时也要以人为本，关心和尊重学生，发挥学生的主观能动性，发挥思政的“人文精神”，让学生对本课程教学满意，这是使课程蕴含思政教学方法的最基本要求。教师根据思政元素融入课堂的特点，调整课程内容，适当地开展实时互动，精心设计教学过程，让学生在学中做，在做中学，自然而然地掌握相应的图像处理算法。

第三，教学内容方面。将时事热点融入课堂，提炼和凝聚其思政元素。如 2020 年将新冠疫情当作最鲜活的教材，引入专业课教育教学，充分发挥课程思政的育人作用，从战“疫”故事中寻找专业课程的思政元素，推进课程思政教学改革，发挥课程思政引领作用，引导青年大学生思考时代新人的使命担当。在授课过程中融入当时新冠疫情的相关内容，介绍远程医疗、AI 算法诊断等新技术，向最美逆行者致敬。再如在专业课堂中融入以下案例：从 2007 年到 2020 年，从“嫦娥一号”到“嫦娥五号”，再到“天问一号”火星探测器，自从事星载图像视频压缩编码的研究以来，国内某知名高校的李云松教授带领团队始终围绕国家航天领域重大需求，开展深入研究，解决了我国现阶段卫星图像数据传输和存储的瓶颈问题，为国家重大项目贡献自己的全部力量。

## （四）教学内容安排

| 周次 | 知识点 | 思政“触点” | “触点”授课形式与教学方法 | 预期教学成效 |
|---|---|---|---|---|
| 1 | 绪论：数字图像处理发展历史 | 图像处理技术中的名人逸事 | 科学研究要有严谨认真和勇于探索的精神，伟大的发现都来源于对知识的不断探索 | 鼓励学生培养严谨认真的态度和对未知的勇敢探索精神 |
| 2 | 数字图像处理主要应用 | 二维码的应用案例 | 移动支付技术大大提升了国民生活的便利性，与其他国家比较，我国在此领域的领先成就更加凸显 | 培养学生的爱国情怀，坚定“四个自信” |
| 3 | 数字图像基本技术：光谱范围和成像特点 | 国内知名高校在太赫兹研究领域的领先地位 | 介绍以国内院士为首的科学工作者团队引领太赫兹领域科学发展的事迹 | 教育和激励广大学生要奋发图强，勇攀学术高峰 |
| 4 | 空间域滤波和图像增强 | 空间域下图像增强的具体应用，以图像去雾的经典算法为例 | 介绍图像去雾经典算法的发明人何凯明，讲解我国近年来在图像处理、视频分析等方向取得的重要发展 | 培养学生勇于挑战、赶超学术前沿的精神 |
| 5 | 频率域图像增强 | 文化自信：遥感图像处理的具体应用 | 回顾我国在太空遥感技术领域的发展成果 | 培养学生的爱国情怀和大国工匠精神 |
| 6 | 图像复原：图像退化模型及复原技术 | 图像复原技术在国民生活和军事领域的应用及意义 | 生活中的老照片修复、变形图像修复、军事领域下微弱目标的有效修复和识别 | 培养学生的社会责任感和工匠精神 |

续表

| 周次 | 知识点 | 思政“触点” | “触点”授课形式与教学方法 | 预期教学成效 |
|---|---|---|---|---|
| 7 | 彩色图像处理：伪彩色图像处理技术 | 疫情防控期间伪彩色图像处理技术的应用（利用伪彩色图像处理技术对高体温人体进行自动识别和标注） | 以我国疫情防控期间的一系列先进事例向学生展示社会主义的优越性和全国人民抗击疫情、团结一心的凝聚力 | 培养学生的爱国情怀和民族自豪感 |
| 8 | 图像编码：数字水印技术 | 知识产权的有效保证 | 通过数字水印技术的具体应用对学生进行法制观念的教育 | 增强学生的法制意识 |
| 9 | 图像分割：工程应用案例，回收压缩机的智能切割技术 | 绿色可持续发展、能源的有效回收和利用 | 结合国家大力倡导的可持续发展战略和能源有效利用的社会背景进行阐述 | 让学生通过实际工程案例培养动手能力和科技创新意识 |
| 10 | 图像和数据压缩 | 2020 年“天问一号”的成功发射 | 以“天问一号”火星探测器中多个科学载荷的图像和压缩任务为例 | 培养学生爱国情怀、文化自信和工匠精神 |

## 三、思政元素融入本科公共基础课程的教学设计

大学生创新创业基础课程是笔者所在高校面向全体大学二年级学生开设的 2 个学分、32 个学时的公共基础必修课。笔者以该门课程为切入点，主持了广东省课程思政建设改革示范项目、校级课程思政示范课程，荣获广东省课程思政优秀教学案例二等奖。因此，本书以该门课程为例探索思政元素嵌入本科公共基础课程的教学设计。

### （一）课程思政教学设计思路

第一，“课堂深处有情怀”，注重教学设计的解构与重塑。按照“知识传授—价值引领—能力培养”的课程逻辑重新安排教学，重新调整课程结构，重新制定教学大纲，选取弘扬主旋律的教学案例与素材，结合时事热点组织学生讨论与点评，在教学安排上重塑学生对创新创业基础课程教学的认知，

在教学知识上注重涵养大学生创新创业的道德品质，比如创新精神与大国崛起、创业者精神与个人成长、创业团队组建与协作共赢、创业机会识别与国家重要战略机遇、创业资源获取与全局观、市场营销与社会道德、企业家精神与社会责任。

第二，“情到浓处有感悟”，注重教学内容的高阶性与启迪性。按照“认知—认同—内化—外化”的课程逻辑选择教学内容。比如从对创新的概念认知、认同，到内化为创新精神，再到外化为创业训练、创业实践效果的高阶性知识逻辑。通过课堂讨论的启发，引导学生通过国际比较正确认识中国现状、正确认识时代责任和历史使命、正确认识中国和世界发展大势，激发学生投身创新创业的使命感，激发学生把主动创新精神转化成为创新实践成果的自觉性。

**（二）教学目标**

第一，学习和掌握创新创业内涵、创业团队组建、创业机会识别、创业资源获取、市场营销等知识和技能，在中国制造向中国创造转变历程、中国速度等内容中厚植家国情怀，涵养创新精神，培养破除思维定式的创新勇气，发挥技能专长，体现“双创深度”。

第二，树立敢为天下先的创新思维，掌握提升创新创业能力的方法，如创业团队组建与协作共赢、创业机会识别与国家重要战略机遇、创业资源获取与全局观等，在华为、中兴等“中国缺芯之痛”事件里反思中国创造的困局与出路，在教学过程与方法中体现“育人的高度”。

第三，塑造青年学生勇担使命的创新精神，通过讲述改革开放以来涌现的企业家、科学家的传奇故事，增强大学生对干事创业的素养锤炼和价值追求，在创新精神与大国崛起、创业者精神与个人成长、市场营销与社会道德、企业家精神与社会责任、企业文化与商业伦理、创业失败与情绪管理等方面开阔学生的创新视野，注重在情感与价值观上体现“思政的温度”。

## （三）专业教学与思政教育的融合设计

| 教学内容或章节 | 思政教学案例融入实例 | 思政元素挖掘 |
|---|---|---|
| 创新创业概述 | 思考与讨论：中国古代四大发明与“新四大发明”有何不同 | 坚定“四个自信”，理解创新创业的历史意义与当代价值。进行国际比较，正确认识中国现状，启发学生树立创新创业精神 |
| 创新创业与中国发展崛起 | 典型案例：1. 邓小平反对“两个凡是”（破旧），提出实践标准（立新）；2. 从小岗村“包产到户”到改革开放基本国策；3.“一国两制”基本方针。<br>时事热点讨论：深圳 27 条改革举措和 40 条首批授权事项 | 坚定道路自信、理论自信和制度自信，正确认识时代责任和历史使命，激发学生树立民族复兴的理想与责任，激发青年学生破旧立新、敢闯会创的勇气和斗志 |
| 创新创业与个人发展选择 | 典型案例：1. 老一代的创业精神：褚时健——牢狱之灾后造就励志传奇；2. 年轻一代的“享乐主义”：陈欧的聚美优品。<br>案例点评与分析：“享乐主义”叫板创业精神 | 树立企业家精神、理解创新引领创业的内涵，学会用创新创业精神应对未来的不确定性和挑战 |
| 创新与创新思维 | 情境创设：公安局长的故事；<br>游戏体验：破除思维定式九子图；<br>问题剖析：从“大锅饭”到“深圳速度”；<br>引经据典：草船借箭、围魏救赵 | 中华传统文化、中国智慧；打破思维定式，破除对创新的陌生感与距离感，启发学生爱思考、敢于改变、敢于创新的品质 |
| 创业者与创业团队 | 视频播放：最牛创业团队——中国共产党；<br>传统文化：《西游记》师徒团队；<br>案例分析：“中国合伙人”新东方创业团队 | 通过对中国共产党创建新中国的历程、《西游记》中的中华传统文化和现代企业案例的分析，认识创业团队的重要性，掌握组建和管理创业团队的基本方法 |
| 创业机会识别 | 案例分析：从中国制造到中国创造；<br>课堂讨论：专利申请多与成果转化少的现象 | 认识大国工匠精神，讲好中国创造故事；正确认识世界和中国发展大势，增强学生们投身创新创业的使命感，把创新精神转化成为创业实践 |

# 第四节 思政课程与课程思政的方法协同

协同育人的路径在于方法协同。思政课程与课程思政的融合需依赖具体的教学理论和教学方法，在以行为学和心理学为基础的认知理论快速发展的今天，符合认知规律的先进教学方法不仅是有效学习专业知识的路径，也是思政元素融入专业课程的路径。故可以尝试以切合需求的教学理论框架承载思政元素，分步骤、分方面地引导相关的思政元素自然融入专业课程内容。教学是复杂的，教学方法是多样的。著名教育家叶圣陶先生曾指出："教学有法，教无定法，贵在得法。"此处的"有法"和"无定法"是对立统一的。教师需把握这一重要原则，在尊重教学规律的基础上，结合具体的教学情境，充分发挥个人的主观能动性，大胆创新。本节介绍的关联教学法、互动教学法、现象教学法只是为教育工作者提供参考，希望能起到抛砖引玉的作用。

## 一、关联教学法

### （一）关联教学法内涵

第一，关联教学法的含义。提高学生灵活运用知识的能力在人才培养中至关重要，这是提高人才培养质量的关键所在。孔子云："学而不思则罔，思而不学则殆。"如果只学习不思考，则容易思维僵化，徒劳往返，迷茫无得；如果只思考而不实实在在地学习钻研，则容易浮于空想，枉费心力，精神疲怠。学思并举是知行合一的必要条件，青年学生只有知行合一，才能激励自己把个人的理想追求切实融入党和国家的事业之中，为党、为祖国、为人民多做贡献。关联教学法是基于教育心理学学习迁移理论的一种教学法。[①] 该教学法的主张之一便是用从基础课学来的主要思想、方法指导专业课的学习，同时深化学生对基础课知识的掌握程度。该教学法包含着学思并举、知行合一的意义。在课程思政实施过程中，可以借鉴这一方法将思政课程与非

① 竺长安：《课程之间的相互联系及关联教学法：专业基础课的教学方法探讨》，《教育与现代化》2001 年第 4 期。

思政课程有机关联起来。事实上，借用实例来证明哲学理论的正确性，或是用哲学思想来分析实际问题的做法古已有之，有时也称该方法为托物言志或析事明理。例如，刻舟求剑的故事说明了物质与运动的辩证关系；“无可奈何花落去，似曾相识燕归来”表达了规律的客观性，即规律是事物本身所固有的，不以人的主观意志而发生转移；塞翁失马故事中的老者借助矛盾对立统一的观点分析了自骏马离家后的种种事态发展。

第二，思政课程与非思政课程之间的关联度。比如，以马克思主义基本原理课为代表的思政教育理论课程与以物理课为代表的自然科学课程间的关联不仅丰富，而且密切，具备学习迁移中所要求的“学习内容之间类比性高”的基础。辩证唯物主义和历史唯物主义是马克思主义根本的世界观和方法论，是马克思主义理论科学体系的哲学基础，为我们认识世界、改造世界提供了强大的思想武器。

第三，关联教学法融合思政课程与课程思政的实施原则。一是坚持理论联系实际。理论联系实际是马克思主义主要的理论品质，是中国共产党的优良作风之一，也是课程思政中应遵循的基本原则。在教学过程中，既要引领学生联系实际经验学好理论知识，又要引领学生自觉运用理论解决实际问题。教学中如果只强调理论的重要性而忽视了实际应用，则易使学生感到枯燥乏味，不知所云；如果只强调实际经验而忽视了理论的重要性，则易使学生只见树木，不见森林。在理论联系实际的过程中，切忌过分关注课堂趣味性而采用哗众取宠的手段。在有限的教学时间内，还是要引领学生完成系统化学习，做到言之有物、内容饱满，增强学生的学习获得感。二是注重师生互动、生生互动。教师与学生之间、学生与学生之间能够实现思想交流，更有利于激发学生积极求学的精神。重视互动尊重了学生在学习过程中的自主性，互动形式灵活多样，不局限于语言互动，也包括动作互动、神态互动以及心理互动。而能够启迪学生智慧，帮助学生进行学习迁移，完成知识结构的重建的互动，都是好的互动形式。

### （二）关联教学法在思政课程与课程思政相融合中的应用

关联教学法要求教师具备扎实的专业知识和深厚的思想政治理论功底，对教育心理学、教学法有一定的了解，投入大量的精力到教学中。只有同时满足上述要求，课程思政才能取得令人满意的效果。关联教学法可以更好地活化学生已有的思想政治理论，通过具体实例不仅能帮助学生深入地理解专业课知识内容，还能帮助学生更好地领悟思想政治理论的要义，同时激发学生对不同学科的学习兴趣，坚定青年学生的理想信念，加强学生对党的路线、方针和政策的理解，鼓舞青年学子主动把个人的理想追求融入国家和民族的事业之中。

本书以物理学科为例探索关联教学法在课程思政与思政课程相融合中的应用。物理学科所关注的问题尽管聚焦于客观世界，但探索、解释客观世界的思想理念却在包括文史哲学科在内的所有科学学科和人类活动的许多领域内都存在。了解日常生活、哲学大义、中国国情、人类历史、国际形势背后的物理常识，也会为学生更理性地分析问题带来实际的益处。下面通过几个具体的案例，说明物理课程中是如何借助关联教学法在传授知识的过程中实现价值引领的。

第一，物理课程与大学生自身的关联案例。在物理教学中，常常基于日常现象引出物理问题和概念，再对其加以分析说明。讨论和学生自身密切相关的例子的好处在于可以激起学生的共情，引发他们的好奇心，让他们主动去探寻现象背后的本质。该操作的思想基础在于学生若具备了描述和解释日常物理现象的经验，则在之后的学习生活中就更有自信去解决较为复杂或抽象的问题。有了熟悉的实例、信服的结论，学生对物理概念的掌握便更扎实，对方法的理解也更深刻，应用相关物理原理解决其他问题的信心便越强，这更易于实现学习迁移。在经典力学中，牛顿是绕不开的名字。牛顿出身于偏僻农村的一个农民家庭，小时候成绩并不突出，后考入剑桥大学学习数学。1665 年因伦敦瘟疫大流行，剑桥大学被迫停课，牛顿不得不居家学习。在随后一年多的避疫岁月中，他系统地整理了之前所学的内容，潜心研读前人的工作，着手进行实验论证。凭借旺盛的创造力、卓越的探索精神和强大的毅力，彼时年轻的牛顿为自己之后的科学研究奠定了扎实的基础。牛顿一生的主要学术成果——经典力学三定律、万有引力定律、微积分和色彩理论等——几乎都萌发于这短短的一年多里，而这时的牛顿只是一位二十岁出头的学生。青年精力充沛、勇于探索的特质决定了青年阶段是学习、创新的黄金时期。历史上很多伟大的科学家都是在青年时期取得了卓越的成就。以此为素材，有利于实现对青年学子的价值引领，号召他们向以牛顿为代表的科学家学习，学习其热爱科学、孜孜不倦、严谨治学等品质，大力弘扬科学家精神，努力创造有价值的精彩人生。

第二，物理课程与思政课程的关联案例。比如，物理课程与马克思主义基本原理的关联。科学与哲学的关系从科学诞生之初就非常密切，二者的本质都是求真。马克思主义基本原理是马克思主义理论的重要组成部分，其精髓在于坚持一切从实际出发，理论联系实际，在实践中检验和发展真理，其持有的世界观和方法论是辩证唯物主义和历史唯物主义。而充分尊重实验现象，用辩证唯物论的观点分析理解客观世界也是物理学的基本特征之一。可见，物理理论与马克思主义理论在本质上具有共性，这样就可以通过关联教学法帮助学生在其中实现学习迁移。光作为人类生产生活中常见的自然现象，几千年来一直是人类感兴趣的研究对象之一。对其物理本质的科学探讨始于1600年前后。当时的胡克主张光是一种波，牛顿基于光的直线传播现象认为光是一种微粒，惠更斯则认为光的传播方式与声波类似。至此，历史上第一次关于光的本质之争拉开了帷幕，“微粒说”和“波动说”的论争首次登上物理学史的舞台。迄今为止，关于光的本质之争在物理学界已经持续了数百年。随着这场旷日持久、跌宕起伏的论争的进行，我们对光的认识越来越深入。对于这一论争的回顾不仅有利于学生了解科学发展的进程，还有利于实现价值引领。以之为载体，能够很好地向学生诠释马克思辩证唯物主义中唯物辩证法的三大规律：对立统一规律、量变质变规律、否定之否定规律。在传播过程中，光子主要呈现出波动性，而在与物质发生能量交换时，光子则主要呈现出粒子性。“波动说”和“微粒说”是一对矛盾统一体，二者的相互渗透为矛盾的解决准备了条件，共同促使了新理论的萌芽。在该论争中，随着“微粒说”与“波动说”两派支持者持有的关键证据的不断增加，胜利的天平逐渐发生倾斜。这一过程就是量变发展到一定程度引起质变的过程，不以任何人的意志为转移。它印证了任何事物的发展都必须首先从量变开始，才可能实现质的飞跃这一客观规律。人类探索光的本质之路经过了两次否定和三个阶段，才以迂回曲折的形式揭示了光的奥秘，这是一个说明否定之否定规律的典型实例。在这一波澜壮阔的物理论争中，当否定方面战胜肯定方面上升至主导地位时，人们的认识就发生了一次改变，但每一次的否定都不是对旧认识的全盘抛弃，而是创新和继承相统一的扬弃。再比如，物理课程与中国近代史的关联。光电效应在近代物理学中有着重要的地位，在解释该实验现象的过程中，爱因斯坦提出了著名的“光量子假说”，为近代量子力学的建立奠定了基石。在充分认识光电效应的基础上，光电转换技术得以长足发展。在第二次世界大战后期，采用了光电转换技术的夜视装备已为美军和德军所采用。在海湾战争中，先进的夜视装备为以美国为首的多国部队主宰夜战战场提供了重要的技术保障，帮助多国部队以较小的代价取得了决定性胜利。这场战争在一定程度上助长了美国的霸权主义，加速了世界格局的演变，推动了世界新秩序的建立。同时，这场战争也警醒和鞭策了中国军队，在此之后中国迎来了装备发展的井喷期。在物理课堂介绍完上述内容后，继而以思考讨论的形式实现对学生的价值引领。讨论的主题是：“在没有夜视装备的抗日战争中，夜战是如何成为八路军擅长的战术的呢?”通过研讨，学生会发现八路军过硬的军事素质和强大的战斗精神是克敌制胜的关键。事实上，抗日战争时期每一次夜战的胜利，人民军队都付出了惨痛的代价。抗日战争这段历史告诫每一位学子：落后就要挨打，必须实现中华民族的伟大复兴，中华民族才能屹立于世界民族之林。

## 二、互动教学法

### （一）互动教学法内涵

互动教学法是指在教学过程中充分发挥教师和学生双方的主观能动性，形成师生之间相互观摩、相互交流和相互促进的一种教学方法。互动式教学法不是单纯指某一种具体的教学方法，广义上说凡是在课堂教学中教师引导学生，尊重学生的心理需要，倾听学生对问题的想法，发现其闪光点，形成共同参与、共同思考、共同协作、共同解决问题的氛围，使师生真正产生心理共鸣、观点共振、思维共享、影响共有的教学方法都可以称为互动教学法。互动教学法主要有以下几种：

第一，问题法。问题式教学法，就是以提出问题、分析问题、解决问题为线索，并把这一线索贯穿于整个教学中。“这里的关键在于筛选问题。筛选互动话题的原则：一是不必无病呻吟，要避免显而易见的简单问答；二是不必哗众取宠，要避免形式热闹、内涵无聊的问答；三是不惧交锋碰撞，要直面难点热点，着力选择有思辨讨论空间、易于混淆弄错的是非问题。”① 这种机制从根本上取决于学生的主动性、积极性、创造性，以及教师教学观念的转变。问题式教学法改变了教师“以讲为主，以讲居先”的格局，调动了学生学习的积极性和主动性，注重学生自学能力和探索精神的培养和锻炼，增强了学生运用马克思主义理论去分析问题和解决问题的能力。

第二，讨论法。讨论式教学法是指在教师的指导下，围绕某一个理论或实际问题，学生各抒己见，以求得正确认识的教学方法。当今学生生活的世界是充满矛盾的世界，他们接触到的社会现象五花八门、良莠不齐，由于立场、思维方式、知识构成之间的差异，不同的学生对同一个问题所持的态度可能完全不同。一般来说，对某种社会现象和社会问题的认识往往要涉及政治、经济、文化、思想等诸多因素，只有运用多方面的知识才能全面、历史、辩证地分析它。学生在相互讨论中能做到集思广益、博采众长，充分调动群体的智慧和力量，达到认识上的深化和扩展。讨论式教学是一种开放式教学，有助于提高学生比较、鉴别、分析的能力，在讨论过程中加强理论与实际的联系，可以增强学生运用知识的能力。

第三，情景模拟法。情景模拟法是指教师在课堂教学中根据教学内容设置高度拟真的情境，让学生尝试在分析具体问题中独立地作出判断和决策，以培养学生运用所学理论解决实际问题的一种教学方法。其方法程序为：设置模拟情景—搭建平台—激活学生。在思想政治教育中，可运用多种方式创设情境，如用语言描述情境、用音乐渲染情境、用小品塑造情境，用录像创设情境，把思想政治知识抽象的理论具体化、生活化，使学生时时感受到真实的学习场景，以浓厚的兴趣投入到学习情境中。情景式教学法重视发挥学生在课堂教学中的主体地位，转变学生的学习方式，引导学生全程参与课堂教学，切身感受知识的运用过程，帮助学生形成正确的情感、态度和价值观。

第四，案例法。案例法就是指教师运用多媒体等将精选个案呈现在学生面前的教学方法，具体过程为：案例解说—尝试解决—设置悬念—理论学习—剖析方案。要求学生利用已有知识尝试提出解决方案，判断正误方案，

① 孙武安、蒯正明：《一化六制：高校思想政治理论课课堂教学的综合改革》，《思想理论教育导刊》2017 年第 6 期。

设置悬念，然后抓住重点、热点作深入分析，最后上升为理论知识。案例法教学着眼于解决问题，它不同于阐释理论的举例子，更不是原理加实例。在案例教学的实施过程中，要按照思想政治理论课内容要求精选、安排案例，使整个案例教学形成一个完整的体系，而不是杂乱无章的堆积。这种方法直观具体、生动形象、环环相扣、对错分明，令人印象深刻，可以活跃气氛，有利于培养学生分析问题和解决问题的能力。

**（二）互动教学法的运用**

“师生和谐的情感是学生学习活动的助推剂，融洽的师生互动关系是提高教学效果的前提和基础。”[①] 互动式教学法改变了教师主动，脑动、嘴动、手动，学生被动，神静、行静、嘴静的灌输式、一言堂的传统教学模式。注重一个“动”字的变化，做到“互动”，实现“教师主动”和“学生主动”，通过师生双向输入，奏出和谐交流乐章。这样的教学氛围，对学生而言，意味着主体性的凸显、个性的表现、创造性的解放；对教师而言，则意味着上课已不是简单的知识传授，而是一个共同学习、提高的过程。从教育学、心理学角度观察，运用互动式教学法教学有着十分重要的意义。

第一，互动式教学更加注重学生创新精神和创新能力的培养。当今大学生经历了十多年以考试为中心的教育模式，在大学阶段建立逆向求异思维的思考方法，实现求异思维与求同思维的统一是至关重要的。传统思想政治理论课的教学重点聚集在对学生灌输马克思主义理论，学生只是被动地听、记，对内容理解浅，提不出问题，这在一定程度上抑制了学生的个性和创造精神。互动式教学法则更注重培养学生的创新精神，课堂上教师的任务是启发、设疑，鼓励学生独立思考、大胆质疑、大胆提问、大胆发言，对学生提出的正确观点给予分析、引导，增强了学生分析问题的能力。

第二，互动式教学调动学生的学习主动性和积极性。传统教学是以教师为主导、学生为接受主体的教育过程。2018 年 4 月，教育部印发的《新时代高校思想政治理论课教学工作基本要求》强调：“课堂教学方法创新要坚持以学生为主体，以教师为主导，加强生师互动，注重调动学生积极性主动性。”

① 高善春、邬旭东：《创新教学方法 突出教学效果：思想政治理论课落实党的十九大精神方法探索》，《思想理论教育导刊》2018 年第 4 期。

互动式教学既要求学生在教师的组织下按教学计划的要求系统地学习，也要求教师按学生的提问和要求有针对性地重点施教，激发学生学习的积极性主动性，提高学生的动脑和动手能力，为其不断学习和发展打下坚实的基础。

第三，互动式教学真正地促进了教学相长。互动式教学法让学生参与到教学中，教师以自身教学方式影响学生，激起学生的学习兴趣，而学生的学习兴趣和激情又影响教师的情绪，调动了教师的教学热情，有利于教师更好地施教。在互动式教学过程中，教师期待着学生的进步和提高，因为这种进步和提高是对教师教学成果的肯定；同时，学生期待着教师的关注和指导，这种关注和指导将转化为学生日后学习的动力。

## 三、现象教学法

### （一）现象教学法内涵

作为跨学科教学的一个主要表现形式，现象教学法对开展课程思政有着非常重要的作用。现象教学法，又称融合式教学法，是从学生感兴趣的现象或话题出发，融合多个领域、多门学科的一种应用型教学方法，其教学理念传承了美国著名教育学家杜威的“社会活动中心”课程教学模式中“以学生为中心、以生活为中心，教育即生活，在做中学”的核心理念，要求从宏观、全局和发展的视角来处理课程内容，并关注课程与其他学科的关联性。同时，它还综合了德国赫尔巴特学科教学重视知识培养的教学理念，将这两种教学模式结合起来。现象教学法的理论依据主要来自建构主义的认知理论。该认知理论认为学生是学习认知的主体，应发挥其主观能动性，促使其在学习中不断探究，并与他人合作。同时，教师起到了教练员的作用，从旁不断帮助和促进学生学习，其指导作用也不可忽视。因此，现象教学法要求明确学生在学习中的主体地位，为学生营造民主的氛围，充分发挥学生学习的自主性，让学生就指定的现象或话题展开思考，根据自身的经验和已有的知识进行阐述，教师进行必要的协助和指导。[①] 国内不少教育研究者将现象教学法与其他教学模式进行比较。陈式华率先构建了现象教学法的基本程序，具体包括

① 黄海棠：《现象教学法在经济学中的应用研究》，《重庆科技学院学报（社会科学版）》2018年第6期。

展示现象、描述现象、解释现象、分析现象和解决方法。① 包翼对现象教学法和项目化教学进行了比较，分析了两者的优缺点，并厘清了两者的关系，最后在此基础上归纳了现象教学法应涵盖的课程类型。② 还有一些教育工作者结合自身的教学实践，尝试设计跨学科的融合式教学方案。

**（二）现象教学法的运用**

现象教学法主要分为现象确定、学生讨论以及教师总结归纳三个步骤。首先，确定要讨论学习的现象。教师将班级学生分为若干个讨论小组，为更好地提高学生的参与积极性，由学生选定要研究的现象，小组成员通过头脑风暴的形式选定讨论对象，教师从旁协助，对小组进行指导。讨论现象确定之后，要组织学生进行自由讨论：小组学生充分地发挥想象力、积极地思考问题，运用已有的知识理论储备，对指定的现象进行分析讨论，之后阐释现象。指派专门的同学负责记录此过程中发现的问题、涉及的学科知识和最后的结论。最后是教师总结归纳：首先由课程教师对本次课程的主题进行专业的知识解析，让学生掌握关键的知识要点，并逐一对学生争议较大的问题进行说明解释。随后，结合涉及的相关学科，邀请思政教师就本领域的问题进行专业的解答分析，真正实现跨学科的现象教学。在这个过程中，学生自然而然就掌握了课程要求的相关知识原理，锻炼了思维能力，开拓了眼界思路，受到了思政教育的洗礼。

为了更好地发挥现象教学法的作用，在实际操作中，思政教师需要把握以下几点原则：首先，在讨论的现象选择上，既要符合学生兴趣，又要紧贴实际。选取的现象既要与当下学科动态、时事热点紧密联系，也要有较强的可讨论性与可思考性。要选择学生感兴趣的话题，调动学生积极性与参与性。其次，把握好现象内容之间的连贯性和与课程内容的契合性。专业教师要提前对课程内容的知识点进行归纳梳理，并根据课程内容做好相关学科的理论整理与充分的准备，注重授课内容的趣味性、可读性。再次，合理安排课程时间。为学生提供充足的讨论交流时间，兼顾好课程的整体进度。最后，充

① 陈式华：《现象教学：芬兰 2016 教改新模式》，《教育与教学研究》2016 年第 11 期。

② 包翼：《现象教学法与项目化教学的比较及启示》，《太原城市职业技术学院学报》2017 年第 9 期。

分调动每位小组成员的积极性。以往的教育模式都是以教师为主导，学生被动接受课程信息为主，很多学生一开始难以适应这样互动形式的课堂模式，所以，在开始的时候学生可能会感到无所适从，甚至会在讨论时间进行一些与课程内容无关的交流或者直接置身事外，这将极大地削弱教育的效果。因此，这就需要专业教师通过优化现象选题、环节设置等办法，不断调动学生参与讨论的积极性；将学生在讨论中的表现与学生的日常成绩考评挂钩，让学生重视小组讨论，积极参与小组讨论。

# 第三章　坚定文化自信，坚持以文育人

文化兴则国家兴，文化强则民族强。习近平总书记十分重视文化的教育功能，他指出："努力用中华民族创造的一切精神财富来以文化人、以文育人。"① 中华民族几千年来形成的博大精深的优秀传统文化以及我们党带领人民在革命、建设、改革过程中锻造的革命文化和社会主义先进文化，是以文化人、以文育人的重要资源，为高校思想政治教育提供了深厚力量。

习近平总书记在文化传承发展座谈会上强调："在新的起点上继续推动文化繁荣、建设文化强国、建设中华民族现代文明，是我们在新时代新的文化使命。"② 高校思想政治教育工作要担当起新时代新的文化使命，就要更好担负起坚持以文育人、坚定文化自信的教育使命，不断推进中华优秀传统文化创造性转化与创新性发展，积极传承弘扬历经百年生动实践和持续积淀的红色文化，提升我国的国际传播能力，对外讲好新时代中国故事。

---

① 《习近平谈治国理政》第一卷，外文出版社 2018 年版，第 164 页。

② 鞠鹏、王晔、姚大伟：《习近平在文化传承发展座谈会上强调 担负起新的文化使命 努力建设中华民族现代文明》，《人民日报》2023 年 6 月 3 日。

# 第一节　新时代坚定文化自信、坚持以文育人面临的问题与时代要求

## 一、新时代坚定文化自信、坚持以文育人面临的问题

新时代是一个在前所未有的世界大变局中展开的时代，在中华民族实现伟大复兴和世界正经历百年未有之大变局的关键时刻，在西方资本主义文明陷入何去何从焦虑境况的关键时刻，中国和平发展的步伐稳步向前，改变了资本主义文明等同于现代化文明的思维惯性。在新的起点上继续推动文化繁荣、建设文化强国、建设中华民族现代文明，是我们在新时代新的文化使命。新时代中国如何弘扬创新中华优秀传统文化，如何赓续红色血脉、传承红色文化，如何继续走好中国道路、对外讲好中国故事，成为摆在中国共产党面前的时代考题。面对新时代的新要求，作为在新时代发挥着统一思想、凝聚力量、振奋精神、提高素质重要作用的思想政治教育应直面问题，把坚定文化自信、坚持以文育人的理念和举措贯穿于育人全过程，担负起努力建设中华民族现代文明的应有责任。

### （一）文明失衡和软实力彰显不够充分

软实力（soft power，也译为软力量、软权力、软国力）是由美国政治学者约瑟夫·S. 奈将其作为学术性概念提出的。在约瑟夫·S. 奈的观点中，软实力是一个国家通过文化共通性维护和实现国家利益，进行国际治理的基本能力，主要关涉基于国家文化综合力量产生的亲和力、吸引力、凝聚力和影响力。[①] 习近平总书记曾作出相关批示，希望《人民日报》（海外版）以创刊30年为起点，总结经验、发挥优势、锐意创新，用海外读者乐于接受的方式、易于理解的语言，讲述好中国故事，传播好中国声音，努力成为增信释

① Joseph S. Nye. *Bound to Lead*: *The Changing Nature of American Power*（New York: Basic Books，1990），pp. 32-33.

疑、凝心聚力的桥梁纽带。① 习近平总书记的重要指示既是对我国主流媒体的国际传播力的肯定，同时也体现了党中央对世界软实力发展形势的深刻把握。根据党的十七大报告相关文献的论述，国家文化软实力主要涉及四个层面的文化建设：一是“建设社会主义核心价值体系，增强社会主义意识形态的吸引力和凝聚力”；二是“建设和谐文化，培育文明风尚”；三是“弘扬中华文化，建设中华民族共有的精神家园”；四是“推进文化创新，增强文化发展活力”。这四个层面不仅关乎价值体系、文化风尚，还包括文化传播、文化传承、文化产业发展等。随着全球化时代的到来，文化软实力显现出强大的全球治理能力，文化的政治影响力能够以较低的社会代价赢得国际竞争中的优势地位。构建人类命运共同体，推进全球治理体系的进一步完善，需要用文化软实力消解文化质疑，促进文化沟通，增强文化互信，最后推动文化互鉴。但是中国的文化软实力没有体现出应有的文化影响力，这是由于文化建设的不平衡不充分导致的。

这具体表现为两个层面：一是我国文化的国际传播能力、竞争力与中国日益提高的国际地位不匹配，社会主义意识形态的传播形式创新面临挑战。1978年开启的改革开放，中国以包容、开放的姿态积极参与到全球化浪潮中，从参与全球化、融入全球化，到现在习近平总书记提出构建人类命运共同体，中国持续40多年的高速发展，创造了人类历史上的发展奇迹。我国文化软实力的彰显，要善于汲取世界文明的优秀成果，借鉴其他文明的建设成果，以促进本国文化建设的健康发展。而在当今中国建设文化强国的实践中，精神文明与物质文明发展的协调性不足，社会主义精神文明建设的软实力有待提高。文化软实力既是文化的外部吸引力，也是文化的内部凝聚力，是文化的外部吸引力和内部凝聚力的统一。二是文化强国建设未充分利用中华文明深厚的文化资源。社会主义文化强国建设扎根中华文化，中华文化既具有历史性，也富有现代性，既有民族特性，也符合世界进步潮流。“在五千多年文明发展中孕育的中华优秀传统文化，在党和人民伟大斗争中孕育的革命文化和社会主义先进文化，积淀着中华民族最深层的精神追求，代表着中华民

① 《习近平：用海外乐于接受方式易于理解语言 努力做增信释疑凝心聚力桥梁纽带》，《人民日报》2015年5月22日。

族独特的精神标识。”① 而我国目前的文化强国建设还未充分利用深厚的文化资源。未来可以进一步发掘中华文化的巨大潜力，助力文化强国建设。正如习近平总书记对中华文明的生机与活力的论述：“推动中华文明创造性转化和创新性发展，激活其生命力，把跨越时空、超越国度、富有永恒魅力、具有当代价值的文化精神弘扬起来，让收藏在博物馆里的文物、陈列在广阔大地上的遗产、书写在古籍里的文字都活起来，让中华文明同世界各国人民创造的丰富多彩的文明一道，为人类提供正确的精神指引和强大的精神动力。”②

### （二）世界大国与文化自信问题

文化是一个民族赖以生存和发展的基石。文化自信，是更基础、更广泛、更深厚的自信。党的十八大以来，习近平总书记多次强调包括文化自信在内的“四个自信”。他将文化自信作为“最根本的”自信之一；将增强文化自信作为增强其他三个自信的“题中应有之义”；认为“文化自信是更基本、更深沉、更持久的力量”；将我国国家制度和国家治理体系显著优势作为文化自信的“基本依据”。当前，我国综合国力不断加强，大国形象不断提升，硬实力的提升为文化强国建设提供了物质支撑。建设社会主义文化强国，增强中华民族的文化自信，已经成为新时代中国实现与大国地位相匹配的文化发展目标。中华民族实现伟大复兴，需要坚定地树立起强大的中华文明自信、社会主义先进文化自信，这是应对百年未有之大变局、应对国内外复杂局势、应对重大风险挑战的精神根基。文化自信熔铸在党领导人民在革命、建设、改革中创造的革命文化和社会主义先进文化中，是中华民族独特的精神标识，是激励全党全国人民奋勇向中华民族伟大复兴宏伟目标前进的强大精神力量。以高度的文化自信推动新时代中国走向民族复兴、文化繁荣，这是新时代百年未有之大变局的时代际遇。全球范围内，国与国之间的竞争激烈程度前所未有，作为世界大国，中国遇到的竞争和挑战也日趋激烈。如何在激烈的世界竞争中维护中国的大国形象，提升文化自信，或可从以下方面发力。

一是加强国际话语权，提升文化自信，展现真实立体的中国。国家的文

① 习近平：《在中国文联十大、中国作协九大开幕式上的讲话》，《人民日报》2016 年 12 月 1 日。

② 习近平：《在联合国教科文组织总部的演讲》，《人民日报》2014 年 3 月 28 日。

化形象事关一个国家的国际交往，事关一个国家在全球治理当中的影响力。当前，中国作为世界第二大经济体，国家综合国力发展取得了举世瞩目的成就。讲好中国故事，把中国道路以及中国经验概括为系统化的理论说给世界听，这一点我们做得还不够，还没有将中国的思想文化自信提升到与中国世界大国地位相匹配的位置，中国的思想文化在国际上的影响力还远远不够。因此，加强对外话语体系建设，创新对外传播方式，增强中华文化的影响力，才能使世界更好地了解中国。

二是加强文化事业推陈出新的力度。文化创新呼唤坚定的创新风尚，中华文化持续创新是展示中国大国形象的关键。首先，展现大国形象需要营造良好的舆论氛围，展示良好的国家精神风貌。从古至今，大国的发展是经济总量等综合实力提高的过程，也是文化影响力提升、思想文化发展的过程。没有高度的文化自信，“没有中华文化繁荣兴盛，就没有中华民族伟大复兴”①。其次，文化的生命力来源于创新。中华文明要发展，不能离开文化的先导作用。“不日新必日退”，社会主义先进文化需要守正创新，它是不断进取的社会主义精神文明发展的重要内容。要使社会主义文化勇立时代发展潮头，反映时代精神，应当不断在实践中创新文化，在历史进步中不断推进文化体制改革，使文化的发展成为时代发展的“先行兵”。

## 二、新时代坚定文化自信、坚持以文育人的时代要求

习近平总书记明确指出：“提高国家文化软实力，要努力夯实国家文化软实力的根基。要坚持走中国特色社会主义文化发展道路，深化文化体制改革，深入开展社会主义核心价值体系学习教育，广泛开展理想信念教育，大力弘扬民族精神和时代精神，推动文化事业全面繁荣、文化产业快速发展。”“夯实国内文化建设根基，一个很重要的工作就是从思想道德抓起，从社会风气抓起，从每一个人抓起。要继承和弘扬我国人民在长期实践中培育和形成的传统美德，坚持马克思主义道德观、坚持社会主义道德观，在去粗取精、去伪存真的基础上，坚持古为今用、推陈出新，努力实现中华传统美德的创造性转化、创新性发展，引导人们向往和追求讲道德、尊道德、守道德的生活，

① 习近平：《在文艺工作座谈会上的讲话》，人民出版社 2015 年版，第 5 页。

让13亿人的每一分子都成为传播中华美德、中华文化的主体。”① 他还强调：“核心价值观是文化软实力的灵魂、文化软实力建设的重点。这是决定文化性质和方向的最深层次要素。一个国家的文化软实力，从根本上说，取决于其核心价值观的生命力、凝聚力、感召力……要切实把社会主义核心价值观贯穿于社会生活方方面面。要通过教育引导、舆论宣传、文化熏陶、实践养成、制度保障等，使社会主义核心价值观内化为人们的精神追求，外化为人们的自觉行动。”② 显然，新时代坚定文化自信最根本的路径就是文化强国建设。结合习近平总书记的上述讲话，新时代文化强国建设的内涵丰富，一是发展社会主义先进文化，提高公民道德品质和素养，优化社会风气和提高社会文明水平，弘扬社会主义核心价值观，等等，全方位夯实国家文化软实力的根基；二是通过新时代文化强国建设的各种平台、技术、手段和途径的创新，形成对中华文化的展示、阐释、宣传的正向合力，提升中华文化的吸引力、凝聚力、感召力，提高文化软实力；三是注重塑造我国的国家形象，要努力提高国际话语权。以上三个方面将在接下来的高校思想政治教育以文育人问题的研究中具体展开。

## 第二节　高校推进中华优秀传统文化创造性转化与创新性发展研究

党的十八大以来，以习近平同志为核心的党中央高度重视中华优秀传统文化的传承发展，始终从中华民族最深沉精神追求的深度看待优秀传统文化，从国家战略资源的高度继承优秀传统文化，从推动中华民族现代化进程的角度创新发展优秀传统文化，使之成为实现“两个一百年”奋斗目标和中华民族伟大复兴中国梦的根本性力量。习近平总书记指出：“中华文化是中华儿女

① 《习近平在中共中央政治局第十二次集体学习时强调 建设社会主义文化强国 着力提高国家文化软实力》，《人民日报》2014年1月1日。

② 《习近平谈治国理政》第一卷，外文出版社2018年版，第163-165页。

共同的精神基因”①，“中华民族在几千年历史中创造和延续的中华优秀传统文化，是中华民族的根和魂”②，“抛弃传统、丢掉根本，就等于割断了自己的精神命脉。博大精深的中华优秀传统文化是我们在世界文化激荡中站稳脚跟的根基”③。中华优秀传统文化是饱含民族特质、历史风貌、文化风俗的集合，具有源远流长、涵容万物的精神气度和博大精深、强劲坚韧的文化力量，形成了中华民族共同体“讲仁爱、重民本、守诚信、崇正义、尚和合、求大同等核心思想理念”④。这些论述为高校思想政治教育提供了宝贵的传统资源。2013 年 12 月 30 日，习近平总书记在主持中共中央政治局第十二次集体学习时，以提高国家文化软实力为主题，首次提出中华传统美德的创造性转化、创新性发展思想，“夯实国内文化建设根基，一个很重要的工作就是从思想道德抓起，从社会风气抓起，从每一个人抓起。要继承和弘扬我国人民在长期实践中培育和形成的传统美德，坚持马克思主义道德观、坚持社会主义道德观，在去粗取精、去伪存真的基础上，坚持古为今用、推陈出新，努力实现中华传统美德的创造性转化、创新性发展，引导人们向往和追求讲道德、尊道德、守道德的生活，让 13 亿人的每一分子都成为传播中华美德、中华文化的主体”⑤。在庆祝中国共产党成立 100 周年大会上的讲话中，习近平总书记首次提出了“坚持把马克思主义基本原理同中国具体实际相结合、同中华优秀传统文化相结合”⑥（即“两个相结合”）的重要论断，为新的时代条件下高校传承和创新发展中华优秀传统文化提供了重要遵循和根本指引。

高校在思想政治教育工作中推动中华优秀传统文化创造性转化和创新性发展，并将中华优秀传统文化与马克思主义理论相结合，融入当代大学生的学习生活中，是高校思想政治教育践行“两个相结合”的具体体现。本节从

---

① 《习近平谈治国理政》中文版，外文出版社 2014 年版，第 64 页。

② 《习近平谈治国理政》第二卷，外文出版社 2017 年版，第 426 页。

③ 《习近平在中共中央政治局第十三次集体学习时强调 把培育和弘扬社会主义核心价值观作为凝魂聚气强基固本的基础工程》，《人民日报》2014 年 2 月 26 日。

④ 中共中央办公厅、国务院办公厅：《关于实施中华优秀传统文化传承发展工程的意见》，《人民日报》2017 年 1 月 26 日。

⑤ 《习近平在中共中央政治局第十二次集体学习时强调 建设社会主义文化强国 着力提高国家文化软实力》，《人民日报》2014 年 1 月 1 日。

⑥ 习近平：《在庆祝中国共产党成立 100 周年大会上的讲话》，《人民日报》2021 年 7 月 2 日。

高校思想政治教育的视角，探讨高校推进中华优秀传统文化创造性转化与创新性发展“何以必要”“何以可能”与“何以实现”等问题，把中华优秀传统文化作为新时代加强高校思想政治教育的思想资源，把高校思想政治教育作为传承发展中华优秀传统文化的重要载体，并探讨中华优秀传统文化对大学生精神生活的实际影响。

## 一、高校推进中华优秀传统文化创造性转化与创新性发展的必要性

中华优秀传统文化与高校思想政治教育的双向融合是必然的。中华优秀传统文化是大学生思想政治教育的重要资源，是高校探索思想政治教育新路径的必然选择；高校思想政治教育是传承和弘扬中华优秀传统文化的重要载体，是实现中华优秀传统文化的创造性转化和创新性发展的有力阵地。因此，二者的融合不是偶然的碰撞，而是历史和时代的必然选择，是各自发展完善的内在需要，更是培养新时代社会主义建设者和接班人的现实需要。

### （一）高校思想政治教育融入中华优秀传统文化的必然性

第一，中华优秀传统文化是大学生思想政治教育的重要资源。其一，优秀传统文化是建设文化强国的重要资源。党的十七届六中全会提出建设社会主义文化强国，建设中华优秀传统文化的传承体系，党的十八大报告进一步强化了这个主题的价值。我国正向第二个百年奋斗目标迈进，建设文化强国、传承中华优秀传统文化显然是全面建设社会主义现代化强国的必由之路。文化强国需要历史传统的支撑，要依托自己民族的历史文化传统。[①] 具有深厚历史底蕴的中华优秀传统文化，不仅在历史上产生了积极的作用，而且在当今也能发挥价值引领、促进中华民族文化认同、整合价值观念和构建精神家园的作用。文化强国不光要有社会主义核心价值体系的引领，还要有改革创新为核心的时代精神的指导，更要有对自己民族历史传统的理性认识。从孔夫子到孙中山，我们都要在温情和敬意中进行批判性清理和创造性转化。[②] 中国共产党从创立之日起，就是中华优秀传统文化的传承者与传播者，我们今天构建的社会主义核心价值观正是从中华优秀传统文化中得到启迪、获得

---

① 李宗桂等：《中国优秀传统文化的现代价值》，人民出版社2019年版，第29页。

② 同上。

资源和支撑的。它帮助我们形成更强的文化自觉意识与文化自信理念，从而真正实现“文化自觉”与“文化自信”。其二，中华优秀传统文化是崇德向善、以文化人的根本，蕴含了育人铸魂的丰富资源。中华民族历来有崇德重礼、以文化人的传统，这些传统积淀着中华民族最为深沉的精神追求，滋养了伟大的民族精神，因而成为中华儿女生生不息、进取向上的精神营养。罗素曾说过，中国文化的长处在于合理的人生观。中华优秀传统文化中饱含许多崇德向善、育人铸魂的进步经验。中国古圣先贤几千年经验、智慧的结晶所形成的传统文化与思想政治教育高度契合，其核心就是道德教育、伦理思想贯穿始终。褒善贬恶、追求崇高的思想品德，向往理想的道德人格，涵养美好的情操修养，是中华传统文化的主导思想，是大多数思想家所一贯追求的。儒家思想中的“修身”“仁爱”“礼仪”“信”“义”“廉耻”“忠”“孝”“自省”“慎独”，以及“勿以恶小而为之，勿以善小而不为”等内容，有助于培养遵守日常社会规范的态度以及自我控制的能力。中华优秀传统文化与时代精神的结合包括了自强不息、奋发有为、乐观向上的人生追求；义利兼顾，以义为上的价值取向；尊重、理解和关心他人，宽容合作及互助奉献的精神。这些有助于提升新时代高校大学生道德素质、塑造完善人格。但从现实的大环境来看，随着经济的快速发展、文化的日益繁荣以及全球化时代的来临，当今中国大学生思想政治教育正面临着严峻的挑战。一方面，西方思想打着“普世价值”的旗号，进行资产阶级价值观的渗透和文化的侵略，影响着大学生对主流文化的认同感和归属感；另一方面，经济的繁荣、信息的高度发达，给大学生思想政治教育带来了更多可拓展的空间，同时也带来了诸如价值扭曲、功利主义盛行等问题。事实证明，思想政治教育仅有政治的引领是不够的，更需要对大学生进行道德品质、心理健康、核心价值观等方面的培养，帮助他们树三观、辨是非、知荣辱、净心灵。中华优秀传统文化中的德育理念和世代相传的民族精神，正可为大学生思想政治教育提供丰富的资源和有益的借鉴。

第二，高校思想政治教育自身发展的内在要求。中华优秀传统文化作为中华民族数千年思想和智慧的结晶，已深深地融入人们的思想意识和行为规范中，成为中华民族强有力的精神支柱。在高校思想政治教育的发展历史中，我们经历了“全盘西化”“打倒孔家店”“否定传统”等文化思潮，也见证了传统文化缺失所带来的文化灾难，中国各界开始重新回归对中华传统文化价值的理性思考。事实证明，我们不能轻易丢弃优秀的中华传统文化。党和国家领导人从党的执政理念和中华民族伟大复兴的战略高度来定位中华优秀传统文化，习近平总书记曾表示，没有文明的继承和发展，没有文化的弘扬和繁荣，就没有中国梦的实现。[①] 我们要在新时代的视野下，结合思想政治教育出现的新形势、新特点，重新解释和批判地继承中华优秀传统文化的优秀内核，明确中华优秀传统文化融入大学生思想政治教育的时代价值。然而，从我国思想政治教育的整体发展过程来看，我国当代的思想政治教育基本上偏重于政治性而忽视其文化性，从而导致思想政治教育资源的单一化和教育形式的呆板化，思想政治教育本应具有的丰富的文化性常常被忽略，有时成为政策、文件、语录的简单汇编与转述，使得本可生动活泼的思想政治教育读物成为枯燥空洞的政治说教与道德说教。这种文化性的缺失，不仅使思想政治教育资源日趋有限，也削弱了思想政治教育的育人功能，进而阻碍了思想政治教育的进一步发展。中华传统文化作为一种崇德型文化，在长期的历史发展过程中形成了“文化化人”和“文化育德”的优良传统，自然而然地成为思想政治教育重要资源的来源之一。因此，我国的思想政治教育要进一步发展创新，就必须重视其文化性，必须从中华传统文化中有选择地吸取优秀丰富的教育资源，使中华传统文化与思想政治教育相融合，是思想政治教育自身发展创新的内在要求。

第三，高校培养新时代社会主义建设者和接班人的现实需要。党的十七大指出“要坚持育人为本，德育为先”，党的十八大把“立德树人”作为高校教育的根本任务。因此，德育是高校思想政治教育的重要目标。大学生是建设社会主义现代化事业的中坚力量，他们的思想道德素质的高低，影响着国家的前途和命运的好坏。从中国的实际情况来看，大学生队伍整体的道德素质状况良好，但在当前全球化时代的背景下，多元文化交流频繁，并存态势日趋明显，各种价值观论调不可避免地对大学生的生活态度、思想观念产生

① 《习近平讲故事：推动中华文明创造性转化和创新性发展》，《人民日报》（海外版）2014 年 3 月 27 日。

了严重影响。很多学生既没有真正了解外来的文化、思想、观念的内涵，又没有深刻领会中华传统文化、思想、观念之精髓。因此，在多元文化的碰撞中，他们的价值观极容易走向偏激。他们更愿意追求金钱与物质的利益，忽视精神层面的涵养，缺乏对良好的道德品质和人格修养的追求等。习近平总书记在联合国教科文组织总部的演讲中强调要积极发展教育事业，通过普及教育、启迪心智、传承知识、陶冶情操，使人们在持续的格物致知中更好地认识各种文明的价值，让教育为文明传承和创造服务。[①] 用中华优秀传统文化中的有益内容去净化大学生心灵、培养大学生道德操守显得十分必要，这对大学生树立正确的世界观、人生观、价值观也很有益处。习近平总书记在中央党校建校 80 周年庆祝大会暨 2013 年春季学期开学典礼上的讲话中强调中国传统文化博大精深，学习和掌握其中的各种思想精华，对树立正确的世界观、人生观、价值观很有益处。古人所说的“先天下之忧而忧，后天下之乐而乐”的政治抱负，“位卑未敢忘忧国”以及“苟利国家生死以，岂因祸福避趋之”的报国情怀，“富贵不能淫，贫贱不能移，威武不能屈”的浩然正气，“人生自古谁无死，留取丹心照汗青”以及“鞠躬尽瘁，死而后已”的献身精神，等等，都体现了中华民族的优秀传统文化和民族精神，我们都应该继承和发扬。[②] 高校应主动挖掘好、运用好中华优秀传统文化中的丰富资源，将其融入思想政治教育过程中，用以培根铸魂、启智润心，引导学生立大志、明大德、成大才、担大任，把学生培养成为堪当民族复兴重任的时代新人。

### （二）高校创造性转化和创新性发展中华优秀传统文化的必要性

习近平总书记在主持中共中央政治局第十三次集体学习时指出，要认真汲取中华优秀传统文化的思想精华和道德精髓，大力弘扬以爱国主义为核心的民族精神和以改革创新为核心的时代精神，深入挖掘和阐发中华优秀传统文化讲仁爱、重民本、守诚信、崇正义、尚和合、求大同的时代价值，使中华优秀传统文化成为涵养社会主义核心价值观的重要源泉。要处理好继承和

① 《习近平讲故事：推动中华文明创造性转化和创新性发展》，《人民日报》（海外版）2014 年 3 月 27 日。

② 《习近平谈中华优秀传统文化：善于继承才能善于创新》，2017 年 2 月 13 日，人民网，http：//cpc. people. com. cn/xuexi/n1/2017/0213/c385476—29075643. html。

创造性发展的关系，重点做好创造性转化和创新性发展。[①] 高校作为国家培育栋梁之才的主阵地，是中华传统文化血脉传承的主躯干，是传统文化在与各种文化思想参照、交流、碰撞中实现创造性转化并产生创新性价值的重要载体。

第一，传承弘扬、建设发展中华传统文化的双重需要。中华传统文化积淀着中华民族最深沉的精神追求、最深厚的文化软实力。但传统文化在其形成和发展过程中，不可避免会受到当时人们的认识水平、时代条件、社会制度的局限性的制约和影响，因而也不可避免具有时代局限性和自身的片面性，存在陈旧过时、没有价值的东西。习近平总书记在主持中共中央政治局第十八次集体学习时指出："我们要对传统文化进行科学分析，对有益的东西、好的东西予以继承和发扬，对负面的、不好的东西加以抵御和克服，取其精华、去其糟粕，而不能采取全盘接受或者全盘抛弃的绝对主义态度。"[②] 因此，既要传承弘扬中华传统文化的优秀精髓，也要扬弃中华传统文化落后的糟粕部分，在批判继承中建设发展。首先，传承和弘扬中华优秀传统文化的需要。弘扬中华优秀传统文化是推动中国特色社会主义文化发展的必然之路。把中华优秀传统文化与高校思想政治教育相结合，对继承和弘扬中华优秀传统文化具有深刻的现实价值。弘扬我国优秀的传统文化是推动中国特色社会主义文化发展的必然要求。在中国革命和建设发展的不同历史时期，我们继承弘扬并丰富发展了中华优秀传统文化，推动了党和国家各项事业的发展。在教育事业中，我们将优秀的传统文化与高校思想政治教育相结合，培育出适应时代发展的高素质大学生。高校大学生作为社会主义现代化建设的重要后备军，肩负着推动社会发展的重要使命，通过对优秀传统文化的学习，能够促使自己多角度、多层次地认识、认同以及学习中华民族优秀传统文化的精髓。中华优秀传统文化蕴含的"仁、义、礼、智、信"的价值观念，"国家兴亡，匹夫有责"的责任感，"修身齐家治国平天下"的人生理想，"民为邦本、民

---

① 《习近平在中共中央政治局第十三次集体学习时强调 把培育和弘扬社会主义核心价值观作为凝魂聚气强基固本的基础工程》，《人民日报》2014 年 2 月 26 日。

② 《习近平在中共中央政治局第十八次集体学习时强调 牢记历史经验历史教训历史警示 为国家治理能力现代化提供有益借鉴》，《人民日报》2014 年 10 月 14 日。

贵君轻”的民本精神，“以和为贵、和而不同”的和谐理念，“天人合一、人与自然和谐共生”的思想，“鞠躬尽瘁，死而后已”的奉献精神，“刚健有为、自强不息”的拼搏进取精神……这些中华优秀传统文化精髓在高校教育中对大学生产生潜移默化的积极影响，被一代代中华儿女所传承。其次，建设和发展中华传统文化的需要。传统文化要想长盛不衰，成为与时代需要相符合的优秀文化，就必须进行自身的扬弃与革新，与时下先进的理念相结合，去除落后的、片面的内容，保留精华的、有价值的内容。中华优秀传统文化与马克思主义基本原理相结合，是传统文化在现阶段所面临的抉择和重要机遇。中华优秀传统文化融入思想政治教育的过程，就是与马克思主义基本原理相结合的过程，是用科学的、进步的理念对自身进行扬弃与革新的过程。而这个过程，一方面有利于传统文化获得崭新的时代内涵，与时代的发展相符合；另一方面，有利于传统文化利用高校这个教育和培养青年的主阵地，来加强自身的建设发展。

第二，高校是中华优秀传统文化创造性转化和创新性发展的责任主体。高校的根本任务和历史使命是立德树人，把中华民族的优秀品质、德行善举、崇高气节等传统美德和精神追求融入教书育人实践，坚持为党育人、为国育才，这是高校的职责和使命。其一，高校是优秀文化传承的重要载体和思想文化创新的重要源泉。中华优秀传统文化是高校文化建设的根基和命脉。高校在国家的教育事业中应该承担时代赋予的使命，弘扬和传承中华优秀传统文化，推陈出新，同时借鉴其他民族文化中优秀的部分，汲取营养，融会贯通，创造出具有鲜明时代特色和民族特色的中华先进文化。但是，目前的情况是部分高校设置的传统文化课程不足，相关校园活动安排过少、活动形式单一，没能形成浓厚的传统文化氛围，大学生对传统文化了解程度不够，无法实现深层次的理解、认同。高校面对的教育对象是作为时代新人的大学生群体，他们是思想文化创新的主力军，校内也有不少对传统文化进行理论研究和实践推广的人才和资源，因此高校具备对中华传统文化进行客观解读、科学研究、转化发展的条件。面对新的文化发展形势，高校要主动作为，把中华优秀传统文化有机融入高校文化建设之中，以丰富多样的育人活动繁荣校园文化、滋养师生心灵、涵育师生品行、引领校园风尚。其二，提升大学生传统文化素养的需要。中华优秀传统文化影响着每个中国人的世界观、人生观、价值观，影响着中国人的思维和行为方式。青年的价值取向决定了未来整个社会的价值取向，青年大学生正处于价值观形成和确立的时期，人生的扣子从一开始就要扣好。因此，充分发挥中华优秀传统文化的涵养功能，提升大学生传统文化素养尤为关键。然而在文化多元化的今天，部分大学生过于崇尚西方文化，对欧美明星如数家珍，而对我国优秀传统文化知之甚少，这与大学生传统文化素养不足、相关教育缺位有关。在高校思想政治教育实践活动中，以中华传统文化为主题的活动基本上处于无序开展的状态，既没有固定的时间安排，也没有形成固定的形式和要求。活动开展的好坏主要依赖高校学生工作者对中华传统文化的认知程度和重视程度的高低，中华传统文化中许多优秀的教育资源没有被很好地开发和利用起来，造成了传统文化教育的缺失和教育资源的浪费。高校应充实内容、改变形式、拓展外延、深化内涵，充分发挥中华优秀传统文化的涵养功能。

## 二、高校推进中华优秀传统文化创造性转化与创新性发展的可行性

### （一）马克思主义与中华优秀传统文化的契合性

马克思主义揭示了人类社会发展的一般规律，是一种超越民族和地域局限的世界性革命学说。但是，马克思主义的世界性必须借助具体的民族文化才能实现。就当代中国而言，要做到马克思主义与中国具体实际相结合，也必须使马克思主义符合中华文化的形式，使其具备中国特性，具备为中国老百姓所喜闻乐见的中国作风和中国气派。也就是说，把马克思主义与中国具体实际相结合的过程，同时也是把马克思主义同中华优秀传统文化相结合的过程。习近平总书记在“七一”重要讲话中强调，新的征程上，必须“坚持把马克思主义基本原理同中国具体实际相结合、同中华优秀传统文化相结合，用马克思主义观察时代、把握时代、引领时代，继续发展当代中国马克思主义、21世纪马克思主义”①，从一个“相结合”到两个“相结合”，这个重要论断深刻反映了新时代中国共产党人对中华优秀传统文化地位和作用的全新认识，也揭示了马克思主义与中华优秀传统文化的契合基础。首先，马克思

① 习近平：《在庆祝中国共产党成立100周年大会上的讲话》，《人民日报》2021年7月2日。

主义的开放性与中华传统文化的包容性为两者的契合创造了可能。拥有五千多年历史积淀的华夏文明，伴随着朝代更迭和社会政治经济发展而呈现出发展高潮和低谷，并把华夏民俗、宗祠等文化与不同民族、社会部落的异域文化交汇融合，不断培育出种类多样的中华文化，同时也培养了中华儿女开放、谦逊、包容的心胸。马克思主义的立场、观点和方法是一个普遍适用于世界各国的实践指南，但这不是具体的做法，而是以小见大的宏观认识，它并非为某个国家或民族提供直接解决问题的具体方法，而是以马克思主义世界观方法论为指导，把马克思主义与各国民族国情、文化传统等相结合，激发民族文化的开放性。马克思主义和中华传统文化都不是安居一隅的文化，它们自身的特性和社会特征决定了它们独特的世界性和开放性。其次，两者在唯物论和辩证法、社会理想、民本思想等方面具有契合之处。马克思主义的唯物论和辩证法与中华传统文化有许多相通之处，荀子、王充、范缜、张载、王夫之等都有许多精湛的唯物论观点，道家学派的创始人老子提出“万物负阴而抱阳，冲气以为和”的观点，宋明理学时期的张载认为“一物两体，气也。一故神，两故化，此天地之所以参也”，意在强调矛盾双方对立统一的关系，含有丰富的辩证法的观点。在社会理想方面，儒家宣扬追求的大同理想、天下为公与社会主义目标具有共同之处。大同社会的根本原则是天下为公，是建立在公有制基础上的人人劳动的平等、友爱、和谐的社会，与建立“自由人的联合体”、实现每个人自由全面发展的共产主义社会存在某些共同之处。此外，马克思主义与中华优秀传统文化还在许多方面存在相通之处，如“天下为公”与公有制、“民为邦本”与群众史观、“天人合一”与马克思主义自然观、富民思想与共同富裕等。为社会主义事业培养合格建设者和可靠接班人的高等学校，必须坚持社会主义意识形态的主导地位，筑牢推进马克思主义大众化的思想堤坝。马克思主义与中华优秀传统文化的契合使得马克思主义在中国扎根并开花结果，不断开辟马克思主义中国化的新境界，为高校在教育领域促进中华优秀传统文化与马克思主义相结合提供了重要前提。

**（二）高校思想政治教育与中华传统文化的目标一致性**

高校思想政治教育与中华传统文化在育人成才、培根铸魂、为国育才方面具有一致性。

第一，育人成才。伦理道德学说是传统思想文化的重心，崇德重礼是其思想核心，儒家经典《大学》开篇便提出了思想教育的根本目标："大学之道，在明明德，在亲民，在止于至善。"即教育的目的首先是修身养性，培养自己的道德操守；同时，将美好的德行传播给他人，使人人都能主动去除污染而自新，使别人也能拥有高尚的品质；最后达到善的境界并始终如一。我国思想政治教育的内在目的在于提高人们的思想道德素质，使人们具备符合社会要求的思想道德素质，具体而言，其教育目标可细化为政治、思想、道德、法制、心理五个方面的目标，如崇高的理想、优良的品德、强烈的事业心、责任感、坚强的毅力、严格的纪律等。中华传统文化作为崇德尚贤的伦理型文化，以德育人、注重伦理道德是其显著特征。因此，中华传统文化与高校思想政治教育在引导人们提升自身道德品质上具有一致性，两者结合能发挥育人成才的一致功效，共同把大学生培养成为知荣辱、懂礼节、明国法、有道德、身心健康的优秀大学生。

第二，培根铸魂。我国思想政治教育与中华传统文化在目标设置上都指向人，注重对人的思想道德品质的培养和提升，体现了两者在培养全面发展的人的目标上的一致性。中华传统文化特别注重对圣贤人格的追求，按照儒家经典《论语》的划分原则，中国传统的人格理想可以划分为三个层次。第一个层次为圣人，这也是中华传统文化中理想人格的最高目标和境界。孔子认为真正的圣人必然是实现道德圆满的统治者，是圣与王的统一，也即内圣而外王。第二个层次为君子，即对美好道德的自觉追求者和体现者，这是中华传统文化中理想人格的核心要素。第三个层次为成人，即能遵守礼仪规范者、注重人格尊严者，这是中华传统文化中理想人格的基本标准。中华传统文化中这种对理想人格的追求也体现了中华传统文化对人的全面发展的理想追求，这与高校思想政治教育的终极目的——促进人的自由全面发展不谋而合，旨在帮助大学生树立正确的三观。中华传统文化重在培养健康的人格，提高人们的思想道德修养，丰富人们的精神世界，增强人们的精神力量。这些都符合今天人们所追求的道德理想，而且和思想政治教育中培育有理想、有道德、有文化、有纪律的"四有新人"的目标是一致的。大学生的基本素质包括思想道德素质、文化素质、专业素质和身心素质，其中文化素质是基础，思想道德素质是根本、灵魂。每一种素质都不能独立存在，而是和其他素质相辅相成，思想素质与文化素质更是密不可分，两者具有共生的特点。

第三，为国育才。我国思想政治教育的政治属性是为了更好地激发人们建设中国特色社会主义国家的积极性，为国家的发展培育人才。而中华传统文化也特别注重培养个人与家族、社会、国家的良好关系，强调“修身”“齐家”“治国”“平天下”等思想，最终目的回归“治国平天下”的政治属性上来，这与思想政治教育中的教育目标相近。因此可以说，我国思想政治教育与中华传统文化的教育目标最终都指向了为国育才的政治属性，这也体现了两者在最终目标指向上的一致性。

**（三）高校思想政治教育与中华传统文化的内容相通互补**

从中华传统文化和思想政治教育各自所包含的内容来看，也存在着许多相通和互补之处。

第一，高校思想政治教育与中华传统文化的内容相通。大学生思想政治教育中关于爱国、道德等方面的教育内容都可以在中华优秀传统文化中找到有力支撑，思想政治教育的许多内容要素是从中华优秀传统文化中总结提炼而来。比如社会主义核心价值观个人层面的要求“爱国、敬业、诚信、友善”具备了深厚的传统文化底蕴。范仲淹的“先天下之忧而忧，后天下之乐而乐”，林则徐的“苟利国家生死以，岂因祸福避趋之”等都是传统文化中爱国主义的真实写照。孔子教导弟子要“居处恭，执事敬，与人忠”，朱熹提出的“敬业者，专心致志以事其业；乐群者，乐于取益以辅其仁也”，这些均为传统文化中对待工作的价值取向。孔子的“自古皆有死，人无信不立”，“言必信，行必果”，商鞅的立木取信，皆为传统文化中做人做事的诚信守则。孔子的“仁者，爱人”，“己所不欲，勿施于人”，“己欲立而立人，己欲达而达人”；老子的“上善若水，水善利万物而不争”；荀子的“与人善言，暖于布帛，伤人之言，深于矛戟”以及孟子的“与人为善，善莫大焉”等传统文化富含与人为善、与人和谐相处的内容。这些内容和精神既是对大学生思想政治教育内容的有力补充，同时又增强了教育的影响力和感召力。

第二，高校思想政治教育推动中华传统文化除旧纳新。中华传统文化若想保持其自身的延续性，就必须进行内部的革新，吸收融合当代先进的思想理念，从而符合时代的发展需要。大学生思想政治教育是以马克思主义等先进理念为指导思想开展的教育实践活动，将其指导思想作用于传统文化，可促进传统文化自身的扬弃，进而保持传统文化的持续发展。

### （四）高校思想政治教育与中华传统文化教育的方法相近

思想政治教育的方法多种多样，有理论教育法、实践锻炼法、自我教育法、榜样示范法、比较鉴别法、咨询辅导法等。思想政治教育最主要、最基本的方法是理论教育法。思想政治教育长期偏重于简单空洞的理论说教和直接灌输，对意识形态的过分强调使其自身的文化属性和人文精神受到一定的遮蔽，中华传统文化的教育方式则正好弥补了理论教育法的不足。中华传统文化注重渗透而非灌输，强调“以文化人”，受中华传统文化影响而形成的个性品质、思想观念、行为模式等一旦成形就会渗透、内化、积淀到社会成员的灵魂深处。此外，高校思想政治教育与中华传统文化教育有许多相近的方法。中国传统思想教育家很早就认识到良好的环境对于人们身心发展的重要意义，提出了“近朱者赤，近墨者黑”，“蓬生麻中，不扶而直”，以及“居必择乡，游必就士”等观点，还曾经出现过诸如“孟母三迁”“千金买邻”等佳话，这与思想政治教育的榜样示范法有着异曲同工之妙。实践锻炼法与中国传统文化注重知行合一的方法论相近，如明代思想家王阳明明确提出了“知行合一”思想，注重“知”与“行”的辩证统一。思想政治教育的自我教育法与中国传统文化注重引导人内心深处的自觉意识有传承渊源，如传统文化注重引导人们通过“自省”“内省”“慎独”等内在自省的方式来反思自己的思想和行为中的不足与过错，进而使人们在认识上达到真正的“知”，不断提升自身的道德修养。

## 三、深刻把握“第二个结合”精髓要义，担负建设文化强国的重要使命

新时代高校思想政治教育学习贯彻马克思主义中国化、时代化的理论成果，要坚持“两个相结合”，提高国家文化软实力，要努力在马克思主义基本原理与中华优秀传统文化相结合的过程中传播和展示中华文化独特魅力，进而提高国家文化软实力。具体而言，高校思想政治教育推进中华优秀传统文

化创造性转化与创新性发展要深刻把握“第二个结合”精髓要义，担负建设文化强国的重要使命。

2023年6月2日，习近平总书记在文化传承发展座谈会上对马克思主义基本原理同中华优秀传统文化相结合（即“第二个结合”）进行了深刻阐释，这是继习总书记在庆祝中国共产党成立100周年大会上首次明确提出“两个结合”重大论断、在党的二十大报告中又进行了深刻阐述之后，对这一重大论断的再次强调。“第二个结合”是中国特色社会主义进入新时代的又一次思想解放，更是新时代新征程上掌握思想和文化主动，继续建设社会主义文化强国的科学指引。

**（一）深刻领会“第二个结合”的重大意义，把牢文化强国建设的根本方向**

一是“第二个结合”增强了马克思主义的亲和力与解释力，开辟了社会主义文化强国建设的着力点。中国共产党是领导建设社会主义文化强国的马克思主义政党，决定了指引中国共产党文化强国建设的旗帜和灵魂必须是马克思主义。灵魂关乎生命，旗帜指引方向，文化强国建设必须坚持马克思主义在意识形态领域的指导地位，必须坚持社会主义核心价值观的引领，从而确保文化强国建设坚持正确的政治方向、引领正确的舆论导向、弘扬正确的价值取向。“第二个结合”开辟了社会主义文化强国建设的着力点，远隔山海而来的马克思主义在中华优秀传统文化的滋养中被赋予了中华民族的形态与内涵，科学凝练的马克思主义基本原理在同中华优秀传统文化的碰撞交融中具有了中华神韵，推动中国特色社会主义文化培元固本、守正创新，增强了社会主义文化的凝聚力和引领力。二是“第二个结合”促进传统文化在现代化进程中的道统重铸与活力再现，绘就了中国特色社会主义道路的文化底色。中华优秀传统文化是文化强国建设的源头活水，深刻影响着中国道路、理论及制度的选择和建构，如天下为公、民为邦本、为政以德、任人唯贤、天人合一、亲仁善邻等思想理念为中国特色社会主义制度和国家治理体系的形成提供了丰厚的文化滋养；中华优秀传统文化深刻影响中国精神、中国价值的构筑和弘扬，如“天行健，君子以自强不息”，“天下兴亡，匹夫有责”，“仁者爱人”，“与人为善”，“己所不欲，勿施于人”等价值观念成为涵养社会主义核心价值观的重要源泉。由于时代条件与历史条件的局限，中华传统文化也面临着在现代社会的转型与再造问题。用马克思主义的力量来甄别中华传统文化，可以重新激活传统文化在现代化进程中的生命力。马克思主义指引着中国成功走上了全面建设社会主义现代化强国的康庄大道，中华优秀传统文化绘就了中国特色社会主义道路的文化底色，两者结合共同筑牢了社会主义文化强国建设的思想根基，加深了中国特色社会主义道路的文化底色。

**（二）深刻把握“第二个结合”的精髓要义，担负建设文化强国的重要使命**

“第二个结合”是把马克思主义思想精髓同中华优秀传统文化精华贯通起来的最新成果，是新时代新征程建设文化强国的行动指南。一是让马克思主义成为中国的。马克思主义是不断发展的开放的理论，本土化才能落地生根，时代化才能充满生机。“第二个结合”是我们党对马克思主义中国化时代化历史经验的深刻总结，让马克思主义继续在中国牢牢扎根，就是要把坚持和发展马克思主义与建设社会主义现代化强国、实现中华民族伟大复兴历史使命紧密结合起来，用马克思主义的立场、观点、方法分析和解决中国实际问题，使其不断发展为中国化时代化的马克思主义，用中国化时代化的马克思主义引领社会主义文化建设、激扬中华文明新活力。二是让中华优秀传统文化成为现代的。“第二个结合”表明我们党在传承中华优秀传统文化中推进文化创新的自觉性达到了新高度。“中华文明具有突出的创新性，从根本上决定了中华民族守正不守旧、尊古不复古的进取精神”①，建设文化强国要担负起推进中华优秀传统文化在创造性转化、创新性发展中“活”起来的使命，把传统文化与现代生产生活有机融合，让传统文化“飞入寻常百姓家”；把传统文化产业发展与数字中国建设深度融合，通过数字技术赋能衍生出传统文化表达新模式；紧扣年轻人的笑点、泪点、兴趣点，用现代话术去讲述传统故事，让历史和文物“活”起来，推动文化事业全面繁荣、文化产业快速发展。三是让中华民族现代文明成为世界的。文化强国的文明性要求高于文化大国，文化强国的标志之一是为世界提供一种文明，向世界贡献新的文明成果。正如习近平总书记所说，“对历史最好的继承，就是创造新的历史；对人类文明

① 鞠鹏、王晔、姚大伟：《习近平在文化传承发展座谈会上强调 担负起新的文化使命 努力建设中华民族现代文明》，《人民日报》2023年6月3日。

最大的礼敬，就是创造人类文明新形态”①。中华民族现代文明是中国式现代化创造的人类文明新形态，是将马克思主义精髓与中华优秀传统文化精华融为一体的崭新文明形态，它突出的包容性、和平性是其成为世界文明形态的重要特质。中华文明具有突出的包容性，决定了中华民族现代文明对世界文明兼收并蓄的开放胸怀。“第二个结合”就是最好的证明，起源于西欧的马克思主义和立足中国大地的中华优秀传统文化的深刻结合，向世界展示了这种外来思想文化是怎样在中国转换成一种具有东方魅力的人类文明新形态的。中华文明具有突出的和平性，决定了中华民族现代文明不断追求文明交流互鉴，为人类发展进步汇聚文明力量。经由开放包容而形成的中华民族现代文明尊重不同国家人民对自身发展道路的探索，尊重世界文明多样性，其内涵价值正如习近平总书记在中国共产党与世界政党高层对话会上提出的全球文明倡议：“我们要共同倡导尊重世界文明多样性，坚持文明平等、互鉴、对话、包容，以文明交流超越文明隔阂、文明互鉴超越文明冲突、文明包容超越文明优越。”

**（三）“第二个结合”是又一次的思想解放，推动广东在文化强国建设上走在前列**

40多年来，广东改革开放每前进一步，都是以思想解放、观念更新为先导的。依靠“解放思想”这一法宝，广东成为改革开放的排头兵、先行地、试验区，“杀出一条血路”。中华灿烂文明的发展离不开思想解放，正如习近平总书记在庆祝改革开放40周年大会上的讲话中指出：“变革和开放精神，使中华文明成为人类历史上唯一一个绵延5000多年至今未曾中断的灿烂文明。”②“第二个结合”为中华民族现代文明建设提供了思想解放的武器，广东要争当“又一次的思想解放”的排头兵，通过高水平文化强省建设把广东打造成为展示中华民族现代文明的重要窗口，推动广东在文化强国建设上走在前列。一是推动在传统与现代关系问题上的思想解放，赓续岭南文脉，引领文化创新。广东要充分肯定岭南传统文化在广东省现代化进程中的主体地位和时代价值，继续做强岭南戏曲、岭南美术、广东音乐等特色品牌，传承

① 同上。

② 习近平：《在庆祝改革开放40周年大会上的讲话》，《人民日报》2018年12月19日。

弘扬醒狮、龙舟、粤绣、陶艺、石艺等非遗项目，支持梅州、潮州等市创建国家级文化生态保护区。二是推动在本土文化与外来文化关系问题上的思想解放，向世界讲好中国故事、湾区故事、广东故事。坚持本土文化的主体性，提高本土文化的吸纳和更新能力，激发全民族文化创新创造活力，推进现代文化产业体系建设，推动文旅深度融合发展，推进大湾区文化圈和世界级旅游目的地建设。深化拓展对外传播工程，让世界了解中国文化、湾区文化和广东文化，增进本土文化与外来文化之间的价值认同。

## 四、用中华优秀传统文化涵育大学生精神成长

中华优秀传统文化是新时代加强高校思想政治教育的重要资源，对大学生的成长发展起着育人筑魂、润心化人的作用。中华传统文化历来把人的精神文化生活纳入人生和社会理想当中，重视人的精神文化生活，强调道德教化，提倡追求高尚的理想人格。思想政治教育的根本任务在于立德树人，大学生思想政治教育直接指向大学生的精神文化生活。“精神文化生活既是指那种具有深厚精神内涵的文化生活，也是指那种把与人们物质生活与社会生活融为一体的文化生活作为主要形式和载体的精神文化生活。”① 精神文化生活主要涵盖理想信念、价值追求、审美品位、娱乐兴趣等方面。美好生活需求是物质需求和精神需求的共同体，大学生对精神文化的需求时时刻刻都存在，大学生的精神文化生活是为了满足大学生的精神需要和文化需求，建立在物质生活基础上的精神生产和精神享受的社会实践活动。当前，大学生的精神文化生活呈现出新的时代特征，中华传统文化需要与当代青年文化发展相适应。面对浩如烟海的中华传统文化，我们应该如何进行挖掘和阐述以推动中华传统文化创造性转化和创新性发展，是摆在我们面前的一道难题。中华传统文化与大学生精神文化生活具有广泛且深刻的联系，中华传统文化对大学生精神文化生活的影响达到何种程度？中华优秀传统文化通过何种路径融入大学生精神文化生活？这些都是我们将要探讨的问题。中华优秀传统文化的发展历经时代变迁而锐气不减，在新时代展现出独特的精神气韵，新时代需要弘扬和发展中华优秀传统文化，从而有效解决现代社会大学生群体所面临

① 童世骏等：《我们时代的精神文化生活》，上海人民出版社 2019 年版，第 12 页。

的思想难题。

### （一）中华优秀传统文化对大学生精神文化生活的影响分析

第一，中华优秀传统文化为大学生提供积极的精神指引。中华优秀传统文化在历史发展过程中留下了丰富且宝贵的思想结晶，这些思想结晶对大学生精神生活的发展产生了积极的影响。中华优秀传统文化孕育出了伟大的中华民族精神，民族精神凝聚着中华优秀传统文化的精神内核，中华优秀传统文化已成为中华民族的基因，根植在中国人的内心深处，对我们的精神生活产生积极的影响。中华民族的文化源远流长，博大精深。中华优秀传统文化的精髓是内在的，我们能看到的仅是外在的器物、建筑和技艺等文化遗产，内在的文化精神是需要通过学习、研究才能不断理解的。

其一，引导大学生树立积极文化观，满足青年精神文化需要。功利主义和消费主义思潮阻碍了大学生精神文化生活的良性发展，也不利于国家和社会的长远发展。部分人认为追求幸福即追求外在的物质条件，缺乏美的意蕴的低俗文化大行其道，使许多大学生形成对庸俗文化产品的习惯性依赖。随着个体精神生活危机的日益凸显，越来越多的大学生意识到庸俗的文化产品无法带来真正的精神享受，反而会使娱乐生活趋于空虚。当代大学生的精神生活发展正遭遇前所未有的复杂局面，大学生精神生活发展也正面临挑战与机遇。大学生精神生活危机主要表现在交往、求知、道德、信仰等精神生活层面上出现的失衡、失序、失落现象。中华传统文化的积极影响体现在其可以消解日常生活的烦恼，化解大学生精神生活的现实危机。中华优秀传统文化在历史发展中形成了“讲仁爱、重民本、守诚信、崇正义、尚和合、求大同”的思想理念，中华优秀传统文化的这些思想精髓至今仍为广大中国人民所接受，对大学生的精神生活良性发展具有引导作用。“人生是一个适应社会生活实践的新变化，不断追求新的向往，不断完善自我、实现人生价值的过程”①，大学生在人生发展中会不断遇到新情况和新问题，中华优秀传统文化有助于大学生解决思想问题。面对当代大学生出现的道德危机与信任危机，中华优秀传统文化里存在的诸多思想智慧可以带给我们很多启迪，孔子提出“己所不欲，勿施于人”，即自己不想要的，也不要强加给别人，这是我们为

① 吴潜涛：《思想政治教育教学与研究》，中国人民大学出版社 2018 年版，第 70 页。

人处事的道德底线，在与人交往的过程中，坚持与人为善，推己及人，忧道不忧贫，恪守良知；在树立道德理想方面，有“大道之行也，天下为公”的社会畅想，有“止于至善，修身齐家治国平天下”的个人胸怀，有“见贤思齐焉，见不贤而内自省也”的反思方式。个人生活在现实世界中，于己、于人、于家、于国均负有责任。大学生身上所肩负的责任决定了其个人行为应遵循社会规范和文化教导。养成良好的行为操守，这便是道德。在中华传统文化中，一方面强调人不能做物的奴隶，而要做人自己；另一方面也强调人不能狂妄自大，要虚心地向天地万物学习，遵循中庸之道。《大学》云：“古之欲明明德于天下者，先治其国；欲治其国者，先齐其家；欲齐其家者，先修其身；欲修其身者，先正其心；欲正其心者，先诚其意；欲诚其意者，先致其知。致知在格物，物格而后知至，知至而后意诚，意诚而后心正，心正而后身修，身修而后家齐，家齐而后国治，国治而后天下平。”① 修身始于诚，诚为德之本。同时，修身是治国的基础，所谓国之本在家，家之本在身。爱国主义历来是中华民族的传统美德，也是大学生思想政治教育的重要目标。传统文化的修身观，为化解当代大学生的道德素质养成和精神文化生活危机提供了目标和方向，修身是治国的前提，当代大学生的精神文化生活危机源于对当下生活的无力感以及对未来生活的不确定，儒家思想的修身观启示我们从修身开始做起，方能达成治国平天下之大志。

其二，重塑大学生精神家园，提高精神文化生活的境界。精神家园“是人们对生活意义、生存价值和生命归宿的一种精神与文化认同”②。精神境界是个体对于自身与周围世界关系的认知程度。个体的精神境界不同，其对于个体与周围世界关系的认知层次也存在差异。中华优秀传统文化为我们正确认知天道与人道的关系提供了指引，中华传统文化经过历史的锤炼，已成为国人精神力量的源泉。作为当代中国的大学生，应该以本国所固有的传统文化为根底，形成具有民族意识的世界观，提升精神境界。但是，大学生受各种因素影响，在一定程度上存在理想信念的虚无、价值追求的扭曲、审美生活的庸俗和娱乐生活的空虚，造成精神家园的荒芜。为此，必须帮助大学生

① 朱熹：《四书章句集注》，中华书局 2011 年版，第 5 页。

② 欧阳康：《民族精神：精神家园的内核》，黑龙江教育出版社 2010 年版，第 5 页。

在现实的基础上重塑精神家园，在重塑中提高精神文化生活的境界。中华优秀传统文化是培养大学生理想人格的坚定基石，其来源于现实生活，面向生活本身去理解中华优秀传统文化，大学生可以从中汲取精神力量，从而正确认知处理现实生活中遇到的问题。“性善说”是儒家伦理思想的精髓，如若能在生活中将本性中所固有的“善”发挥出来，则可以养成“浩然之气”。“浩然之气者，形容其意志中笃信健行之状态也。”① 孟子提倡的养浩然之气实际上是把《中庸》所说的“诚”的理念推到实践中的状态。养浩然之气实则是通过道德修养带来身心的整体提升，进而达成人格养成、境界提升。中华优秀传统文化是中华儿女共同的精神家园，“抛弃传统、丢掉根本，就等于割断了自己的精神命脉”②。

第二，中华传统文化“杂质”对大学生思想行为产生消极影响。中国古代传统文化思想既有积极向上、适应新时代社会发展需要的一面，同时也不可避免地遗留有古代社会的落后内容。习近平总书记明确指出了对传统文化进行创造性转化和创新性发展首先要区分辨别糟粕和精华，取其精华，去其糟粕，传承发扬中华优秀传统文化。中华民族的传统文化不是绝对精华、毫无糟粕的，中华民族在不少领域创造过令世界羡慕的奇迹，但也沉积下一些文化杂质与糟粕。“如果只看到精华而无视杂质当然是片面的，可如果不着眼于中华民族的基本精神即它的主导方面，着眼于维持中华民族生存和发展的精神支柱，而是过分强调它的杂质，更失之于片面。”③ 对于古代传统思想我们应该如何取舍也是值得探讨的，优秀传统文化思想的传承应当根据时代的要求适时改进，否则再优秀的思想也会变成禁锢人们思想进步的教条，对大学生的精神生活发展产生消极影响。

落后文化对大学生精神追求的误导表现在多个方面。价值追求为精神文化生活提供了向度坐标，但传统文化是一个复杂的统一体，优劣好坏混为一体，需要注意区别传统文化中的“劣根性”和“良根性”。20 世纪 20 年代以来，关于“国民性”问题的讨论成为中国文化问题讨论的热门话题。“国民

① 蔡元培：《中国伦理学史》，中华书局 2014 年版，第 14 页。

② 《习近平谈治国理政》第一卷，外文出版社 2018 年版，第 164 页。

③ 陈先达：《思想中的时代和时代中的信仰》，中国人民大学出版社 2018 年版，第 143 页。

性”一般而言包含两个方面，即“劣根性”和“良根性”，良根性是中华民族在历史文化发展过程中形成的优良文化传统和优良行为习惯，例如勤劳勇敢、自强不息等优良品德，这些优良品性也已内化为中华民族的民族精神和民族气质，成为中国人的“精神长城”。受小农经济和封建专制制度的影响，一些国民陋习也逐渐生成并遗留下来，例如愚昧守旧、人情至上等腐朽观念，此外在封建主义的压迫下，形成了许多不良风气，例如拉关系、封建家长制等。这些不良习俗在现代社会依然存在，且对大学生作出独立判断和思考产生消极影响。中国古代社会盛行的功利主义教育观也使得中国文化潜藏着内部危机。我国在几千年的历史发展过程中，形成了等级森严的封建专制制度，这种制度体现在古代社会生活的各个方面，封建专制制度也给古代教育的发展带来了负面影响，遏制了启发式教育的生成，过度尊崇权威和经典，这也阻碍了古代科学技术的发展。在中国古代社会，“学而优则仕”一直以来是知识分子的理想与追求，学习的终极目的不是专注于学习本身和对知识本身的渴望，而是追逐名利，这种教育风气至今影响着当代大学生对求学目的的认知。部分学生认为求学的终极目的就是赚钱做官，把知识当成手段而非目的。这种功利性的学习热情使大学生在求知时陷入了矛盾的境地。我们现在需要的是对知识非功利化的探索热情，这种热情不是追求财富和官位，而是专注于对知识本身的渴望和对无拘无束的自由研究的追求，传统文化里所欠缺的恰恰是对知识的自由探索热情，这种非功利化的探索热情是科学精神养成的重要前提，而传统文化中存在的功利观念阻碍了当代大学生科学精神的养成。

**（二）中华优秀传统文化涵育大学生精神成长的路径**

习近平总书记关于中华优秀传统文化创造性转化、创新性发展的重要论述，已发展成为中国哲学社会科学领域基础性的历史观与科学方法论。思想政治教育工作者应该充分挖掘古代传统文化中的优秀成分，滋养大学生的精神家园，创新优秀传统文化的形式，促进大学生自觉承担起继承、弘扬中华优秀传统文化的历史使命，合理有序发展精神文化生活。

第一，显隐结合，探索自我完善、自我提升的有效路径。运用中华优秀传统文化提升精神品质，从自己着手才是真正的出发点，所谓“欲齐其家者，先修其身”。既可以采用“吾日三省吾身”随时反观自省的隐性方式，砥砺个人品格；也可以在显性日常生活中践行传统美德，培育高雅情趣。其一是反观自省的隐性方式。大学生在成长过程中受到传统文化的持续影响，自出生就生活在中华传统文化的影响下，可以说是“日用而不知”，中华优秀传统文化的精神基因已经注入到大学生的精神文化生活里，影响大学生的认知判断和价值选择，起到“润物细无声”的作用。此外，大学生把优秀传统文化的智慧应用于精神生活再生产，按照“吾日三省吾身”要求随时反观自省，以达到提升精神境界、锻造优秀品质的目的。“欲修其身者，先正其心。”心的状况取决于自己，自我可以通过反观自省，形成觉知。继承中华优秀传统文化需要领会古人的精神品格，南宋理学家朱熹在《近思录》中提及“致知之道，为学之方，在于读书”。朱熹认为读书不能一味研读书中的道理，要将圣贤之道和自身实际结合起来，“须是将圣人言语玩味，入心记着，然后力去行之，自有所得”[①]，自己去体会、推寻、验证、探究书中的道理，才能有实在的收获。再比如，中华传统文化中的“慎独”是一种隐性自我修身的方式，是内在自我的修炼，君子必须谨慎，即使是在独自一人时也必须保持严格自律。大学生需要具备锻炼内在自我、培养良好品格的意识，将国家大义和自我价值实现结合起来。其二是在显性日常生活中践行传统美德，培育高雅情趣。日常生活是大学生践行中华传统文化的重要载体，大学生在家庭生活中受传统文化的影响非常深远。比如中国人秉持的儒家思想重视家庭生活，家庭生活是个人生活的重要场域，也是个人接受教育的起点。中华优秀传统文化将个人、家庭和国家三者结合在一起，在生活实践中领会传统文化要义，以显性的方式对个体进行传统文化教育。所以大学生的日常生活充满传统文化的影子，家庭、学校和社会三者以多样的方式对大学生进行传统文化教育。大学生自身需要将中华传统美德内化为内心的道德规范，如宽恕、节俭、礼让、廉耻、信义等。传统道德“仁、义、礼、智、信”之“五常”是古代思想家对我国传统道德观念和道德原则的总结，至今“五常”依然存在于现代社会，且转化为对团体、社会、国家、民族和人类的无私奉献精神，衍生出诚实守信、礼貌待人、言行一致、先义后利等基本的做人准则。传统美德的践行只有依靠自身才能完成，美德需要躬身实践。习近平总书记指出，要理

① 朱熹、吕祖谦：《近思录》，上海古籍出版社 2016 年版，第 136 页。

直气壮继承和弘扬中华民族传统美德。对先人传承下来的文化和道德规范，要在去粗取精、去伪存真的基础上，采取兼收并蓄的态度，坚持古为今用、推陈出新的方法，有鉴别地加以对待，有扬弃地予以继承。① 中华传统美德教育是一项系统性的教育工程，家庭教育、学校教育与社会教育三者应共同发力，鼓励大学生阅读优秀传统文化典籍，在生活中学习践行优秀传统文化精神。

第二，创新形式，激活优秀传统文化的现代生命力。高校对于弘扬优秀传统文化的教育方式及传播途径，同样在提高学生思想政治素养方面发挥着重要作用。其一是创新教育方法。中华优秀传统文化教育是大学通识教育的重要组成部分，甚至有不少高校开设中华传统文化相关课程，将中华优秀传统教育纳入思想政治教育范畴。高校以校园文化为载体，可以举办丰富多彩的文化沙龙活动、知识竞赛、演讲比赛等等，还可以定时开展社会实践考察活动，在纪念日和传统节日带领学生走出课堂，参观各类纪念馆、博物馆、文化馆以及图书馆，切身体验中华优秀传统文化的魅力，从而将中华民族精神和爱国情怀融入大学生的思想观念，使其主动学习和感悟中华优秀传统文化的思想精髓，从而内化于心、外化于行，做中华优秀传统文化的弘扬者和传播者。其二是创新文化传播方式。大众传媒的发展为弘扬中华优秀传统文化提供了载体，在新时代中华传统文化迎来了新的发展机遇。文化综艺节目现已成为电视观众的新宠，近年来，各类文化综艺节目频频出现在电视荧幕上，其中不乏以中华优秀传统文化为核心内容的文化综艺节目。例如《上新了·故宫》《中国诗词大会》等传统文化综艺节目以独特新颖的方式，将中华传统的诗歌、成语、经典名句传播给观众。这也给文艺工作指明了方向，社会主义文艺的本质就是人民的文艺，好的文艺作品可以反映人民心声。高校思想政治教育工作者也应当注重利用大众传媒的各类形式传播中华优秀传统文化，运用大学生喜闻乐见的方式进行思想政治教育，立足传统，推陈出新，与文艺工作者合作创造出优质的文艺作品，用优秀传统文化的精髓引领大学生精神生活良性发展，借助大众传媒的优势扩大中华优秀传统文化的覆盖面。

---

① 中共中央文献研究室：《习近平关于社会主义文化建设论述摘编》，中央文献出版社 2017 年版，第 139 页。

# 第三节　高校思想政治教育传承弘扬红色文化的价值与实现维度

红色基因，薪火相传。对共产党人来说，中国革命历史是最好的营养剂。充分研究红色文化基因，发挥“红色基因库”作用，可以更好地赓续共产党人精神血脉。习近平总书记多次强调要“把红色资源利用好、把红色传统发扬好、把红色基因传承好”。2013 年，习近平总书记在兰州某军区视察时首次提出“红色基因”，指出要把“红色基因一代代相传下去”，此后他多次强调“把红色基因传承好，确保红色江山永不褪色”。近些年，学界对红色文化的研究逐年增多，从最初探讨红色文化基因在军队建设中的作用到将红色文化基因延伸到多个领域。作为马克思主义中国化的文化成果，红色文化是中国共产党领导中国人民历经革命、建设和改革的长期实践磨炼，以马克思主义为指导，批判继承中国传统文化并结合中国具体国情所创造的优秀文化，展现了中国共产党和广大人民群众的理想信念和精神追求。它根植于中国共产党人的血脉之中，蕴含着马克思主义政党的性质宗旨，体现了中国共产党的身份自信和使命担当，是我们党和国家永葆政治本色的生命密码，蕴含了丰富的思想政治教育价值功能，是培养担当民族复兴大任的时代新人的优质教育资源。高校把红色文化融入思想政治教育中，既是党和国家教育工作的根本任务，也是党的十八大以来以习近平同志为核心的党中央关于“培养什么样的人、如何培养人以及为谁培养人”的重要指示，对于丰富人才培养内容、创新人才培养方式、提升人才培养针对性和实效性具有重要的价值和意义。

## 一、高校思想政治教育传承弘扬红色文化的现实价值

### （一）培育新时代红色传人是高校思想政治教育工作的根本任务

红色原本只是一种自然颜色，但在中国革命的历史上，红色成为革命的象征，这种革命文化在历经抗日战争、解放战争、新中国成立以后的抗美援

朝、社会主义改造、改革开放等时期后，逐渐成为一种政治理念的象征符号。关于红色文化的内涵主要有革命文化说、先进文化说、特色文化说等，虽然学术界尚未形成统一定义，但在国内第一本通论性红色文化教材《红色文化概论》中所提出的红色文化的广义和狭义内涵，学术界较为认同：广义的红色文化是指中国共产党在争取民族独立、人民解放和实现国家的繁荣富强两项根本历史任务中所创造的各种物质和精神财富的总和。狭义的红色文化则是指在马克思主义的指导下，中国共产党领导人民群众在具体实践活动中所共同创造出来的各种物质和精神财富的总和。① 在梳理和总结学者对红色文化内涵认知的基础上，本书认为，红色文化是中国共产党领导中国人民在长期的革命和建设实践中积淀下来并且蕴含了丰富的革命精神和爱国情怀的进步文化，是精神性文化与物质性文化的统一，是新时代下中国特色社会主义先进文化的一个重要组成部分。

党的十八大以来，以习近平同志为核心的党中央高度重视红色文化资源在培养时代新人中的作用，强调要坚持把立德树人作为中心环节，把思想政治工作贯穿教育教学全过程，通过将红色文化资源融入高校德智体美劳全方位育人过程，培养担当民族复兴重任的时代新人。习近平总书记在地方考察调研时多次到访革命纪念地，瞻仰革命历史纪念场所，反复强调要用好红色资源，传承好红色基因，把红色江山世世代代传下去。2013 年 7 月 11 日、12 日，习近平在河北调研指导党的群众路线教育实践活动时谈道："西柏坡我来过多次，每次都怀着崇敬之心来，带着许多思考走。我们这一代人，出生在新中国成立后不久，是在红旗下长大的，对党、对国家、对人民感情很深，对我们党的光荣历史和优良作风印象很深。每到井冈山、延安、西柏坡等革命圣地，都是一次精神上、思想上的洗礼。每来一次，都能受到一次党的性质和宗旨的生动教育，就更加坚定了我们的公仆意识和为民情怀。""我们要不断向全党严肃郑重地提出这个问题，始终做到谦虚谨慎、艰苦奋斗，使我们的党永远不变质、我们的红色江山永远不变色。"② 2016 年 1 月 5 日，

---

① 渠长根：《红色文化概论》，红旗出版社 2007 年版，第 24 页。

② 习近平：《用好红色资源 传承好红色基因 把红色江山世世代代传下去》，《求是》2021 年第 10 期。

习近平在视察13集团军时中指出："在参观军史馆时，我对长征途中红31军93师274团'半截皮带'的故事，感触很深。红军战士宁肯忍饥挨饿，也要将半截皮带留下来，带着它'去延安见毛主席'。这就是信仰的力量，就是'铁心跟党走'的生动写照。部队中像这样的红色资源很多，要发掘好、运用好，丰富'红色基因代代传'工程内涵，加强党史军史和光荣传统教育，确保官兵永远听党话、跟党走。"① 2016年2月1日至3日，习近平总书记赴江西看望慰问广大干部群众时强调："井冈山是革命的山、战斗的山，也是英雄的山、光荣的山，每次来缅怀革命先烈，思想都受到洗礼，心灵都产生触动。回想过去那段峥嵘岁月，我们要向革命先烈表示崇高的敬意，我们永远怀念他们、牢记他们，传承好他们的红色基因。"② 2016年4月24日至27日，习近平总书记在安徽调研时强调："把红色江山世世代代传下去。革命传统教育要从娃娃抓起，既注重知识灌输，又加强情感培育，使红色基因渗进血液、浸入心扉，引导广大青少年树立正确的世界观、人生观、价值观。"2020年9月18日，习近平总书记在湖南考察时指出，要教育引导广大党员、干部发扬革命传统，传承红色基因，牢记初心使命，走好新时代长征路。③

青年是祖国的未来、民族的希望，也是我们党的未来和希望，高校要不断探索实践规律，培养传承红色文化的时代新人。高校作为传承红色文化、培养红色传人的重要场所，具有得天独厚的优势。在以习近平同志为核心的党中央的高度重视下，培养德智体美劳全面发展的时代新人成为教育工作的根本任务，为此国家相继颁布了一系列法律法规和有关文件进一步明确规定。2017年1月，国务院印发的《国家教育事业发展"十三五"规划》指出，坚持以美育人、以文化人。广泛开展中华民族优秀传统文化、革命文化、社会主义先进文化教育，培育青少年学生文化认同和文化自信。④ 2017年5月，中共中央办公厅、国务院办公厅印发的《国家"十三五"时期文化发展改革

---

① 习近平：《用好红色资源 传承好红色基因 把红色江山世世代代传下去》，《求是》2021年第10期。

② 同上。

③ 同上。

④ 国务院：《国家教育事业发展"十三五"规划》，2017年1月19日，中华人民共和国中央人民政府网站，http：//www. gov. cn/gongbao/content/2017/content _ 5168473. htm。

规划纲要》指出，要把社会主义核心价值观纳入国民教育体系，增强学生爱国精神、社会责任感和实践创新能力。发扬红色传统、传承红色基因，用好革命历史类纪念设施、遗址和各类爱国主义教育示范基地等红色资源。2017年9月，中共中央办公厅和国务院办公厅印发的《关于深化教育体制机制改革的意见》指出，深入开展以爱国主义为核心的民族精神和以改革创新为核心的时代精神教育、道德教育、社会责任教育、法治教育，加强中华优秀传统文化和革命文化、社会主义先进文化教育。[①] 2018年7月，中共中央办公厅、国务院办公厅印发的《关于实施革命文物保护利用工程（2018—2022年）的意见》指出，迫切需要深化革命文物价值挖掘阐释传播，迫切需要发挥革命文物服务大局、资政育人和推动发展的独特作用……推动革命传统教育进学校进教材进课堂，编纂出版系列革命文物知识读本，鼓励学校、党校（行政学院）到革命旧址、革命博物馆纪念馆开展现场教学。建立革命旧址、革命博物馆纪念馆与周边学校、党政机关、企事业单位、驻地部队、城乡社区的共建共享机制，组织开展具有庄严感和教育意义的系列主题活动。[②] 2022年8月，教育部等十部门印发的《全面推进“大思政课”建设的工作方案》指出，各地各校围绕新时代的伟大实践，充分挖掘地方红色文化、校史资源，将伟大建党精神和抗疫精神、科学家精神、载人航天精神等伟大精神，生动鲜活的实践成就，以及英雄模范的先进事迹等引入课堂，推动党的创新理论和历史融入各学段各门思政课。[③]

### （二）红色文化蕴含丰富的思想政治教育功能价值

红色文化资源蕴含着丰富的德育价值功能，是坚定理想信念、陶冶道德情操、增强爱国情怀、促进情感体验的优质教育资源。

第一，红色文化能够有效坚定大学生理想信念。红色文化承载着革命先

---

① 《中共中央办公厅 国务院办公厅印发〈关于深化教育体制机制改革的意见〉》，2017年9月24日，中华人民共和国中央人民政府网站，http：//www. gov. cn/xinwen/2017-09/24/content _ 5227267. htm。

② 中共中央办公厅、国务院办公厅：《关于实施革命文物保护利用工程（2018—2022年）的意见》，2018年7月29日，中华人民共和国中央人民政府网站，http：//www. gov. cn/zhengce/2018-07/29/content _ 5310268. htm。

③ 教育部等：《全面推进“大思政课”建设的工作方案》，2022年8月10日，中华人民共和国教育部网站，http：//m. moe. gov. cn/srcsite/A13/moe _ 772/202208/t20220818 _ 653672. html。

烈对理想信念的执着追求，是开展大学生理想信念教育的宝贵资源。习近平总书记指出："坚定理想信念，坚守共产党人精神追求，始终是共产党人安身立命的根本。对马克思主义的信仰，对社会主义和共产主义的信念，是共产党人的政治灵魂，是共产党人经受住任何考验的精神支柱。"① 正是因为红色文化资源之中蕴含了中国共产党人至死不渝的奋斗目标和实事求是、勇往直前的革命精神，在革命精神的感召之下，才使得高校可以发挥红色文化资源教育大学生坚守政治理想、坚定政治信念的重要作用。一是丰富理想信念教育内容。红色文化形成和发展的历程就是无数革命先烈们的奋斗历程，红色文化集中体现了革命先烈们坚定的马克思主义信仰，这和当前高校开展大学生理想信念教育的要求相契合。高校在开展理想信念教育时，应充分运用红色文化教育资源，将红色文化引进课堂，让大学生通过观看视频资料、阅读红色文学作品、学习红色经典著作等方式切身体会到革命先烈们在艰苦条件下，坚定马克思主义信仰并且为了马克思主义在中国开花结果而甘愿自我牺牲的精神。这有利于深化大学生对马克思主义的认识、坚定对马克思主义的信仰，并能充分引导大学生在参与政治生活时积极主动地践行马克思主义。二是拓展理想信念教育载体。一个良好的教育途径，能够有效连接教育者和受教育者，强化教育效果。形态丰富的红色文化是生动、鲜活的教材，如利用各地的红色文化革命遗址开展形式多样的实践活动，学习红色精神，树立红色榜样，增强马克思主义信仰的吸引力，从而帮助大学生坚定正确的政治方向和立场，自觉抵制各种错误思潮的消极影响，也可以开展红色校园文化活动，丰富政治信仰课堂教学方式，如"红色文化进校园"和学生实地学习红色文化，能让大学生更好地领悟红色文化的精神内涵和理想信念。

第二，红色文化能够有效增进大学生对社会主义核心价值观的认同。红色文化是中国革命精神的重要组成部分，也是中华民族精神的现代传承，蕴含着爱国奉献、敢于斗争、崇尚公平正义等文化特性，社会主义核心价值观在国家、社会和公民层面上的要求都能从红色文化中找到历史的依据。因此，红色文化的价值导向与社会主义核心价值观的要求一致、内涵契合。一是红色文化蕴含着社会主义核心价值观的重要理念。在国家层面上，追求民族独

① 潘旭涛：《习近平谈信仰信念》，《人民日报》（海外版）2017 年 6 月 7 日。

立、国家富强、人民民主、社会和谐是红色文化的基本导向。独立是国家富强的前提，革命时期的红船精神、井冈山精神、苏区精神、长征精神、延安精神、抗战精神、西柏坡精神等革命爱国主义精神深刻地体现了我们党领导人民群众寻求民族解放、国家独立、人民民主的价值追求，社会主义建设时期的大庆精神、“两弹一星”精神等伟大创业精神，体现了红色文化中建设富强国家的价值追求。在社会层面上，“自由、平等、公正、法治”始终是红色文化中蕴含着的初心不改的理想社会蓝图，三湾改编中的“官兵一致”原则体现了官兵平等的观念，“三大纪律八项注意”是红色文化中早期的法治制度建设，“黄克功案”和“张子善、刘青山案”的公正处理，则是红色文化中的法治实践。在公民个人层面上，“爱国、敬业、诚信、友善”始终是红色文化中为人民服务的道德榜样的不朽精神光辉，张思德、雷锋、焦裕禄等就是为人民服务的榜样，他们将“全心全意为人民服务”表现得淋漓尽致，虽身处不同时期、不同岗位，但他们身上无不体现着爱国、敬业、诚信、友善的现代公民要求。二是红色文化是社会主义核心价值观的培育载体。红色文化中所具有的丰富而生动的榜样人物、优秀事迹、历史遗址等直观性史料，为社会主义核心价值观的培育提供了丰富而有效的载体。通过对红色遗址、遗物的直接参观，可以有效增强大学生对党史、新中国史、改革开放史、社会主义发展史的了解与认同，知晓当今的幸福生活是来自无数革命先烈的英勇牺牲与无私奉献，进一步激发大学生学习先进榜样人物，传扬红色故事，传承红色基因，进而牢固树立并践行社会主义核心价值观的动力。

此外，红色文化也为高校强化大学生的政治认同、增强爱国情怀和社会责任感提供了优质教育资源。

## 二、高校思想政治教育传承弘扬红色文化的原则与路径

红色文化资源德育价值功能的发挥存在时空条件及情景载体的限制，使其融入高校德育过程时存在一些障碍，包括：课堂内教学过程之中，红色文化资源的历史性、情感性及精神性要素的表现力及感召力用语言不能充分表达，从而难以将教育对象引入红色文化资源存在的历史情境之中；课堂外教学过程之中，红色文化资源的时代久远性、时空场域限制及教学条件难以调

适，因此红色文化资源德育价值功能难以充分发挥。① 对于诞生于革命时期的红色文化来说，红色文化时代化面临着红色文化的政治性与现代价值普世性的不适应、红色文化的单一表达与信息多元化之间的紧张、红色文化的历史追求与历史虚无主义之间的冲突等时代化困境。② 因此，要谨防红色文化基因“退化”“突变”“休眠”，克服红色文化资源融入高校思想政治教育的不适应，红色文化在新时代传播需要时代化、生活化和年轻化的传播渠道和表达方式，既要坚持文化理解、文化认同和文化践行的层层递进，坚持守正与创新相统一，注重“符号化”和“生活化”表达相结合等传承教育原则，同时也要把红色文化传承教育融入“大思政课”的整体格局中。

**（一）高校红色文化传承教育原则**

第一，坚持文化理解、文化认同和文化践行的层层递进。高校传承和弘扬红色文化，既要内化为大学生的精神追求，又要外化为大学生的自觉行动。通过教育引导、舆论宣传、文化熏陶、实践养成、制度保障等，将其纳入培育和践行社会主义核心价值观的系统工程之中，将其“融于教、涵于制、载于文、化于境、行于众”③。从文化传承传播的基本规律来看，客观理解科学内涵是把握红色文化时代价值的逻辑前提，深入认同精神内核为红色文化价值发掘提供理论支撑，创新发展传播方式是发掘红色文化时代价值的重要途径。④ 因此，认识理解红色文化，进而认同并积极践行红色文化是高校红色文化教育传承的基本过程。高校红色文化教育传承的认知基础是文化理解，通过讲述红色故事、参观红色革命纪念遗址和学习红色革命历史等方式，让学生深刻认识红色文化的内涵意义和历史发展脉络，把握红色文化与其他文化的差异。高校红色文化教育传承的情感基础是文化认同。红色文化认同是行为者对红色文化所代表的价值理念、精神表象、道德要求、行为习惯的接

① 王炳林、张泰城：《高校红色文化资源育人发展报告 2018》，人民出版社 2020 年版，第 44 页。

② 杜向民、郗波、王立洲：《高校红色文化教育传承研究》，中国社会科学出版社 2021 年版，第 83-86 页。

③ 沈壮海：《文化强国建设的中国逻辑》，《人民日报》2016 年 9 月 21 日。

④ 李慧琳：《理解、认同与传承：发掘红色文化时代价值的三个环节》，《思想教育研究》2019 年第 2 期。

纳，并将红色文化所代表的具体要求内化于心。① 高校组织大学生通过参观历史文化遗址、举行文化仪式、听老党员讲述历史故事等方式体验和感受历史事实，使学生达到认知上的强化、情感上的触动，在体验中接触红色文化所蕴含的精神世界，主动吸收红色文化中的精神理念和价值观念，使之成为大学生自身的价值理念，并最终外化为行为，自觉按照红色文化要求规范自身行为，并根据时代要求和社会需要，在红色文化理解和认同的基础上能够理性接纳、广泛传播、积极实践和科学创新。

第二，坚持守正与创新相统一。守正是创新的基础，要纠正和改进大学生对红色文化凌乱且不成体系的理解，形成红色文化的集体意识，才能永葆马克思主义的鲜亮底色，红色文化的发展与创新才能坚持社会主义的政治本色。创新是守正的支点。创新性发展为的是更好地守正继承。高校应根据大学生群体的身心特点对红色文化的形式和内容进行创新，因材施教，运用移动互联网、互联网上的多种媒介平台，推动红色文化活动与艺术要素的有机融合，创新红色影视、红色动漫、红色景点等多种传播形式，实现在守正中创新，在创新中继承，在继承中发展的良性局面。

第三，注重符号化和生活化的表达结合。红色文化物质符号就是承载红色文化精神、呈现红色文化价值理念、直接或间接再现红色文化历史的符号形式。包括红色历史遗址、烈士故居、历史文物，如“朱德的扁担”“赵一曼的粗瓷大碗”等直接物质符号和由直接物质符号、红色精神艺术再生产的文学作品、艺术作品、影视作品等间接物质符号。② 红色文化物质符号是传承红色文化内容和精神的重要载体，在传承教育的表达方式上要注意符号化和生活化的结合，注重内容与形式相结合，充分利用多种现代技术手段，化抽象为具体，化枯燥为兴趣，化不解为理解，主动走进大学生的日常生活和校园生活之中，推动红色文化物质符号蕴藏的红色精神入心入脑、走深走实。

**（二）高校红色文化传承教育路径**

青年是国家的希望、民族的未来，是中国特色社会主义事业的建设者和接班人，高校应当高度重视对青年一代的教育引导，成为红色文化基因传承

① 文丰安：《新时代红色文化传承与发展研究》，《学习与探索》2020 年第 11 期。

② 同上。

和发展的主阵地，回答好“培养什么样的人、如何培养人以及为谁培养人”这个根本问题。在极力张扬个性和单方面强调个人价值的社会氛围中，让强调集体和奉献的红色文化被广泛接受显然具有一定难度。因此，新时代传承红色文化，受到了来自能否让人民认同红色文化问题的挑战。本书提出把红色文化“四融入”到大学生思想政治教育中去，推动红色文化基因在高校思想政治教育传承中形成自信、自觉、自强、自新的合力。

第一，融入课堂教学主渠道，坚定红色文化自信。红色文化教育是传承红色基因的主阵地，思想政治理论课是弘扬红色文化的主渠道。改革高校思政课教育教学模式是创新红色文化教育的有效途径，以往单一的理论讲述式的教学方式，使学生的上课积极性不高、课堂感悟少，由此引发学生对红色基因的认同度不高等问题，需要通过充分发挥教师引导作用，更好地传承红色基因。教师是办好思想政治理论课的关键，“思政课教师，要给学生心灵埋下真善美的种子，引导学生扣好人生第一粒扣子”[①]。增加大学思想政治教学课堂的互动性和趣味性，活跃课堂氛围，在青年大学生积极的“学”与教师主导的“教”中，拉近大学生与思想政治教学课堂的距离。同时高校可以根据地方红色文化的特质，把地方红色文化融入专业课的课程思政中。比如广东高校地处的广东省作为近代革命策源地和当代改革开放先行地，其发展始终与中国革命、建设和改革开放波澜壮阔的征程密不可分，蕴含优秀且可传承的红色文化基因。广东红色文化基因是中国“红色基因库”不可或缺的重要组成部分，广东红色文化革命理想大于天的信念、忠臣爱国的民族情怀、以人民为中心的宗旨观念、勇于改革探索的创新品质等优良传统对高校思想政治教育具有重要的功能价值。让学生通过对党史和中国近现代革命史的红色文化的真实感悟，对党的光荣事迹产生共鸣，逐渐将红色基因内化为青年大学生自身的价值追求，真正地从内心接受与认同红色基因，坚定红色文化自信。

第二，融入日常思想政治教育主阵地，形成红色文化自觉。开展各类校园文化活动，营造红色文化氛围，使学生在日常思想政治教育中得到熏陶，

---

① 张烁、谢环驰：《习近平主持召开学校思想政治理论课教师座谈会强调 用新时代中国特色社会主义思想铸魂育人 贯彻党的教育方针落实立德树人根本任务》，《人民日报》2019年3月19日。

形成红色文化自觉。“文化自觉”是费孝通先生于1997年在北大社会学人类学研究所举办的第二届社会文化人类学高级研讨班上首次提出，目的是应对全球一体化的发展趋势。文化自觉主要有三层内蕴：一是建立在对“根”的找寻与继承上；二是建立在对“真”的批判与发展上；三是建立在对发展趋向的规律把握与持续指引上。这种文化自觉是对文化地位作用的深刻认识、对文化发展规律的正确把握、对发展文化历史责任的主动担当。这种文化自觉与文化自信，表现为对中华文化的发展前途充满信心、对中国特色社会主义文化发展道路充满信心、对社会主义文化强国充满信心。[①] 思想政治教育工作者要有意识地打造校园红色文化环境，可以通过校园主要宣传通道张贴革命先烈画像和讲述革命故事，在校园中设立专门的红色文化活动馆，定期举办红色文化活动，开展红色诗词朗诵、红色经典阅读、红色知识问答竞赛等，营造校园红色文化氛围，让广大学生在丰富多彩的校园活动中，有更多机会接触到红色基因，激发他们了解红色文化的兴趣，在日积月累的红色文化浸润与熏陶中，增强对革命文化和中国特色社会主义文化的认同，逐渐实现从被动接受教育到主动传播输出，形成红色文化自觉。

第三，融入红色校史资源，实现红色文化自强。坚定文化自信不能止步于坐而论道，必须体现在文化自强的行动上。建设具有强大吸引力影响力、强大活力创造力、强大实力竞争力的文化强国，既要坚持不忘初心，做好全国各地红色资源普查整理工作，对各地档案馆当中保存的革命文献、革命文件，以及历史人物英雄事迹记录等红色档案材料进行整理与归类，也要主动收集整理本地、本校的红色资源。如广东省曾对本地区革命遗址做过系列普查工作，并编写出版了《广东省革命遗址通览》系列丛书，成立专门的党史资料征集委员会和党史研究委员会，专门负责红色资源的收集和红色文化资料的整理，编写了《南粤英烈传》《广东党史资料》等系列专题红色资料。如笔者所在高校华南农业大学充分挖掘校本育人资源，打造历史文化路线、党建思政路线等校园文化站点，发挥华南农业博物馆、校史展览馆、档案馆、中国农业历史文献特藏室“三馆一室”平台和“中国地图”的校园布局的育

① 教育部普通高中思想政治课课程标准实验教材编写组：《思想政治必修三》，人民教育出版社2013年版，第98页。

人功能，让红色基因融入校园文化。学校涌现出许多感人至深、奋发有为的先进典型，炼就了许多具有本校特色的红色基因，“全国优秀共产党员”“时代楷模”“最美奋斗者”卢永根院士就是其中的典型代表。除了建好用好卢永根办公旧址、卢永根先进事迹陈列展等，学校还优化工作机制，强化党建与业务双融双促。建成党员教育中心，设立习近平新时代中国特色社会主义思想学习体验区、党史学习体验区、廉洁教育体验区和“三全育人”成果展示区，结合 VR、AR 技术，打造交互式、全景式、沉浸式学习平台。

第四，成立新时代红色文化讲习所，推动红色文化自新。文化自新，让我们与时俱进、开拓创新。新时代红色文化讲习所是党史文化宣传的创新性尝试。“历史是最好的教科书。”成立新时代红色文化讲习所有自身的时代背景和要求，新时代红色文化讲习所是推动学习宣传和贯彻习近平新时代中国特色社会主义思想和持续深入学习党的十九大精神的重大创新性举措。当前我国各地纷纷成立新时代红色文化讲习所。红色文化讲习所依托自身的教育基地和教育平台优势，把革命历史教育、红色遗址情景和红色文献资料融合，开发开展丰富多样的红色宣传教育。牢牢抓住红色基因，将其作为新时代红色文化讲习所所有宣讲活动和教育活动的底色和基调，并面向社会公众开展爱国主义和理想信念教育，充实人们的思想、坚定人们在新时代开创事业的信心和勇气，使人们在红色宣讲活动和教育活动中汲取前进和探索事业的决心和奋进的动力。这一过程，是运用红色基因和党史文化给予人们干事创业的力量，同时，也是在不断地传承传播红色基因与党史文化的内容。作为增文化认同、铸城市灵魂的教育基地，新时代红色文化讲习所能够以红色基因的极大精神力量，不断引领着广大共产党员与人民群众以更大的勇气和信心，推进社会主义事业新的发展。可见，成立新时代红色文化讲习所是新时代传承和弘扬党史文化和红色基因的重要方式。

# 第四章　高校网络思想政治教育嬗变及话语创新

自20世纪90年代以来，互联网发展速度迅猛，已成为人们不可或缺的社会生产与生活工具。“05后”大学生是成长于互联网环境中的一代，网络新媒介、自媒体、各种“微媒体”及网络上各种信息影响了大学生的认知方式、思维模式与行为方式，同时也深刻地影响了高校思想政治教育的过程机理与教育方式。如何更好地发挥网络思想政治教育的功能，如何创新高校网络思想政治教育是值得探讨的问题。2016年12月8日，习近平总书记在全国高校思想政治工作会议上强调，做好高校思想政治工作，要因事而化、因时而进、因势而新……要运用新媒体新技术使工作活起来，推动思想政治工作传统优势同信息技术高度融合，增强时代感和吸引力。① 这为推动思想政治教育与互联网的融合发展指明了方向。

网络思想政治教育，是指“一定的群体或个人基于网络或网络背景，对受众施加一定的思想观念、政治观点、道德规范等方面的影响，使他们形成符合一定社会、一定阶级所需要的思想政治品德的社会实践活动”②。关于网络思想政治教育的概念应当有两种理解：一是网络环境下的思想政治教育，即在网络化的社会环境下，传统的思想政治教育从理念到内容、手段、机制与组织方法如何发展创新；二是基于网络的思想政治教育，就是把网络作为

① 张烁、鞠鹏：《习近平在全国高校思想政治工作会议上强调 把思想政治工作贯穿教育教学全过程 开创我国高等教育事业发展新局面》，《人民日报》2016年12月9日。

② 宋元林：《网络思想政治教育》，人民出版社2012年版，第5页。

思想政治教育的新阵地、新工具、新方法，用以加强和改进思想政治教育。[①]前者是对网络思想政治教育的广义理解，是关于思想政治教育全面体系的构建问题，后者是对网络思想政治教育的狭义理解，是关于思想政治教育局部体系的构建问题。本章第一节是从网络思想政治教育的广义上进行理解，探索网络媒介中最主要的内容提供者——自媒体视域下高校网络思想政治教育的发展嬗变；第二节则是从狭义方面对网络思想政治教育进行理解，探究学生使用频次最高的媒介平台——微媒体对高校网络思想政治教育话语的影响。

## 第一节　自媒体视域下高校网络思想政治教育的发展

网络媒体影响大学生的思想道德观念、价值判断和行为选择，消解与重构着大学生的社会价值观念，而网络舆情的常变常新，也给高校思想政治教育带来发展契机和挑战。在网络自媒体的作用下，思想政治教育发生了相应调整，出现了由传统向现代信息化的转变，教育理念、传播方式等形式与内容也发生了变化。因此，充分梳理自媒体视域下高校思想政治教育的发展嬗变，进一步预判网络媒介发展技术对思想政治教育发展的影响，研判教育形势动态，进而利用网络自媒体发展的契机推动高校网络思政教育创新发展，是摆在高校思想政治教育工作者面前的重要课题。

### 一、自媒体视域下高校网络思想政治教育的发展嬗变

在网络自媒体时代，由于技术革新、社交网络传播形态革命等因素对大学生的影响，高校网络思想政治教育内外生态正发生着重要变革。网络媒介技术的发展与变迁为高校网络思想政治教育实践提供了新的历史与时代机遇，推动着基于网络信息技术发展的高校网络思想政治教育的发展嬗变。毛泽东同志在《矛盾论》中曾指出："尤其重要的，成为我们认识事物的基础的东

① 陈华栋：《全媒体生态下网络思想政治教育主要矛盾的变化与思考》，《思想理论教育》2019年第1期。

西，则是必须注意它的特殊点，就是说，注意它和其他运动形式的质的区别。只有注意了这一点，才有可能区别事物。”① 这场跨越时空的信息网络革命，为高校网络思想政治教育创造了一个全新的环境，为高校网络思想政治教育创设了多重聚合的平台与转换形态，引发了高校思想政治教育理念、内容、方式方法等各个方面的变革。

**（一）高校思想政治教育的域境嬗变**

第一，空间域境嬗变。首先是高校教育活动空间从现实空间向虚拟空间延伸。高校思想政治教育得以依附的活动空间是一种不同于实体物理空间的电子空间或网络空间。传统高校思想政治教育一般在特定的活动场所或教育场所进行，信息网络环境下高校思想政治教育立足数字化的信息交往实践，更多是以数字化、虚拟化的形式或方式存在的。高校思想政治教育最大的环境就是由海量信息构成的虚拟空间，虚拟空间里的高校思想政治教育主客体也表现出虚拟性，如身份虚拟、人格虚拟、活动虚拟和角色虚拟等。其次是全时全域、开放畅通的网络自媒体也促使高校思想政治教育的场域得到延伸。网络自媒体的即时性、互动性，带着人们进入了“全民围观式”的透明社会，集成性和传播的多元化丰富了高校思想政治教育的内容，全时全域传播有助于提升教育信息的开放度和意见表达的均衡性以及多元化。

第二，时间域境嬗变。近年来，微博、微信、QQ 等网络即时社交平台在大学生群体中兴起，带来高校思想政治教育的时间域境发生即时快捷、迅速反馈等时效嬗变。我们传统交流方式仅限于短信和通话，如今在微博、微信这类“即时广播式”的网络即时社交平台，交流变得更加便捷和多元化，可以随时随地上网浏览热搜、个人网络空间、朋友圈，关注一个人的动态和近况，大学生可以随时随地、方便快捷地和人沟通，表达自己的感情。在交流中，用户的身份并非单纯像传统传播关系中的受众一样，而是人人都能成为信息的制造者、见证者、传播者和评论者。传播的主体客体的区分，没有世俗约定的身份大小、高低贵贱之分，而是平等对话。对话模式的转变打破了传统思想政治教育的时空限制，避免了教育过程的局限性，有利于在深层次上把握教育对象的精神理念和思想动态。

① 《毛泽东选集》第 1 卷，人民出版社 1991 年版，第 308 页。

第三，能力域境嬗变。思想政治教育主客体双向奔赴、平等互动，教育能力有所拓展。在网络媒体中交往的主体与客体传播关系由导向性的线性传播转变为交互性的网状传播，满足现实双维度的平等交往理性。大学生思想政治教育者在传授传统马克思主义教育理论的同时，需要熟练运用网络媒体话语开展思想政治教育工作，促进教师由主体地位向主导地位转化。高校思政教师也应逐渐转变教学方式，通过视频、音频、动漫等学生喜闻乐见的教育形式，营造轻松愉悦的授课氛围，让学生逐渐改变固有观念，提升对思政教育的积极性。同时，也可围绕社会热点进行理论教育，在探讨学生关注的热点话题中进行思政教育，实现“春风化雨”。另外，在网络文化异质性特征凸显的网络媒体时代，作为教育客体的大学生需要增强选择、理解、质疑、评估等价值选择能力和思辨能力。

第四，生态域境嬗变。网络世界提供的海量信息使教育内容摆脱传统的、静态的、封闭的呈现形式，由相对封闭走向开放多元。现实物理世界和网络虚拟世界的边界被网络媒体从技术层面击破，成为一个开放的空间，它具有传播快、互动强、触点多、影响大等特点，且包含海量的文字、图片、声音、视频等信息，在多层次、多领域、多角度形成了“多维新生态”。这些变革都要求高校思想政治教育内容处于开放与开发、发展与创新的状态，启发探究、自主学习、互动交流等开放式教育形式为高校思想政治教育提供了全新生态域境。

**（二）自媒体视域下高校网络思想政治教育的发展**

互联网不仅是一种载体，也是一种环境，更是人类由现实世界向虚拟世界延伸的一种存在和生活方式。马克思说：“环境的改变和人的活动的一致，只能被看作是并合理地理解为变革的实践。”① 网络时代的到来给高校思想政治教育带来了新境界和新天地，需要从高校思想政治教育内外生态环境、教育内容与方式、教育的主客体变化等方面去认知与把握其新理念、新内容、新方法、新环境等，结合新的时代特点注入新鲜内涵，在继承中创新，在创新中发展。

第一，思想政治教育新理念。首先是平等与民主意识。互联网“属我”

① 《马克思恩格斯文集》第1卷，人民出版社2009年版，第504页。

和“人人平等”的人格化的特征重新解构高校思想政治教育话语和主导权的逻辑关系，传统“一言堂”“单向独白”式的思想政治教育已经不适应新的形势，沟通的交互性打破思想政治教育者的绝对主导性，受教育者群体的主体价值得以建构、回归和彰显，实现了教育者和受教育者双方平等的多维交流。每个人都是自媒体，教育者和受教育者双方在获取信息、发布信息等方面实现了地位平等，消除了思想政治教育双方的隔阂。网络社会中的大众更加善于表现自我，乐于表达思想、彰显个性。因此，民主的氛围能够增加思想政治教育双方交流的深度，能够提升受教育者参与集体活动的积极性，激发大学生的能动性和创造力。思想政治教育者需要尽可能地给予受教育者更广泛的民主空间，借助网络的开放性、平等性掌握更多的民情民意，有针对性地处理好亟待解决的问题，防止校园危机和突发事件的爆发，培养思想政治教育双方的民主精神。因此，思想政治教育者必须转变理念，平等对待每个受教育者，给予受教育者更广泛的民主空间，改变居高临下的态度和思想。其次是用户思维。用户思维是互联网思维的核心，它是指价值链的各个环节是“以用户为中心”去思考问题的，是以用户为导向而不是以产品为导向，针对用户的各种个性化、细分化需求，提供各种针对性的产品和服务，真正做到“用户至上”。互联网的用户思维用在高校思想政治教育工作上体现为“以学生为本”的服务思维，帮助受教育者更好地成长、成才、成人，形成良好的世界观、人生观和价值观，解决生活中的疑惑和难题，抑制不良情绪的滋生，调节心理压力和精神状态。当网络谣言兴起的时候，教育者能够第一时间消除谣言导致的误解和不安，服务大众，服务社会。一旦提升受教育者的判断能力、反思能力、主动参与能力，受教育者完成从外化到内化、由他律到自律的转变，受教育者就会成为新的教育者，培养具有正能量的网络意见领袖将开启思想政治教育的新篇章。最后是人文关怀理念。思想政治教育本身就具有浓郁的人文色彩，目的就是塑造人、培养人、转化人、发展人和完善人，具有广泛而深厚的人文关怀特质。但传统思想政治教育片面强调交往实践的工具价值，忽视交往实践必须是双方互动的结果，漠视对受教育者的人文关怀。互联网的发展给人们带来新鲜的交往感受，思想政治教育的人文关怀理念要更加关心人内心的感受，在畅所欲言的交流交往中沟通有无，在平等对话中体现对人的关怀与关爱，注重人的全面和谐发展。

第二，思想政治教育新内容。传统思想政治教育的内容主要包括思想教育、政治教育、道德教育、法制教育、心理教育、伦理教育。网络思想政治教育的新态势是“变”与“不变”的科学结合，不变的是基本目标、基本要素、基本功能和基本原则，变的是思想政治教育的内容体系和教育范式。首先是加强媒介素养教育，提升大学生对信息的辨别能力和批判精神，在自我教育中实现个人价值和社会价值的统一。在当代，较为合理的媒介素养结构，应当由媒介认识能力、媒介使用能力、媒介批判能力和媒介创造能力四个部分组成。[①] 媒介素养是人综合素质的网络表现，它离不开思想政治教育传授的关于媒介的知识、文化、思维方式、综合分析能力、价值观等。网络媒体时代的受教育者既是信息的发布者，又是信息的接受者，除了享有一定的权利，还需要承担相应的义务，自觉提高媒介素养。即要遵守网络规范和法律法规，同时要能够对接受的信息进行辨别，区分真伪、好坏、主次、轻重。因此，要把媒介素养教育纳入思想政治教育体系，使其发挥引导大学生保护网络环境健康、维护社会稳定、促进民族和谐与人民团结的功能。同时要加强网络安全教育，坚决抵制危害国家和社会的言论，使大学生在环境复杂的网络世界中免受负面信息的影响及各种思想毒瘤的侵害。另外要培养其识别网络不安全信息的能力，使大学生免受网络诈骗带来的经济损失。最后，要提高大学生的网络自我控制能力，避免他们沉迷于虚拟的网络空间和网络游戏中，影响其健康成长。

第三，思想政治教育新的主客体关系。与传统意义的单子式的主体性高校思想政治教育视教育者为主体、受教育者为客体不同，信息交往实践视域下的主体间性高校思想政治教育把受教育者看成是与教育者一样平等的主体，是主体—主体的关系。[②] 网络环境中的思想政治教育主客体不是主客二分基础上的主体征服、客体构造，而是自我主体与对象主体的交互活动，是一种主体间的交互关系。尤其在网络自媒体环境下，教育客体的角色转变为互动主体，交互式传播和去中心化对话为主体间性思想政治教育生成提供交往的实践基础。网络环境下虚拟交往与现实交往交织的高校思想政治教育主体往

① 吕巧平：《媒介化生存：中国青年媒体素质研究》，中国传媒大学出版社 2007 年版，第 21 页。

② 张耀灿：《思想政治教育学前沿》，人民出版社 2006 年版，第 374 页。

往不具有特定的身份，甚至不被称为教育者，他们自身具有非主体性特点，他们在教育过程中往往不进行说服，而是提供选择和引导，并且教育主客体之间的地位也是平等的。网络环境下高校思想政治教育客体即受教育者在教育活动中的主动性多于被动性，常常不是被动接受信息，而是主动寻找、选择和创造信息，他们经常反转而发挥教育主体作用，喜欢交流和发布信息，以自身的言行影响他人，具有虚拟性、个体性、自主性和参与性特点，从某种意义上讲，他们又是另一种意义的教育主体。此外，教育者或教育主体也在特定场合发挥其客体性作用，利用信息网络寻找自身需要的知识与信息，理解并接受有关的理论与观点，从而成为教育的客体。由此可见，网络思想政治教育主客体之间是一种主体间性的互动关系，并且呈现出主体客体化、客体主体化的特征与趋势。

第四，思想政治教育新环境。思想政治教育环境是思想政治教育系统中的重要条件。思想政治教育是在一定的环境中形成的，受教育者的外化也要在一定的环境中体现，包括自然环境、社会环境、精神环境和网络环境。在本章中更强调思想政治教育的网络环境。马克思主义认为，社会存在决定社会意识，“观念的东西不外是移入人的头脑并在人的头脑中改造过的物质的东西而已”①。思想政治教育必然受到外部客观环境的影响，人们的观念、观点和概念，一句话，人们的意识，随着人们的生活条件、人们的社会关系、人们的社会存在的改变而改变。与以往高校思想政治教育环境的更易感知性和现实性不同，在信息容量大、信息资源共享度高，信息传播速度快、信息传播超越时空，信息沟通互动性、信息沟通即时性强等网络环境影响下，高校思想政治教育环境呈现新的特征，表现为共享度高、互动性强、容量大、变迁频繁的特征。人们在环境中形成思想和观念，但是这种意识并非一成不变，它会随着环境的变化而变化。另外，人的意识具有一定的能动性，人不但能够认识环境，在一定程度上还能够改变环境。影响高校思想政治教育的新环境既包括高校校园的网络信息环境，也包括校外社会的网络信息环境，最常见的当数微博、微信、抖音、快手、QQ 等，它们使高校思想政治教育内容形态从平面化走向立体化、从静态变为动态、从现实时空趋向超时空。高校

---

① 《马克思恩格斯选集》第 2 卷，人民出版社 1995 年版，第 112 页。

要加强对校园各类思想文化阵地的规范管理，加强校园网络安全管理，营造风清气正的网络环境。无论是高校思想政治教育者还是受教育者，都应该具有自主意识，把网络信息环境当作自我生存和发展的重要条件，自主选择、自我辨别、自我认知、自我取舍，在复杂多变的网络环境中排除不利的环境影响，选择最能够优化思想政治教育的环境，创造良好的思想政治教育舆论氛围。因此，在网络环境及网络技术的影响下，我们需要继承和发扬传统高校思想政治教育的优势，不断地整合网络信息技术资源和以往思想政治教育的经验，推动高校网络思想政治教育创新发展。

## 二、自媒体视域下高校网络思想政治教育面临的机遇与挑战

### （一）大学生主体意识的强化与分化

第一，网络自媒体强化了大学生的主体意识。自媒体依托移动互联网技术，伴随着网络的发展而迅速成长，这与我国社会“新意见阶层”的兴起暗中契合。我国社会取得的长足进步，必然使得普通民众尤其是大学生群体权利意识、监督意识、公民意识的增强，自媒体的低门槛准入、监督的真空、快捷简便的操作手段，天然地迎合了草根阶层发声的需要。自媒体从产生伊始就代表了整个社会话语权的下移，因此，自媒体兴起在一定程度上象征着原有传播模式的调整，它们重塑思想中心，为网民设置议程，引导着舆论走向，在某些领域拥有着超过传统媒体的影响力。自媒体由草根阶层助推，更代表着新媒体时代多元化的传播主体，是多元的社会在传播领域的投射，它依赖于自身的天然优势，通过自主化的传播，影响力日益增加，而这一过程中，大学生发挥了积极的作用。大学生对新兴事物充满好奇，善于运用自媒体表达自己的观点，自媒体让大学生意见的抒发不再是小范围内的自娱自乐，通过巨大的网络交织让大学生群体中诞生意见领袖成为可能，这些大学生意见领袖拥有了相当范围的话语权和影响力，从而将自身视为独立的社会个体，以自主自觉的态度审视自己和社会的关系，认识自己的主人翁地位。自媒体的发展满足了大学生对社会的探索，凸显了大学生的主体地位，这是对大学生的主体意识的强化。

第二，网络自媒体对大学生主体价值的分化。西方国家善于利用新媒体技术对我国进行舆论战，西方大国借助各种媒体肆意炒作、攻击和诽谤，影

响和损坏我国在国际社会中的声誉，并对发展中国家进行思想、文化渗透，传播所谓的西式“文明”。自媒体成为西方敌对势力的舆论战场，大学生成了他们腐蚀的重要目标，一些西方媒体打着追求自由、民主的旗号对历史进行片面、歪曲的解读，大学生极易被误导和利用。由于高校大学生的世界观、人生观、价值观尚处于构建阶段，对各方面信息还缺乏正确的判断，如果长期接触互联网上的不良信息，很容易受到网络上“西化”思想的冲击和影响，从而导致大学生民族观念和爱国主义思想观念的淡薄。在网络环境治理中，要高度重视大学生受西方国家影响而产生的思想意识、价值观念、行为准则的“西化”和异化问题。自媒体的发展使境内外反动势力异常活跃，他们利用自媒体的信息传播优势极力地对我国高校进行反动言论的渗透，对高校大学生的“心理防线”进行着不断的攻击和打压，更有甚者，一些破坏分子直接攻击高校网站，大张旗鼓地宣扬与社会主义核心价值观相反的言论。西方国家对我国实行的西化和分化，冲击着社会主义的思想阵地。从过去拉拢腐蚀所谓的高层“精英”，扩展到如今利用传统媒体与新兴媒体的交互影响进行覆盖式宣传，在大学生群体中培植代理人、“异见分子”和“意见领袖”，他们所宣扬的思想与我国的主流价值体系和社会主义核心价值观相背离，使得大学生面临着价值选择的无所适从和精神世界的无可皈依，这即是大学生主体意识的分化。

网络安全的形势异常险峻，这一切“渗透、攻击和打压”严重冲击着高校思想政治教育健康发展的步伐，对传统的信息传播内容及其传播方式，特别是对马克思主义的传播、发展和社会主义思想文化阵地的建设构成了严峻挑战。

### （二）对思想政治教育权威内容、教育形式的拓展与冲击

第一，对思想政治教育权威内容的拓展与冲击。高校传统的思想政治教育是根据教育目标传授马克思主义基本理论和马克思主义中国化的理论成果，传播的内容符合主流意识形态、符合社会主义核心价值观，具有较强的权威性。网络自媒体平台可以在更广范围内更大程度、更为自由地传播、分享信息，成为社会沟通交流的重要渠道，其多元自由的表达内容也是对思想政治教育权威内容的补充和拓展。但是，网络自媒体平台传播内容的质量良莠不齐，比如自媒体平台缺乏严格的审核，导致信息真伪难辩。另外，多元、自

发和“零门槛”也让一些网络自媒体传播内容的权威性和公正性受到普遍质疑。在纷繁复杂的信息流中，良莠不齐、泥沙俱下的信息大量存在，对错、美丑、善恶、真假信息掺杂交织，多种思想意识相互角逐。为了迎合部分网民的低级文化趣味，规避政治风险，自媒体传播陷入了娱乐化、低俗化、媚俗化的泥潭，用一些模棱两可的话语来引导大众、混淆视听，主流话语体系被弱化，严肃正统的议题被敬而远之。

此外，网络传播的内容以碎片化为主，比如深受学生喜爱的微博的篇幅不超过 140 字。碎片化的表达一方面可以帮助人们充分利用碎片时间，很好地适应快节奏的现代生活，但是另一方面碎片化的表达呈现的是对信息分散化的理解，甚至是片面的解读，不利于大学生系统性思维的养成。而思想政治教育是“对其成员施加有目的、有计划、有组织的影响”①，对系统性和规范化有着内在的要求，只有经过了一定程序，系统性的教育教学资源才能对大学生施加特定的影响，才能起到凝聚人心、形成和谐一致的思维体系的作用，而这样的要求仅仅依赖于网络自发传播的内容显然无法达到。在缺少监管的环境下，野蛮生长的网络平台传播的内容存在大量碎片化甚至负面的信息，加之裂变式的传播方式，容易使大学生出现认知偏差，影响健康思维方式的形成，这是对传统思想政治教育一元化内容的冲击和消蚀。

第二，对思想政治教育方式方法的拓展与冲击。网络自媒体让传播具有亲临视角，用户往往能在第一时间对现场进行播报，它所具有的时效性是传统媒体无法比拟的，数字化技术为网络媒体提供了强大的技术支撑，使传播形式更加生动活泼，让图文结合、视听结合成为可能，增强了信息传播的感染力。网络媒体所具有的信息优势也成了思想政治教育的有利条件。传统的思想政治教育往往以面对面、我讲你听的模式为主，其实效性也常常受到诟病，让网络媒体参与其中是增强思想政治教育的实效性，顺应社会发展的需要。网络媒体对身份信息的淡化摆脱了面对面的局促和压力，微信、微博的使用让教育者更容易了解大学生的真实困惑，灵活的网络话语体系更容易拉近师生距离，无形中增加了思想政治教育的实效性和感染力；网络媒体所具有的优势让思想政治教育能够超越时空进行，承载近乎无限的信息量，慕课

① 陈万柏、张耀灿：《思想政治教育学原理》，高等教育出版社 2007 年版，第 4 页。

等教学中运用的手机 APP 被很多高校争相使用，思想政治教育的内容得到拓展，形式更加多样。

互联网时代的典型特征是“去中心化”和“交互性”。“去中心化”主张个人就是传播的中心，充分地体现了传播过程的自主化倾向，“交互性”是在网络环境下实时互动成为可能，变单线传播为多点传播。传播的“交互性”和“去中心化”的特质突破了教育的传统模式，传统的教育主体和客体的地位变得模糊，大学生所掌握的信息更及时、更全面，大学生可以自成中心。大学生不再满足于过去教育者正襟危坐的知识传授，而是要求在更加宽松的、多样化的自媒体环境中，与教育者共享信息，平等交流。自媒体将学生置于更加平等的地位，这样就缓解了传统的主客体对立矛盾，契合了思想政治教育的内在规律，迎合了思想政治教育的主体间性的发展要求。

网络平台及新媒体技术以信息资源的海量性、传播技术的数字化、传受双方的互动性、传播方式的多样化与个性化的特点，迅速被社会大众所接受和广泛使用，网络传播的方法也更具多样性，满足大多数大学生的学习需求，更容易被大学生接受，对高校传统思想政治教育方式和方法形成了一定的冲击。

**（三）对大学生身心成长的正面作用与负面影响**

第一，有助于帮助大学生增长见识，扩大知识面，搭建朋辈群体自我教育的平台。知识的获取来源于外界信息和内部消化，而海量的网络信息决定了大学生吸收信息的广度，有利于大学生增长见识和扩大知识面。朋辈群体，是由那些在年龄、兴趣爱好、家庭背景、人生理想等方面比较接近的人们所自发结成的社会群体。① 美国社会心理学家 M. 米德认为，在现代社会中，尤其是青少年期，朋辈群体的影响甚至有可能超过父母和老师的影响，对大学生而言，朋辈群体在他们所有的社会关系中占有不可替代的地位。通常大学生所接受的思想政治教育都是按照父母或者老师公认的社会规范和价值标准进行的，并没有注意到大学生群体的主体性，一味地追求空洞、乏味的正面教育，反而会使大学生产生逆反和抵触心理，相反，朋辈之间的交流就不会产生这种现象。在微博上，朋辈群体进行交流通常会产生共鸣，并且容易受

① 胡明辉：《微博：大学生思想政治工作的新载体》，《现代教育科学》2011 年第 9 期。

朋辈群体成员的相互影响。因此，有影响的教师就可以通过自己的微博吸引学生围观，相互关注，通过微博将想要传达的信息通过“润物细无声”的方式传递给学生，也可以对大学生朋辈群体中的“意见领袖”或者核心人物进行教育引导，使其在朋辈群体中产生扩散式的积极教育效果。这比单纯的说教更容易让学生接受，使学生在朋辈群体潜移默化的作用下实现自我教育。

第二，对大学生的人格塑造、心理健康和价值观形成挑战。许多大学生因为沉迷网络而患上网络综合征。症状包括抑郁、失眠、精力不集中、精神分裂等。过度的网上情感交流会使大学生对网络情感体验产生依赖性，他们通常会将真实的情感埋藏，只在虚拟的空间里进行交流，很难真正认识自我价值，混淆了现实交往和网络交往的界限，甚至会使大学生逃避现实生活和学习，容易淡化自己的人际关系交往，削弱个人的集体归属感，削弱大学生的自制力和课堂学习能力，最终会导致内心冷漠、行为孤僻等心理问题。心理上出现了问题，心理上丧失了自我，很容易会导致大学生丧失正确的人生态度和信仰，对现实社会生活产生消极悲观情绪，导致大学生的心理不健全，影响大学生的全面发展。此外，来自西方资产阶级的人生观、价值观、道德观的侵蚀也会导致我国大学生形成偏激甚至错误的世界观、人生观、价值观及道德观，对他们的健康成长产生不利的影响。西方大国充分利用其信息传播的先进技术，极力宣扬自身“优越”的意识形态、政治制度、文化思想，对广大发展中国家特别是社会主义国家的青年产生的不利影响甚大。

**（四）高校思想政治教育的管理增效与权威削弱并存**

第一，高校思想政治教育管理信息化、数据化。在网络技术的支持下，可将大学生的教育培养、成长追踪、发展与考核等相关材料汇总形成一份完整的数字化信息并保存。与传统的纸质保存方法相比较，以信息化形成保存资料的方法既方便随时查阅、调用和汇总资料，又有节约实体纸质档案保存空间和减少成本的优势。大学生思想政治教育工作中所涉及的制度文件、学习交流、专题活动、会议记录等的材料还可以通过文本、图书、视频等多种形式传入各类智能系统，从而极大地方便了学生工作档案的分类整理。此外，在大数据时代，技术和教育活动相互影响、协同发展，极大地重塑着思想政治教育的元素、要素。高校思想政治教育工作者借大数据技术全面掌握教育过程中各要素的情况，能够作出综合性、立体化的教育决策，通过数据挖掘深入探查教育对象思想政治观念的状态，并能够预测学生思想的未来发展趋势。

但是，由于网络环境下受教育者之间的交流具有隐蔽性，信息传播具有虚拟性，思想政治教育工作者在掌握受教育者思想情况时面临不小的难题，不利于做出正确的思想政治教育决策。这要求教育者能够及时、快速、准确地掌握教育的实情，透析问题的本质，经过去伪存真、去粗取精、由此及彼、由表及里的加工过程，杜绝“报喜不报忧”的思想，客观真实地反映事实真相，让思想政治教育充满活力。总之，思想政治教育需要跟随时代的步伐，整合思想政治教育的方法，形成信息化、立体式、双向互动的思想政治教育模式。

第二，网络冲击思想政治教育工作者的主导地位，削弱了传统思想政治教育的效果。传统的思想政治教育主要是通过课堂教学、党日活动、主题班会等方式来完成的，这些方法的特点就是可控性和针对性比较强，有预见性，主动权掌握在教师手中，思政教育工作者可以有意识地选择合适的教学素材对教育对象进行持续的、有针对性的教育。然而，各类网络平台强调个体意识，冲击了思政教育工作者的主导地位，淡化了思政教育工作者的话语权和大学生群体的集体观念。大学生通过网络获得信息的速度和数量大大超出教育工作者的可控范围，负面新闻和垃圾信息不能被有效过滤，因此，教育工作者就不能有针对性地开展工作，削弱了传统思想政治教育的效果。网络时代的思政教育方式也不再局限于面对面的讲授，知识不再仅源于教师的传授，师生同处于网络新媒体的信息获取起跑线。能不能、会不会通过网络进行自主学习和平等交流，对网络热点的把握程度，对网络话语体系的习得情况，决定了教师能不能和大学生处于同等的交流维度，也影响了思想政治教育的效果。与之对应，我们原有的教育模式已经大大落后于信息急剧膨胀的时代，要树立和稳固思想政治教育的权威，需要我们不断研究网络新媒体时代可能出现的新情况、新问题，积极探索网络时代高校思想政治教育的实现路径。

# 第二节　微媒体场域下高校网络思想政治教育话语转化与创新

在智能时代，网络微媒体的发展更加迅速，进入了以微信、微博、QQ和短视频（如抖音和快手）等为主要载体的微媒体时代，信息篇幅短小微化、传播更快捷、覆盖面更广、更新速度更快。网络微媒体与各类网络话语改变了人们的认知方式、思维模式与行为方式，使人们深刻体会到网络生活的便捷与高效，微媒体平台也深刻地改变了思想政治教育的过程机理与教育效果。网络多元主体平等交流的话语方式逐步渗透到现实生活中来，传统思想政治教育的话语主导权极大地被解构，思想政治教育话语的传播新格局逐渐形成，尤其是思想政治教育话语在网络社会的主导力量正在蓬勃兴起。我国思想政治教育已不再局限于传统的教育模式，而是转化为充分利用网络技术及微媒体平台创新思想政治教育方式，力争积极主动掌握网络社会的思想话语权、主导权。

## 一、微媒体场域下高校网络思想政治教育话语的内涵和特征

### （一）微媒体场域下高校网络思想政治教育话语的内涵

网络技术、移动通信技术的蓬勃发展催生了更多的微媒体，而移动网络的发展壮大加快了各种微媒体传播的步伐。“微时代”除了拥有书籍、杂志、报纸等传统媒介的综合优点，还能以短小精练的形式最大范围、最方便快捷、最省钱省力地传播各类信息。运用音频、视频、文字、图像等手段“交互式”地进行网络传播，这种传播既不同于“点对点”的人际传播，也区别于“点对面”的大众传播。从传播过程来看，微媒体的主要特征有内容碎片化、传播瞬时性、终端“迷你性”、主体大众化、信息海量化、交流隐蔽性、沟通交互性等。“微时代”的主要代表有大众所熟知的微博、微信、短视频等传播载体，而本文立足开创微媒体场域的微博和处于鼎盛时期的微信，以其为主要研究对象，试图探讨这两种微媒体对高校大学生思想政治教育话语的影响。

话语是人们之间相互沟通、表达思想的言语方式。思想政治教育话语既要汲取教育学领域话语的内容，又要汲取马克思主义理论学科话语的内容。邱仁富博士认为，思想政治教育话语是指在一定社会主导意识形态支配下，遵循一定的语言规范、规则和规律，并在特定的话语语境里，思想政治教育活动过程中的教育者和受教育者用来交往、宣传、灌输、说服，以及描述、解释、评价、建构思想政治教育内容和主体间思想观念、价值取向和行为表征的言语符号系统。思想政治教育话语既要传承一般教育话语的内涵，肩负起一般性的传播使命，又要吸取一定社会的主导意识形态话语的内涵，肩负其特殊的灌输使命。[①] 可见，思想政治教育话语不仅仅是语言符号系统，它本身就蕴含着思想政治、道德品质和价值观念等深层次内涵，话语理念、话语内容、话语表达方式、话语语境和话语平台等是其不可或缺的内在要素。

网络话语是人在网络空间相互交流的符号信息系统，是人在网络空间的社会交流语言。随着网络信息时代的不断发展，思想政治教育话语向微观领域的转化是理论发展的趋势。思想政治教育话语微观领域就是思想政治教育话语在网络世界、人们的内心世界的开展。我国传统思想政治教育严肃呆板、叙事宏大的话语体系已经不能充分适应当前的发展，在微观领域，思想政治教育话语的影响力已经越来越薄弱。网络世界是思想政治教育话语重要的创新源泉，特别是网络微时代的到来，传播瞬时性、内容碎片化、终端“迷你性”、主体大众化、信息海量化、交流隐蔽性、沟通交互性等，重塑了原有的交流方式，不断衍生新的话语，然而这些不受社会道德的限制，人们可以自由发表对事物的评价，甚至不受约束地表达自己的情绪，这在现实世界中是无法做到的，思想政治教育话语空间不断受到挤压，逐渐丧失了吸引力和影响力。网络思想政治教育话语是基于思想政治教育而进行的内容构建，是思想政治教育话语的重要分支，是在网络话语环境中的思想政治教育主体通过交往、宣传、灌输、说服等思想政治教育方式描述、评价思想价值观念和社会行为的具体的语言符号。

### （二）微媒体场域下高校网络思想政治教育话语的特征

微媒体重塑着思想政治教育话语的生成与表达，在话语内容、话语生态、

---

① 邱仁富：《思想政治教育话语理论探要》，博士学位论文，上海大学，2009 年。

话语教育传播上呈现鲜明的特征。厘清这些新特征和新要求，才能为积极应对微媒体对思想政治教育话语的影响奠定基础。

第一，话语内容碎片化、微叙事式。传统思想政治教育是以宏大叙事为主要结构的话语体系，具有较高的系统性、理论性和抽象性。但是随着网络媒体技术的发展，微媒体信息传播呈现的内容短小精悍、发布门槛低、覆盖面广、传播迅速和微小叙事式的特点，满足了读者个性化的需求，但也加剧了网络信息内容的碎片化。在泛信息化时代下，这种快速思维模式容易形成一种偏向，即“以片段取代整体、以离散取代系统、以扁平取代立体、以具象取代抽象”，使系统整体、理性深刻的思想政治教育内容被削弱。① 网络思想政治教育为满足在微媒体上的信息传播，既能有效承载主流意识形态的重要内容、核心观点，又要顺应信息内容碎片化的特点，呈现出微叙事式的话语内容，把宏大叙事转变成微小叙事，将教育内容高度浓缩成“干货”，避免网络思想政治教育话语内容繁杂零散，缺乏逻辑性和整体性，能以准确生动、短小精悍、鲜活直接的大众话语赢得受众。

第二，话语生态多样化、包容化。网络时代的到来使得人们进入一个地球村，以图文和短视频形式进行信息传播的微博、抖音、B站等自媒体平台，已逐步渗透到民众生活当中。首先，微媒体促进话语多样化发展。微媒体让大众得到最广泛的选择，人们在简短的文字、多彩的图片、多维的视频等内容里拥有相对独立的话语表达权以及相对自由的话语创作权，追寻自己的兴趣爱好，涉猎多种多样的领域，接受社会的各类教育和熏陶，创作出更多的话语表达内容。其次，微媒体凸显用户话语形式的个性化。大众在使用微博时释放现实社会中约束着的自我，可以表达内心深处的话语和个性。除了微博，还可以是现实生活中的朋友圈，也可以是以关注话题为中心的微群体，不同阶层、不同群体会生成不同的话语思维及话语运作体系，人们可以在不同的群体中自由切换，多样性思想文化在网络空间中的交互融合频率加快，满足个体对不同环境的需求。在网络场域下，受教育主体借助短视频、表情包、图片、网络热词等图像化、可视化的微媒体表达方式发表观点、释放情

① 罗仲尤、刘玉立：《网络空间视域下思想政治教育话语创新探析》，《马克思主义理论学科研究》2022年第8期。

绪，还可以通过评论、私信、弹幕等方式形成在线交互对话，使得传统思想政治教育所形成的“语境严肃、逻辑严谨”的社会主流话语生态被淡化。但是微媒体使得高校思想政治教育话语内容不只有意识形态话语，还有日常生活中的大众话语以及网络话语。伴随着微媒体的发展，社会中涌现出越来越多的青年特有的网络流行话语，这些网络流行话语来源于青年生活的世界，在一定程度上折射出他们的价值取向，其有效话语成分的介入也使得高校思想政治教育话语更加富有生气，更加包容多元。

第三，教育话语生活化。思想政治教育来源于生活，是对人们生活方式的反映。正如陶行知先生提出的，教育只有放在生活中，才能迸发出潜能，形成真正的教育。互联网不仅给人们的生产方式带来深刻的变革，也对人们的生活方式产生巨大的影响。网络思想政治教育生活化指的是在互联网环境中，思想政治教育话语要结合人们的生活需求，贴近生活、贴近实际，从人们的生活中寻找创新的源泉。简而言之，思想政治教育必须要融入人们生活，让人们内心真正接受，而不是纯粹的理论灌输。新时代网络思想政治教育的新使命促使思想政治教育呈现生活化趋势，思想政治教育话语、教育方式将逐步生活化，应深化网络思想政治教育话语内容供给侧结构性改革，打造生活化网络思想政治教育新载体。逐步推动网络思想政治教育话语内容生活化变革，提高思想政治教育话语实效性。传统的思想政治教育话语是以政治话语为主，进入新时代，人们已经对网络产生了强烈的依赖，更倾向于借助微媒体的流行网络话语来实现自身的表达权、话语权。网络空间“去中心化”传播格局，更倾向于平等双向的生活式对话，思想政治教育者以满足人民日益增长的美好生活需要为宗旨，着力推进政治话语向生活话语转变，将理论话语转化为故事话语以吸引民众注意力，形成生动活泼的话语场域。

## 二、微媒体场域下高校网络思想政治教育话语面临的主要挑战

随着信息网络的逐步覆盖，网络扩大了民众话语空间，但思想政治教育话语体系将不可避免地受到一定的挑战，主要产生两大矛盾：一是网络信息内容的无限性与思想政治教育话语体系内容的有限性之间的矛盾。网络信息含量大，而网络思想政治教育话语体系以宣传主流意识形态为主要任务，其内容是有限的。二是网络信息获取随意性与思想政治教育话语体系形式的固

定性之间的矛盾。网络信息空间的虚拟性使得人们获取信息的方式都是隐蔽的，人们可以随意地获取和接受非主流价值观信息，并对其产生认同或怀疑。而思想政治教育话语体系在表达和传播过程中有相对固定的话语范式。网络虚拟世界为身份隐秘的网民传播各类信息创造了便捷条件，但也可能导致网络信息传播者对自己所传播的网络话语信息应承担的责任难以被追究，这一特性在网络思想政治教育话语中尤为凸显，“被符号化了的现实主体在虚拟世界任意变化角色、性别、内容、身份等，使得网络思想政治教育话语难以捉摸”①。特别是网络微环境的变化引发了网络思想政治教育新问题，如近几年兴起的“微传播”与融媒体传播。网络思想政治教育话语内容应积极融入信息化因素，充分利用信息化新平台、新渠道来进行话语交往，提高思想政治教育的实效性。

**（一）智能化推送窄化网络思想政治教育的话语空间**

虽然一方面互联网打破了时间、空间的限制，丰富了高校思想政治教育的话语内容，但另一方面，交往形式的网络化又会带来消极的影响，压缩了网络思想政治教育的话语空间，窄化了高校思想政治教育的话语内容，尤其需要关注对网络思想政治教育话语权产生严重负面影响的“信息茧房”效应。大数据等人工智能技术与自媒体技术在融媒体中被广泛应用，网络平台根据用户浏览记录、状态更新、兴趣偏好、社交网络图等进行智能化深度分析，极其容易自动过滤掉用户“不感兴趣”的网络信息，利用算法推荐技术进行精准的信息“喂食”，以此取悦受众，为用户打造专属版的信息世界，如微博、抖音、今日头条、百度等互联网热门应用都存在类似的问题。而且在网络场域中，大数据根据人们对信息的需求以及交往关系的亲疏远近，往往将其标签化聚类，形成所谓的“趣缘群体”“饭圈”等，从而形成圈群的相对封闭性和信息接受认同的盲从性。然而，值得深思的是，此技术将在一定程度上对大学生形成“信息茧房”效应。算法主导的个性化推送不断固化其原有偏好，大学生用户仅仅关注能使自己获得愉悦感的，或者过度娱乐化甚至低俗浮夸的各类资讯，致使信息接收面变窄，资讯获取渠道单一，不知不觉陷入算法推荐技术所构造的“信息茧房”的泥沼中，导致思想政治教育工作对

① 邱仁富：《思想政治教育话语论》，上海交通大学出版社 2013 年版，第 138 页。

象视野狭窄，极大地降低了大学生对政治类新闻、主流舆论的关注，弱化了他们的公共意识与价值观，造成以马克思主义为指导的思想政治教育话语窄化，导致了社会舆论场与主流舆论场的相互割裂。因此，如何协调微媒体对思想政治教育话语内容的精准推送与消除“信息茧房”效应是思想政治教育工作需要探讨的重点议题。

**（二）自媒体话语权泛化削减思想政治教育的话语权威**

“微时代”的话语表达更加民主化、开放化、自由化，是网络大众话语的狂欢时代，“人人都是自媒体”，话语主体的扩展对思想政治教育的权威性提出了严峻的挑战。主流传统媒体与自媒体在融合的过程中，不可避免地存在传播格局的分化重组，致使自媒体平台优势强化、主流媒体影响弱化。具体而言，一是在“去中心化”的传播语境中，话语发声混乱引发主体身份模糊，思想政治教育话语说服力受到影响。社交媒体（如自媒体）构建的社交舆论场，其议题为“去中心化”的、开放式的议题，多主体以虚拟化身份参与，民众表达更自由，裂变式快速传播容易削弱主流媒体在新闻报道、议题设置上对主流价值观传播、新闻舆论的有效监督与引导，如网络直播与弹幕就是一种网络时代新型的交互模式。二是话语权泛化、多样化内容供给容易淡化思想政治教育话语权威。基于自媒体平台的众包新闻、草根新闻、公民记者的兴起，传统媒体的思想政治话语内容生产在供给量、鲜活度和生动性等方面都极大地丧失了原来的垄断优势。传统主流媒体在信息推送与内容生产两个层面遭遇强势挑战，其网络引领影响力弱化，而主流媒体是我国思想政治教育工作的主要载体。三是“眼球经济”“流量至上”容易导致公共舆论危机，削弱思想政治教育话语权威。社交媒体获得点击率与流量是其在市场竞争中的首要考虑因素。社交媒体“算法＋资讯”和“社交＋资讯”的模式，比传统主流媒体相对狭窄的单一资讯定位，更加具有吸引力，更能增加用户黏性，在用户规模和广告份额方面迅速建立了绝对的竞争优势。在突发性事件发生时，权威主流媒体未能及时公布或者完全解释事件的来龙去脉，社交媒体中非理性言论、负面言论等容易演化为谣言，而集群性社会焦虑会在极短时间内发酵，导致公共舆论危机，增加思想政治教育工作的难度。因而，网络环境下，在官方与民间话语权博弈过程中，主流媒体如何及时充分发挥舆论引导作用，消除传统的思想政治教育话语权在网络社会失效，导致话语本身功能和权威逐步丧失的负面影响，将是新时代强化网络思想政治教育的必选题。

**（三）网络多元化思想的渗透、冲突弱化思想政治教育话语的导向作用**

全球化话语的走向决定了思想政治教育话语导向性的弱化。受到多元化思想的渗透和冲突影响，思想政治教育一直在信息全球化的过程中以及与世界民族文化的融合中寻求中国特色、中华风格、中国气派。但在这些易于产生意识形态交锋话题的网络社区，思想政治教育却存在着网络思想政治工作者人数不足而导致的教育主体缺失的问题，使得思想政治工作者对信息源的掌控显得力不从心。由于信息传播的无障碍性，跨国界的社会文化交流和思想融合日益增多，内容也日益繁杂，“百花齐放、百家争鸣”的思想画面就是对这一时期最为充分的体现。网络信息时代加速了不同意识形态的相互接触，各种社会思潮都在借助网络扩大自己的影响力。在网络发达的现代社会，思想政治教育不免处于弱势地位，民族主义、自由主义、个人主义、民主社会主义等社会思潮在不断地瓦解思想政治教育话语体系。思想政治教育话语体系大都是宏观上的理论，而微信息却是虚拟的微观世界，用宏观的话语规范来引导微观的言语行为，改变在微媒介中逐渐形成的网络话语体系，很难引起大学生的共鸣，阻碍思想政治教育话语的发展。在虚拟的网络社会，话语表达的真实性不断降低，各种蛊惑人心的谣言和流言蜂拥而至，西方话语的霸权主义也乘虚而入，逐步挤压思想政治教育话语的发展空间，甚至思想政治教育话语会出现“失语”的状态。此外，思想政治教育者本应是话语权的主导者和掌握者，但网络社会却要求人人平等，微媒介更是提倡人人都是自媒体，两者在网络社会中易引起矛盾和冲突。

**（四）网络话语流行凸显思想政治教育话语转化程度不足**

新媒体时代下，微博、微信等网络客户端的传播话语，既有书面语言又有口头语言，既有技术语言又有人文语言，既有网络流行语言又有符号语言，通过多样化的表达方式呈现新闻内容，调动人的各种感官，捕捉民众的内心，从而让民众更好地理解信息内容，产生共鸣，引导他们参与话题。网络话语是以轻松、幽默、贴近生活的反权威性语言受到受教育者的欢迎。传统的思想政治教育一般通过召开会议、下发文件和书籍等形式进行，缺乏趣味性，甚至部分话语内容晦涩难懂，内容难以让受教育者接受。摆在高校思想政治教育者面前的难题是：如何在网络语言与思想政治教育话语等多种话语之间进行灵活自如的切换，不固化其话语表达形式，以获得最佳的话语效果，这实际上也就涉及话语转化方面的问题。传统的思想政治教育话语内容难以适应利益多元化的需求，也难以满足新时代思想政治教育与网络时代的迫切需要，话语形式固化严重弱化了思想政治教育的实效性与时效性。“政治话语的表达方式过于程序化、简单化、说教化。长期以来，我们的政治话语很多都是以党和国家的政策文件或者马克思主义经典著作解读的方式出现，注重说教、强调‘宏大叙事’和崇高信念，用理想化语言去描绘未来，却较少关注当下和现实，一味地强调‘崇高’‘理想’，使得政治话语失去了应该具有的人文关怀，变得冰冷且令人感到有距离感，政治话语的这种‘宏大叙事’的方式往往难以引起大众的共鸣。”① 传统高校思想政治教育的话语体系往往具有严肃性、规范性和谨慎的特点，导致部分教师的话语表述较为生硬，未能跟上当下的传播节奏和传播方式，不会使用大学生熟悉的文化语境，不能主动利用网络语言和符号与大学生进行交流沟通，字里行间透露着传统的说教式的教育，不但不能起到说教的作用，甚至会引起部分学生的反感情绪。“思想政治教育话语失去了描述、表达、输送、转译的功能，主体间无法交往，或交往难以取得预期效果。”② 如此发展下去，势必会影响高校思想政治教育话语的实效性，甚至造成“话语主体性”的缺失。因此，要注意教材话语和教学话语之间、现实话语和网络话语之间的转化表达、输送、转译，使传统思想政治教育在长期实践过程中形成的政治话语与时俱进。

## 三、微媒体场域下高校网络思想政治教育话语转化与创新途径

当前，要切实提升网络思想政治教育话语权，我们就要将党和国家对思想政治工作的要求融入网络思想政治教育之中。牢牢掌握网络思想政治教育话语权，需要坚定网络思想政治教育话语权的政治方向，坚持马克思主义的指导地位，始终坚持贯彻落实习近平新时代中国特色社会主义思想，促进网络思想政治教育话语的转化和创新。思想政治教育话语的创新还必须回归生

① 胡春阳：《话语整合与马克思主义意识形态主导地位的巩固》，《理论探索》2014 年第 1 期。
② 邱仁富：《思想政治教育话语论》，上海交通大学出版社 2013 年版，第 142 页。

活和现实，微博和微信在大学生参与人数上具有绝对优势，思想政治教育话语载体的新建和转移势在必行。立足大学生作为微博和微信的忠实粉丝这一实际，思想政治教育话语创新可以在微平台上一展身手，利用微媒体的即时性、裂变式传播特点，使其成为宣传马克思主义和中国特色社会主义理论体系、社会主义核心价值观、中国形象、高校政策、社会热点的重要载体，实现思想政治教育话语从现实世界到虚拟世界的延伸。

### （一）牢牢掌握互联网“微空间”话语权，加强优质内容供给

随着移动互联网技术的迅猛发展，以智能手机作为移动接收终端的微小说、微电影、微视频等“微产品”已成为当下流行的文化现象之一。而发布“微产品”的微信平台、微博平台、QQ空间、社区论坛等“微空间”则成为当代特有的思想文化场域。互联网“微空间”的形成，使思想文化信息传播呈现出了许多新特征，如即时性、交互性、裂变性，以及微观化、形象化、娱乐化等，对国家主流意识形态的传播和接受产生了较为强烈的冲击。如何加强互联网“微空间”的主流意识形态建设，牢牢掌握互联网“微空间”的话语权，成为互联网时代一项特别重要而紧迫的新任务。[①]

第一，站在党性与人民性相统一的高度，加强互联网“微空间”的话语阵地建设。党性和人民性的统一是我国主流意识形态的本质规定，是主流意识形态话语权建设的根本原则。党是宣传的主导者，党是意识形态的管理者，这是中国共产党经过长时间的摸索而形成的制度及基本原则，是始终坚持党的领导的一个重要方面，必须牢牢坚持，任何时候都不能动摇。党的十九大报告指出：“党政军民学，东西南北中，党是领导一切的。”[②] 始终坚持党对网络思想政治教育工作的领导与管理，是由我党的先进性决定的，同时也是社会发展的必然要求。要始终坚持党管宣传、党管意识形态，切实掌握网络思想政治教育工作的领导权和主动权。始终坚持用党的最新理论成果指导网络思想政治教育工作，坚持以人民为中心，把握正确的政治方向、价值取向、舆论导向；努力践行社会主义核心价值观，加强党的建设，管好舆论导向、

① 赵欢春：《牢牢掌握互联网“微空间”的话语权》，《光明日报》2015年9月9日。

② 习近平：《决胜全面建成小康社会 夺取新时代中国特色社会主义伟大胜利：在中国共产党第十九次全国代表大会上的报告》，人民出版社2017年版，第20页。

管好宣传阵地、管好领导干部，强化对多元化社会意识形态的引领和控制，提升网络思想政治教育话语的传播力、引导力、影响力、公信力，使之形成健康有序的社会环境和舆论氛围。

网络不仅是技术、平台与传播方式的创新，更是思想内容与人文精神的融合。网络及新媒体融合的过程就是让党的先进的思想理论占领所有宣传阵地的过程。互联网“微空间”是当代社会的新兴话语场域，话语生产的平民化、话语内容的碎片化、话语传播的群聚化、话语受众的模糊化改变了传统的话语权力结构，使得意识形态的党性和人民性的统一在某种程度上被遮蔽、被割裂了。当前，在网络话语传播过程中，有人以人民的名义，把平民化和大众化作为评判一切制度、事件或行为的最高准则，催生了强大的网络民粹主义思潮，不少人为其所裹挟；少数新媒体大谈舆论无限自由的“第四权力”，有人大力鼓噪“中性的思想形式”、裹挟“无价值倾向”的价值观，丧失了马克思主义立场、观点和方法，这是需要我们高度警惕与坚决反对的。因而，互联网“微空间”的话语阵地建设要始终坚持党管宣传、党管意识形态、党管媒体的根本原则，坚持党性与人民性相统一，坚持马克思主义一元指导来统领多元舆论；要始终坚持“以人民为中心”，关注广大网民的思想观念变化和精神文化需要，更加及时地发现和回应时代话题，实现传统的意识形态话语体系的转换，尊重网民的知情权、话语权、参与权，彰显网民的主体地位与中心地位；坚持把正确的政治方向贯穿融入网络思想政治教育工作的每一个环节，及时捕捉、甄别、拓展信息，主动地发布权威信息，引领微空间的话语方向并纠正话语偏差，牢牢掌握网络思想政治教育话语权与主动权。同时要注意充分利用多媒体传播手段，进一步强化各个媒介间的融合，让互联网这一新兴媒介与传统广播、电视、报纸等媒介相互交融，以图文并茂、影音结合的方式，使意识形态话语的传播以更符合人民群众喜闻乐见的方式呈现。结合现代网络思想政治教育的成功经验，打造具有魅力的主流意识网络平台，引导和扶持具有影响力的网络平台，让其为我所用，共同发声，引导主流思想舆论。

第二，加强优质内容供给，加快提升思想政治教育话语引导力。传统的思想政治教育话语主题内容过于枯燥，难以激发受众的兴趣。网络思想政治教育话语主体要依靠网络新媒体设计出符合网民兴趣爱好的网络思想政治教育话语主题，满足网民的思想精神渴望和网络心理需求。因此，网络思想政治教育话语主体在设置网络思想政治教育话语主题时，要了解当前网络环境中不同年龄阶段受教育者的不同心理需求和思想动态，加强优质内容供给，在保证网络思想政治教育话语内容的真实性的基础上，增强网络思想政治教育话语内容的针对性，提升思想政治教育话语引导力。

其一是要抓住社会热点话题与议题设置话语内容。社会每天都会产生影响较大、关注度高的新闻事件，并成为人们交流沟通中的热议话题。热议话题关注度高，容易引发受众的兴趣。因此，网络思想政治教育话语主体在设计话语主题的时候应引入热议话题，根据热议话题引出理论知识和意识形态内容，提高思想政治教育内容的实效性。具体而言，话语主体一要做到在重大问题上不缺位、在关键时刻不失语，涉及一些国家大政方针和社会热点话题的时候要勇于发表观点，做好舆论引导工作，在尊重客观事实的前提下预先判断事情发展的结果，先发声、先造势、先表明态度，以实事求是的态度抢先一步，不让任何扭曲事情的言论和行为有可乘之机；二要抓准时机发布网络思想政治教育话语主题，不是在任何时候都可以随意发布话语议程设置的网络思想政治教育主题的，应该在网民们需要、网络舆情紧张或者国家纪念日的时候发布网络思想政治教育话语主题，审时度势，精准把握话语客体的群体性动向，聚焦网络思想政治教育话语客体的关注点和兴奋点，力求事半功倍的网络思想政治教育效果。要善于利用网络语言及时宣传党和国家的大政方针，宣传国家主流意识形态，使发声具有亲和力、亲切感而不是生硬的大话、套话，这可以改变网民们对网络思想政治教育的偏见，从而愿意接受网络思想政治教育传递的正能量。

其二是在优质内容的垂直细分上做文章，深入生活、深入人民，促进话语内容向时代化和生活化转化。网络思想政治教育要切中新时代的脉搏，聚焦社会民生问题，要围绕新时代社会矛盾的变化，来寻找新的话语讨论点，如公共权力、公共安全、公共资源、公共环境、食品安全、教育资源分配等社会问题。网络思想政治教育只有准确把握群众需求的“时代脉搏”，找准人民群众期待的“关键穴位”，积极发动网民主动参与到网络思想政治教育活动中来，才能最终达成社会共识，营造良好的网络生态环境。传统思想政治教育之所以在网络媒介环境下效果甚微，其重要原因是思想政治教育脱离了现实生活，脱离了有效的话语预设，话语内容仍然停留在纯粹的理论说教上。因此，网络思想政治教育话语内容要立足生活，关注生活，理解生活，践行生活。话题内容关注现实生活，即要选择生活中话语客体经常接触的内容，并将生活化的内容进一步加工成为话语主题；话语内容贴近现实生活，即要放弃空泛的模糊话语，充分挖掘容易被网民理解的话语。网络思想政治教育话语不再是抽象的、空洞的、教条的信息传递，而是人文的、丰富的、实践的知识分享。除了话语内容的生活化之外，同时要注意话语表达方式的生活化，避免高高在上，要与青年平等对话，避免思维陈旧保守，要吸收时尚元素，可以适量用深受广大网民喜爱的网络语言表达。

其三，要遵循新闻传播规律和新媒体发展规律，在“准”“新”“微”“快”方面下功夫。重点挖掘原创性、本土化、可视化的宣传内容，深入感知用户，贴近用户关注，增强宣传内容的用户黏度，彻底纠偏“唯市场卖点”“唯流量至上”的宣传误区，使媒体的理性疏导内容对接公众合理诉求，增强舆论导向意识与服务意识，切实发挥网络话语传播最新“好声音”的作用。从话语生活化入手，以话语生动化为传播途径，让话语“接地气”，引起大众情感共鸣，刺激意识形态话语的自我更新，行之有效地将话题、议题、观点结合为多样化、新颖化、大众化的传播语言，真正让网络思想政治教育内容深入网络新媒体时代的话语之中，从而巩固网络思想政治教育在新时代的权威性。任何语言、任何词汇都蕴含着思想与意识，同样的语言和词汇也会随时代的变化而变化。网络语言的特点是新颖、生动、易于传播和接受，因此抛弃对网络语言的偏见，包容和接受优秀的网络词汇，不仅是意识形态话语在表达上的转变，还意味着意识形态话语内在生命的自我更新和创造性。

### （二）有效利用自媒体平台特性，掌握高校思想政治教育话语权

思想政治教育具有政治性，思想政治教育话语同样具有政治性。高校思想政治教育反映意识形态领域的要求，又折射出马克思主义时代化和大众化的任务。“作为一种政治实践的话语，不仅仅是权力实施和斗争的场所，而且也是权力斗争的一个至关重要的方面：话语实践利用了那些孕育了特殊的权力关系和意识形态的习俗，而这些习俗本身，及它们的表达的方式是斗争的

焦点。”[①] 出现种种类似状况，意味着要更加重视高校思想政治教育话语权的掌握。自媒体的多样化空间具有即时性，大大提高了信息传播的时效性。一则信息一经上传，就会以裂变式的速度进行扩散。亿万网民集聚网络空间，其中不乏有政治素质、道德素质低下的网民，不乏有一些违背主流意识形态的话语和肆意扰乱社会秩序的舆论存在，它们同样可以借助自媒体即时性的优势进行广泛传播，产生自媒体话语权泛化现象，进而导致思想政治教育话语空间的离散，相对于原先的“权威空间”，网络场域下思想政治教育空间更呈现出一种博弈的新形态。面对这样的情况，如果高校思想政治教育话语主体不先声夺人，就会削减思想政治教育的话语权威。所以，微媒体时代高校思想政治教育话语主体要有效利用微媒体的即时性掌握话语权。

第一，面对重大网络舆情要先声夺人，掌握话语权。当网络空间产生违背国家意识形态的重大舆论时，高校思想政治教育话语主体要争夺舆论阵地，运用微媒体抢占先机，先发制人、先声夺人，要坚持正确的科学导向、政治导向和价值导向，及时发布权威信息以避免不良舆论混淆视听，从而在时间上赢得话语权的主动地位，排除疑虑、凝聚共识。对于公共突发事件、重大自然灾害等群众关心的问题，及时予以正确解读，回应群众质疑，增加网络思想政治教育引导力。在马克思主义发展史上，面对社会上或党内党外质疑马克思主义的种种声音，马克思和恩格斯总是第一时间发表文章予以驳斥，如面对小资产阶级社会主义者蒲鲁东的改良主义以及一系列错误的价值理论，马克思撰写了《哲学的贫困》对其进行逐一纠正；再比如当李卜克内西未能坚守共产主义的原则而草率地向拉萨尔主义妥协，马克思撰写了《哥达纲领批判》，一针见血地指出了拉萨尔的反动性以及种种机会主义的倾向。恩格斯在面对杜林公开歪曲和诋毁马克思主义时，立即停止手头的任务，在批判杜林主义的同时对马克思主义的主要内容进行了系统的阐述。列宁在面对各种修正主义思潮严重威胁马克思主义的指导地位时，对各种修正主义思潮例如合法马克思主义等进行了批判。葛兰西在实践哲学的基础上提出了“文化领导权”思想，亦“意识形态领导权”。针对西方社会发展走怎样的道路问题，葛兰西认为在与敌对阶级斗争的过程中，工人阶级要想夺取全部权力，第一

① 诺曼·费尔克拉夫：《话语与社会变迁》，殷晓蓉译，华夏出版社 2003 年版，第 62 页。

步就是要在意识形态领域取得领导权，这一过程是在破坏敌对阶级在意识形态方面的领导权，从而确立起工人阶级在这一领域的实际领导权来实现的。可见，马克思主义者屡屡在形势严峻的情形下抢占时机，注重用铿锵有力而又富有洞见的语言掌握话语权，坚决同敌对势力作斗争。所以，马克思主义者在之前就已经意识到掌握话语权的重要性，他们致力于在反驳敌对观点的过程中加强和巩固马克思主义的指导地位。西方意识形态借助新媒体进行渗透使得高校思想政治教育话语语境呈现出复杂性，对此，高校思想政治教育双方都要作出努力积极应对。如今，“键盘侠”一词的兴起也代表了舆论场域的一些新势力，这些“键盘侠”在现实生活中不敢作为，在网络空间中却频频发出一些不负责任的言论，放纵自己的情绪对一些人和事进行极端指责。要培养大学生面对新媒体时的健康而又积极向上的媒介批判能力，对于错误思潮和负面网络信息有明辨能力，同时又能充分利用新媒体的丰富资源促进自我完善。

第二，激发网络社群的情感共鸣与价值认同。提升网络思想政治教育话语权，首先要构建网络思想政治教育话语主体与客体的情感共鸣。网络思想政治教育话语主体要学会释放和接收情感信号。大学生实现网络思想政治教育话语内化是由感性认识到理性认识的过程。网络思想政治教育话语主体在文化体验过程中对于所接触到的文化的反馈，会首先体现在情感共鸣上。具体来说，情感共鸣主要在文化认知和文化感知中表现出来。文化认知的过程主要是进行知识性引导的过程，而文化感知是文化主体本身通过自己的感觉器官主动地接收外部世界刺激从而进行判断、选择的过程。话语主体在文化感知的过程中，需要为其创设隐性文化教育环境，充分调动其自觉能动性，来培育情感，激发共鸣。思想政治教育话语主体需要在情感共鸣之后对共有的情感作出相应的反馈和表达。价值认同是价值主体对客体价值的意识反应，并通过逐步认可而形成共同价值观的过程。价值认同来自对思想政治教育本身价值的认同。既要肯定话语主体作为个体时的文化意识和文化能力，又要肯定话语主体作为社会群体时其群体性特征带来的优势，从而在情感共鸣后坚定自己的文化信念，为实现从文化感性向文化理性的转变做好准备。在网络社会中，圈层文化成为重要的网络文化。提升网络思想政治教育话语权要注重激发网络社群的情感共鸣与价值认同，网络思想政治教育话语双方需要在价值认同之后进行理性思考，对思想政治教育话语的感性认识才能真正上升为理性认同。

第三，消除话语霸权，促进网络思想政治教育话语主体间性。创新网络思想政治教育话语体系需要网络话语主体的主动参与，教育者和受教育者都是主体。主体间性是指不同主体在交往过程中形成的相互关系。[①] 建立和谐的间性文化需要网络思想政治教育主体间的交流互动，而保证主体间的平等性是前提和基础。网络思想政治教育者牢牢地掌握着网络思想政治教育话语权，受教育者就只能被动地接受思想政治教育，这在一定程度上造成了话语主体间的不平等性。为了打破网络思想政治教育话语主体间不平等的局面，就要积极促进网络思想政治教育在微媒体平台对话主体间的平等共存。要消除话语霸权，由教育者与受教育者共同构建微媒体平台思想政治教育话语权。传统思想政治教育模式导致了教育者政治的话语霸权、受教育者的话语权缺失，教育者和受教育者间话语权出现失衡现象。由此可见，传统模式中确定下来的话语主体和客体秩序已然不适应时代发展要求。[②] 因此，为了消除话语霸权，要创新网络思想政治教育话语权分流机制，让教育者和受教育者在相互尊重的前提下，进行平等的对话交流，充分发挥教育者的主导性作用和受教育者的主体性作用，促进受教育者话语权的回归。同时，要密切关注网络思想政治教育话语主体间的差异，促进话语主体间的平等互动。此外，还要增加媒介与受众间的对话和互动，改变原有自上而下的交流模式，以平等、开放、包容的心态，接受和肯定受众评论，倾听受众心声，满足受众诉求。要了解和认识话语主体间产生差异的主要原因，找出教育者和受教育者彼此间存在的矛盾的症结所在，及时转换网络思想政治教育话语方式，以此提升网络思想政治教育话语权。

### （三）技术与内容协同驱动，创新网络思想政治教育话语传播与转化方式

技术与内容相互影响、协同驱动，共同构成了网络思想政治教育话语传播与发展的关键要素。因此，牢牢掌握网络思想政治教育话语权除了供给优质思想政治教育内容外，还需要通过媒介技术、转化技术、语言艺术等技术

① 王才勇：《文化间性问题论要》，《江西社会科学》2007年第4期。

② 苏令银：《主体间性思想政治教育研究》，上海三联书店2012年版，第161页。

和方式才能更好地促进思想政治教育内容的网络传播与转化。

第一，提高话语转化技术，增强网络思想政治教育话语转译实效。在网络空间，多元文化碰撞交流更加明显，对异质话语进行相应的转换和翻译，才能使其以话语主体所需的形式展现出来，更好地发挥网络思想政治教育实效。因此，话语形式创新离不开对话语转译实效性的关注。利用文化话语这一有效的转译中介，来增强话语转译的文化性，突出话语翻译的民族性，从而增强话语转译实效，这是新形势下加快话语形式创新的重要途径。要增强话语转译的文化性，在文化自信视域下，要将不同学科领域话语先转换成文化话语，充分利用文化的生活性和人文性。运用直白、形象的文化话语来对不同学科领域话语进行一定的解释和说明，待其变得通俗易懂后再纳入思想政治教育理论话语，最后将思想政治教育话语与经验结合起来。如习近平总书记在北京大学师生座谈会上讲到，要扣好人生的“第一粒扣子”，我们在理解时可以代入价值观文化，从价值观教育对于思想政治教育的重要作用入手来阐释这句话，并为思想政治教育理论补充新内容。同时，抽象话语和具体话语、复杂话语和简单话语的转换需要体现文化性。首先，抽象话语和复杂话语向具体话语和简单话语的转换，需要借助文化话语这一“中间处理器”进行加工和改造。[①] 其次，具体话语和简单话语向抽象话语和复杂话语的转换，是一个提炼、总结和抽象的过程，是分析现实生活中的具体话语和简单话语的个性和共性，剔除、消灭其个性，保留并提炼、总结其共性，直至转换为抽象话语和复杂话语的过程。其中，具有历史和民族厚重感的文化话语，是对具体话语和简单话语的初步提炼和总结，在此基础上再将其转换为抽象话语和复杂话语就不会显得突兀。另外，突出话语翻译的民族性，要加强对思想政治教育话语的整体性把握，为实现话语翻译的民族性提供前提条件。在对纯粹的国外公民教育理论成果和国外公民教育的中国化理论成果进行翻译时，要从整体上把握。要尊重国外公民教育理论成果的民族性，保证其原创性。在话语翻译过程中，要尽可能地融入各民族和国家发展实际，凸显话语翻译成果的价值性。要在认可各民族优秀文化的前提条件下，以对方优秀的民族文化话语为中介来融入其独特的文化环境。在此基础上，促进文本话

① 洪波：《思想政治教育话语范式转换研究》，浙江大学出版社 2012 年版，第 203 页。

语向网络话语转变，以此来提升网络思想政治教育话语权。

第二，运用大数据平台和云技术手段，促进网络思想政治教育话语精准推送。运用大数据、云计算等技术，对微空间的话语进行大规模的实证采集，分析并总结微空间话语方式多层面的特征和规律，构建微空间话语监测数据库，开发微空间话语监测预警平台，深度研发主流意识形态话语优先传播的云技术，从而促进网络思想政治教育话语精准推送。当前，随着网络新媒体的发展，“碎片化”“精准化”阅读正在成为“读屏”时代的重要阅读方式。因此，思想政治教育也须跟上网络时代的步伐，充分运用大数据、云计算等技术顺势而为，利用“精准化”“碎片化”的灌输传播方式进行思想政治教育，提升网络思想政治教育话语权。网络思想政治教育要注重选择“碎片化”灌输时间。网络思想政治教育没有特定的教育场所和时间，新媒体环境下开展思想政治教育并不是运用某些单独的完整的长时段教育，而是依靠某些大量的、小段的微时段教育。因此，可以运用大数据精准选择最佳时间进行教育，一般来说，微媒体的大学生受众的上网时间主要集中在早起后、午餐前后、课间、晚餐前后以及睡前。因此，网络思想政治教育话语主体应时时关注话语客体在这几个时段的心理和思想倾向，并在此时段推送思想政治教育内容。精准选择“碎片化”的传播方式，一方面思想政治教育的内容宏大、系统而深刻，另一方面却又抽象和枯燥。要着力推动“互联网+传统思想政治教育”的融合，构建以宣传内容为核心与以技术平台为基础的“有机体”，通过话语内容创新与技术平台创新协同发力，不断提升网络思想政治教育话语的传播力、引导力、影响力与公信力。通过网络融媒体技术将大学生的所需所盼与学校党建、思想政治教育有机结合起来，为校园客户端前的学生提供贴心服务，解决难点热点问题，提升网络思想政治教育话语权。

**（四）加强网络思想政治教育队伍建设**

搞好网络思想政治教育工作归根到底要靠人、靠队伍。“打铁还须自身硬是历史证明的真理，建构网络环境中的权威话语主体必须有一支既能进行思想政治教育又能操控网络信息技术平台的高素质群体。”① 目前，网络思想政治教育话语主体因思想政治教育队伍的主体意识不足、责任担当意识不足、

① 李超民、李礼：《网络思想政治教育话语权研究》，《华侨大学学报》2015年第6期。

能力素质不足，严重缺乏引导力和公信力，无法充分发挥思想引领、舆论引导、精神激励的作用。因此，网络思想政治教育工作队伍必须做好以下几个方面的工作。

第一，加强对网络思想政治教育话语内容的理解与认同。网络思想政治教育工作队伍是网络话语内容的发出者和传播者。如果网络思想政治教育工作者自身对网络思想政治教育话语内容不理解，就无法形成网络思想政治教育主体自信，在信息传播过程中就不可能产生良好的教育效果。对网络思想政治教育话语内容的理解是网络思想政治教育的基础与前提。因此，网络思想政治教育工作者应加强马克思主义理论知识的学习，要坚定地信仰马克思主义、精通马克思主义，自觉高举中国特色社会主义理论的伟大旗帜，切实将思想理论的影响力转化为网络舆论工作的凝聚力和战斗力。网络思想政治教育工作队伍要提高网络思想政治教育的方法技能，增强对网络信息的鉴别能力。

第二，增强网络思想政治教育话语主体的政治性。一是网络思想政治教育工作队伍要强化自身作为网络传播“把关人”的主体意识，用科学的理论武装人、用正确的思想引导人，牢牢掌握网络信息的控制权、传播权。二是话语主体要增强政治鉴别力和政治“免疫力”，能够识别网络上的非主流意识形态，并与负面的非主流意识形态作抗争，用事实说话，增强话语感染力，抢占法理和道义的制高点。三是注重培育思想政治教育工作队伍中的“网络意见领袖”。网络意见领袖因自身的人格魅力与信息的主导权，具有强大的网络政治作用和网络舆论导向作用，具有设置舆论议题、引领舆论走向、设定话题范畴、引导公众反思的重要作用。作为网络舆论的动员者和引导者，网络意见领袖只有不断地提升道德、法律、政治和艺术等方面的修养，才能不断增强其人格魅力与综合素养，进而增进大学生网民对其的信任感。

第三，增强教育能力和互联网技术素养。网络思想政治教育要积极借鉴外国网络媒介素养教育的先进经验。法、加、澳、英、美、日等国已将网络媒介素养教育纳入正规的教育课程。例如，加拿大的全国性非营利组织——“媒介意识网”帮助公众正确认知和了解自媒体，从而提升青少年的网络思辨能力。因此，网络思想政治教育工作如果只是一味地灌输知识、观点，并不能取得良好的教育效果，必须讲究网络思想政治教育的方法艺术，在了解教育对象的基础上选择合适的教育方式。此外，网络思想政治教育工作者要提高对微媒体的利用能力。微媒体的利用能力主要指教育者要具备操作微博、微信等最新的网络应用工具的能力，包括利用网络应用工具进行信息检索、处理和传播。与走在网络潮流前列的青年大学生相比，教育工作者特别是年长的教育工作者运用网络平台的能力和信息传播技巧较为滞后，容易产生“知沟”。所谓“知沟”就是指在一定的社会系统中，由于各种因素的影响，不同的群体或个人之间所形成的知识差距。为消除和铲平师生间的“知沟”，教育者需不断提高对微媒体的利用能力，以适应信息社会的各种变化，提升对各种信息的驾驭能力。同时，教育者要正确解读微媒体信息所包含的意义，利用微媒体的技术优势达到完善自我、开展教育及服务学生的目的，必须具备网络工具运用意识，熟练掌握操作各类媒介工具的技巧。媒介向我们提供了认知世界的材料，个人则根据自己的需要、期望和文化背景来捕获媒介信息的意义。也就是说，个人的立场、观点及解读信息的能力、技巧会影响对信息的客观解读。因此，只有跟上“微时代”的步伐，掌握微媒体的传播技术，主动利用微博、微信等交流平台来开展思想政治教育工作，教育者才能真正了解大学生思想行为的新特点，才能真正走近学生、关心学生、服务学生。除此之外，还需提高教育者见微知著的能力。这项能力要求其能从学生碎片化的信息语言中及时捕捉、分析和判断可能出现的问题，提早作出透彻的分析和开展令人信服的教育，使学生在释疑解惑中明辨是非，在因势利导中树立正确价值观，最终取得网络思想政治教育润心铸魂的效果。

# 第五章　积极心理学与高校思想政治教育的融合创新[①]

做好大学生心理疏导，引导大学生形成积极、健康的心理状态，是高校思想政治教育工作的一项重要内容，心理育人也是高校十大育人模式之一。从党的十八大报告提出“加强和改进思想政治工作，注重人文关怀和心理疏导，培育自尊自信、理性平和、积极向上的社会心态”[②]，到党的十九大报告在此基础上提出社会心理服务体系建设，提出“加强社会心理服务体系建设，培育自尊自信、理性平和、积极向上的社会心态”[③]，再到党的二十大报告强调“重视心理健康和精神卫生”[④]，表明基于心理学培育和引导人的重大意义，积极的心理品质和理念也逐渐成为新时代推动思想政治理论课改革创新的重要课题。

新时代的教育工作者应坚持育心与育德相统一，积极心理学是一门从积极角度研究传统心理学研究的内容的新兴科学。积极心理学致力于对人的幸福感、乐观、感恩、快乐等积极品质进行研究，提倡用欣赏的眼光看待人类的积极力量，关注人的生存、发展和人生价值的实现。[⑤] 积极心理学与高校

---

① 本章内容系广东省教育科学规划课题项目“基于正面管教理论的高校思政课课堂管理效能提升研究”（课题编号 2023JKDY008）、“积极心理学视域下高校思想政治理论课学习效能提升研究”（课题编号 2021GXJK023）的阶段性成果。

② 胡锦涛：《坚定不移沿着中国特色社会主义道路前进 为全面建成小康社会而奋斗：在中国共产党第十八次全国代表大会上的报告》，人民出版社 2012 年版，第 32 页。

③ 习近平：《决胜全面建成小康社会 夺取新时代中国特色社会主义伟大胜利：在中国共产党第十九次全国代表大会上的报告》，人民出版社 2017 年版，第 49 页。

④ 习近平：《高举中国特色社会主义伟大旗帜 为全面建设社会主义现代化国家而团结奋斗：在中国共产党第二十次全国代表大会上的报告》，人民出版社 2022 年版，第 49 页。

⑤ 任俊：《积极心理学》，上海教育出版社 2006 年版，第 208-209 页、第 227-229 页。

思想政治教育的融合为高校立德树人根本任务的实现和学生全面成长、成才提供了新途径、新理念。积极心理学与高校思想政治教育的融合创新是育心与育德的统一，既有助于挖掘教育者自身的积极心理品质，帮助教育者正面积极认识教育对象，也有助于培养大学生乐观、积极的心态，提高大学生的学习效能和参与日常思想政治教育活动的主观能动性。

## 第一节　积极心理学与高校思想政治理论课的契合

当前高校思想政治理论课研究紧紧围绕新时代的时代主题和时代需要不断创新。习近平总书记在主持召开学校思想政治理论课教师座谈会上明确强调："要坚持主导性和主体性相统一，思政课教学离不开教师的主导，同时要加大对学生的认知规律和接受特点的研究，发挥学生主体性作用。"[①] 面对大学生对高校思想政治理论课学习效能感不强的情况，把积极心理学融入高校思想政治理论课教学改革，是对党的十八大报告中"注重人文关怀和心理疏导"精神的积极响应，是提升思想政治理论课教学亲和力、增强学生学习效能感的重要途径，为高校立德树人根本任务的实现和学生全面成长、成才提供了新途径、新理念。积极心理学与高校思想政治理论课的契合是建立在对当前大学生认知规律和接受特点科学把握的基础之上的，其试图通过培育学生积极的心理品质，激发学生的优势潜能，发挥学生的主体性作用，让学生在积极的情感和人格体验中感悟到高校思想政治理论课的价值和魅力。

为了使研究更有针对性，本节主要探究积极心理学视域下高校思想政治理论课的学习效能提升问题。学习效能直接决定着教学效果，当前高校仍然存在着学生学习兴趣和专注度有待提高的问题，学习效能感不强影响了高校的教学效果。著名心理学家班杜拉 1977 年提出自我效能感理论后，引起了众多研究者的浓厚兴趣，成为教育学、心理学领域的热点问题。研究者们比较

---

① 张烁、谢环驰：《习近平主持召开学校思想政治理论课教师座谈会强调 用新时代中国特色社会主义思想铸魂育人 贯彻党的教育方针落实立德树人根本任务》，《人民日报》2019 年 3 月 19 日。

关注和倾向于对大学生群体学习效能提升进行研究，虽然这方面的成果比较多，但主要集中在研究大学生学习效能感上。研究者们比较关注和倾向于研究英语和医学学科学习效能的提升，其中英语学习自我效能是过去很长一段时间的研究热点。与英语和医学学科学习效能研究的火热景象相比，高校学习效能提升的研究成果极少，仅有两篇学术论文。这两篇学术论文从不同的视域分析了医学生学习效能的制约因素，提出了团体心理辅导对医学生学习效能有促进作用。近年来，国内学者如孙新宇、罗生全、马丽萍、姬兴涛、李俊平等从积极心理学的视域对学习效能提升进行了卓有成效的探索。研究成果虽然不多，但引起了学术界的高度重视。从现有成果看，学术界对学习效能提升的研究取得了不少成绩，但缺少针对高校学习效能提升的相关研究，更缺少从积极心理学的视域探索高校学习效能提升的研究。实质上，该问题的研究有助于增强高校课堂教学效果，其关系到高校“怎样培养人”的根本问题。

## 一、积极心理学与高校思想政治理论课学习效能的有效契合

学习效能感是指学生对自身形成和实施要达到既定学习目的的行动过程的能力判断。相关的理论和实践研究表明：学习效能感是学习者对完成学习任务所具有的行为能力的自信程度，学习效能感可能是学业成绩的重要促进因素。如何增强大学生在学校的学习效能感，是高校思想政治教育教学改革面临的问题。大学生的学习效能感影响他们对课程的学习目标设定、学习动机、努力程度、学习态度以及学习行动的积极性，并最终影响其学业成绩。思想政治理论课教育教学是教育对象不断提升个人认知、实现内化和外化相统一的过程。学习效能受限于教育对象个性化的心理品质和认知结构，因而思想政治理论课学习效能与教学过程中是否满足学生成长发展需求和期待相关。积极心理学作为关注个体积极心理品质、培养积极情感的学科，在育人理念、联结情感、教育原则等方面与高校思想政治理论课学习效能提升存在契合。

### （一）育人育心，契合以人的发展为中心的目标理念

高校思想政治理论课和积极心理学都包括理想信念、意志品德、价值心态等育人育心的共同要素，这种同构性使二者具有共同的情感本质，具有稳

定相同的内在联系。实现人的自由而全面发展，是贯穿马克思主义的主线，也是马克思主义者的价值追求。马克思从“现实的人”这一角度出发，论述了生产、需要、人类再生产这一历史观的三因素，将人的需要分为自然要素、社会要素和精神需要。高校思想政治理论课教师讲深讲透讲活马克思主义理论，从根本上说就是以马克思主义为指导通过教学活动说服人、指引学生追求并实现人的自由而全面发展。因此，思想政治理论课教师在教学中要正面积极认识教学对象的成长发展心理和需要，激发调动和正面引导教育对象的积极性。积极心理学是人本主义心理学的一个分支，美国当代著名的心理学家马丁·塞里格曼和肯农·谢尔顿、劳拉·金等人把积极心理学的本质特点定义为“积极心理学是致力于研究普通人的活力与美德的科学”。积极心理学关注的目标也是人类的心理活动和精神需求，主张研究人类积极的品质，充分挖掘人固有的潜在的具有建设性的力量，促进个人和社会的发展，使人类走向幸福。传统理论教学是以知识为本位，新时代高校思想政治理论课教学改革遵循的价值取向便是以学生为本。在教学过程中坚持以学生为中心，遵循学生成长规律，从促进学生思想转化、提升思想道德素质的目标着眼，来制订适宜的教学计划和开展相应的教学活动。积极心理学的人性观和价值取向是高校思想政治理论课关于培养人的自由而全面发展的理念在一定程度上的体现。因此，关注与满足人的发展需求是高校思想政治理论课与积极心理学的共同目标指向，两者在目标层次上具有同构共建的基础。

思想政治理论课是在坚持育心与育德相统一的教学中实现立德树人的根本任务，而积极心理学则是一门从积极角度研究传统心理学的新兴科学。积极心理学融入高校思想政治理论课既有助于挖掘教育者自身的积极心理品质，帮助教育者正面积极认识教育对象，也有助于培养大学生乐观、积极的心态，提高大学生的学习效能和增强大学生参与思想政治理论课教学活动的主观能动性。

### （二）教学相长，契合教师主导性和学生主体性的统一

高校思想政治理论课在培养德才兼备、全面发展的人才过程中具有重要作用。高校思想政治理论课必须坚持教师主导性与学生主体性的统一，与时俱进创新教学方式方法，走进学生的心灵世界，给学生以积极影响与人生引导，这是积极心理学与思想政治理论课有效契合的教育学依据。

思想政治理论课教学内容具有抽象概括、科学严密、政治鲜明等特点，这就需要教师把抽象化为具体，对思想政治理论课的教学内容、教学进度、教学方式进行主导性加工和把握。新时代思想政治理论课的改革创新要求高校思想政治理论课教师根据教学对象的特点确定适宜恰当的教学形式和方法、合理优化安排教学内容和资源，体现教学过程中教师的主导性。思想政治理论课教学在于落实立德树人根本任务，在于培养社会主义建设者和接班人，这就需要尊重学生的主体地位。新时代大学生传统的“教师权威意识”渐趋淡化，更为关注平等和尊重，传统权威式、灌输式的教学方式对于增强高校课堂效果不佳、作用有限。教学过程应当是一个思想双向流动的过程，既不能采用自上而下的权威式教学方式管控课堂，也不能放任不管自说自话，需要时时关注学生的学习心理与学习状态，调整提升课堂管理技巧，在教师与学生之间建立积极稳固的呼应关系。积极心理学反对把学生仅仅看作缺乏能动性的客体，教育对象应该从被“支配”的地位中解放出来，成为思想政治教育过程中具有自主性、能动性、创造性的主体。① 积极心理学提出的积极人性观和“积极预防”理念，契合思想政治理论课教学过程中的学生心理，能够在鼓励教师发挥主导作用的同时，在课堂柔性管理中树立起心理权威，充分调动学生以主体身份参与教学过程的积极性。

### （三）联结师生情感，契合学生成长发展需求和期待

高校思想政治理论课教学过程要考虑到教育对象的心理需求和认知特点。部分大学生在面临学习压力、人际交往、就业规划等持续压力的作用下，容易产生“躺平”甚至“摆烂”等消极悲观情绪，在课堂行为上表现为学习兴趣不够浓厚、注意力难以集中等消极学习心态。思想政治理论课教学过程不是简单的知识复制、思想被动输入的过程，而是主动的认知加工过程，也包含认知情感的发展过程。教师帮助大学生树立积极的世界观、人生观和价值观，塑造大学生积极向上的思想、人格和品质，除了利用常见的课堂主渠道传授知识之外，还通过建立师生间、课堂里的情感联结等方式来获得学生的情感共鸣从而实现教学目标。积极情绪一般能直接激发、促进学生内在的认

---

① 黄宗芬、刘社欣：《积极心理学视域下高校思想政治教育亲和力的提升》，《广西社会科学》2018年第1期。

知过程①，在思想政治理论课教学中引入积极心理学，主张激发个体潜在的力量和积极品质，给予个体幸福、快乐、乐观和希望等积极体验，在积极的情绪体验中联结师生情感，启发教学双方用积极的视角认识自我、以积极的态度看待问题，学生在与周围环境、教师相互作用中把教育内容内化到固有的思想心理体系之中，并构建成知识体系。反之，如果学生在教学过程中产生心理阻抗，进而体验到负面情绪或情感，出现学习兴趣下降甚至出现低头玩手机、逃课等课堂学习行为，既会弱化学生学习效能也不利于教学目标的实现。

因此，思想政治理论课与积极心理学在联结情感、契合学生成长发展需求、把握和谐师生关系等方面存在契合点。积极心理学融入高校思想政治理论课既能启发学生保持积极良好的心理状态，调节学生的课堂学习行为，又能促进教师用积极的价值观去引导受教育者的所“思”、所“想”、所“为”，关注教育对象的思想波动和心理变化，提升课堂教学效能，增强教师成就感，减少教师职业倦怠。

## 二、积极心理学对提升高校思想政治理论课学习效能的重要价值

### （一）积极优良的心理环境有利于增强师生间的教学互动

思想政治教育工作总是在一定的环境中进行的，心理学家认为环境因素对于人们接收信息具有重要的影响作用。因此，我们在进行思政理论课教学时要注意教育的环境设置。除外部环境的设置外，更应注意教育对象心理环境的创设，要特别重视对教育对象心理状态的调节，设法使学生形成积极阳光的心态，防止心理的异化，以充分发挥积极情感对于思想政治教育成效的催化作用，切实提高思想政治教育的实效性。积极心理学强调对积极社会环境的研究。马斯洛、罗杰斯等人指出，当孩子周围的环境和教师、同学、朋友能提供最优的支持、同情和选择时，孩子就最有可能健康成长和自我实现。相反，当父母和权威者不考虑孩子的独特观点，或者只有在孩子符合一定的标准时才给予被爱的信息的话，那么这些孩子就容易出现不健康的情感和行为模式。受到沟通渠道和教育规模迅速扩大等因素的影响，在大部分传统的

① 丛建伟：《积极心理学视角下的思想政治教育实效性研究》，《思想教育研究》2014 第 9 期。

教学活动中，师生之间缺乏及时有效的沟通和良性互动，容易产生思想和情感上的隔阂。而把积极心理品质引入教学课堂，教师主动营造积极、支持、肯定的课堂环境和氛围，在教学中更加注重受教育者内在心理活动，可以激发受教育者的心理需要，建立双方稳定关系，满足彼此期望诉求，也有助于形成积极向上的人生观，可以促进教学双方的良性互动，实现价值取向的一致，为师生提供良好的情感交流平台，有利于实现单向传播向多向互动的形式转变。

### （二）积极的心理体验有利于提高教学的渗透力

人的认知活动是在一定的情感推动下进行的，积极的情绪体验是认同活动的动力，消极的情绪体验则会成为强大的阻力。积极肯定的情绪体验是积极心理学的研究范畴，这种体验在教学过程中尤为难得，是关系到教学效果的关键。师生在教学活动中建构起积极肯定的情感认知，继而由情感认知建立起稳固的情感认同，这种情感认同一旦形成，双方建立起信任，彼此间达到的情感认同便十分稳固，这会进一步促进双方对教学内容作出相应的参与和反馈，增强教学效果。情感教育也是思想政治教育过程中十分重要的内容，其主要功能是强化或抑制认同活动的运行。情感渗透在思想政治教育的各个环节，反映着教育者与受教育者之间情感的微妙关系，在思想政治教育过程中，情感认同更加强调受教育者的个体主观感受及情感体验。由于情感本身对认同也起着不同的强化作用，积极的、肯定的情感能够促进受教育者的认同，表现为对教育者或者教育组织情感上的接近和认可，也表现在对思想政治教育目的和内容的认同；而消极的否定性情感则妨碍和抵制认同，表现为对思想政治教育活动的冷漠、应付和反感的情绪体验。因此，教师要科学地把握思想政治教育中情感认同的规律，选择运用那些能唤起思想政治教育认同主体积极情感的方法和载体，积极展开与认同主体的平等对话和交流，从而促进思想政治教育认同主体对教育内容的认同。

### （三）积极的价值认同有利于提升学习效能

在影响思政教育实效的诸多因素中，最内在的因素是学生对于思政教育的价值认同。价值认同是建立在正确的理解和相信的基础上的，是认同主体在知、情、意等心理层次上的高度协调。有学者根据价值认同的内容不同把大学生对高校思政教育的价值认同分为认知认同、情感认同、行为认同三个阶段。认知认同，是指大学生对于思想政治课教育活动所承载的内容信息的肯定性评价，其中包括对课程意义的认同以及对教师知识水平和所传授知识的有用性的认同。情感认同是指大学生对思想政治教育活动的积极性态度，主要表现为对教师的亲近感、对思政教育活动的参与热情，以及对教育方法和教育形式的认同感。行为认同是指大学生对思想政治教育教学内容进行理解、评价、选择和接受，使其内化为价值观并用以指导自己的行为取舍的过程。① 主体对思想教育的认同不仅影响到认同主体的认知和情感，而且也会影响到认同主体的价值理想、价值取向、价值标准与价值评判，并影响到学习效能的提升。积极的心理品质是基于一定目标的积极价值认同的心理过程，是一种主观的精神活动，从既定的价值关系出发而形成的自觉认同。价值认同具有典型的心理属性，认同主体通过对组织的价值认同获得一种归属感和信仰系统，最终使其在行为实践上认同组织所传导的社会行为规范。这种认同心理与认同行为具有很高的契合度。

## 三、积极心理学视域下高校思想政治理论课学习效能提升策略

积极心理学为高校教学提供了崭新的思路，把积极心理学运用到高校教学中去，在教学过程中践行希望、快乐、幸福的教育理念，满足大学生正确的认知需求，促进大学生身心健康发展和学习效能感、知识能力获得感的提升，是打造思政“金课”的必然追求。通过融入积极心理学，在科学把握当前大学生认知规律和接受特点的基础之上，构建“幸福思政课堂”的教学理念，激发学生的学习动机；创新教学方法，增强思政课课堂的亲和力，引起大学生学习兴趣；创设、营造积极的思政教学环境，提高大学生的学习效率；让大学生在积极评价的课堂体验中感悟到高校思政课的价值和魅力，由此进入教师愿教、学生乐学的状态。

### （一）从消极到积极：构建“幸福思政课堂”的教学理念，激发学习动机

积极心理学以主观幸福感为中心，以积极体验、积极人格、积极社会支持为三个支撑点展开相关研究，认为问题的出现也为人类提供一个展现自己

① 李东才、潘晔：《价值认同视域下提升高校思想政治理论课教育实效性研究》，《学校党建与思想教育》2014 年第 9 期。

优秀品质和潜在能力的机会。[①] 在高校思政课教学过程中融入积极心理学，培育和发掘教学双方的积极品质，通过激发个体自身内在的积极力量，培养自尊、自信等积极情绪，提升主观幸福感。教与学是相辅相成、互相促进的。积极心理学融入思政课教学过程中，可从中增强教师教学效能感与学生学习效能感。

第一，培育积极的教师队伍，增强教学效能感。相较于专业课堂、固定课堂而言，大学生在思政课“暂时合班课堂”“大课课堂”上表现不尽如人意，学生教学秩序感和学习投入度有待提升，课堂管理难度大，教师成就感低，成为许多公共课、大课教师普遍面临的难题，这使教师更容易产生情绪倦怠，影响了教师的教学效能感。培育积极的教师队伍，增强教学效能感是改善、提高思政课效能的关键要素之一。教师的效能感在教学活动中具有重要影响作用，具备强的教学效能感能激发教师的教学信心和教学热情，提升职业成就感。教师的效能感除了来自个人的知识水平、教学经验和同行评价之外，也来自教师自身积极的心理品质和学生积极的教学反馈。高校思政课教师把积极心理学理念引入教学中，用积极的眼光看待教学过程的影响因素，自觉发展培养自身积极的心理品质，获取更多的内在动力，增强教学自信心，以积极饱满的热情投入教学，以积极的情感面对学生，学习、掌握获取学生积极的教学反馈的技能与方法，进而增强教师自我效能感，体验教学成就感和主观幸福感。

第二，关注学生积极情感体验，增强学习效能感。积极心理学的创立者马丁·塞利格曼认为：“幸福感来自于自己的优势和美德，通过自己努力获得的幸福才会有真正的幸福感受。”[②] 这个观点为思政课教学提供了一个崭新的思路，避免“说教式”教育，实施多种情景教学，重视学生的优势与美德，充分发掘他们的闪光点，唤醒、鼓舞、激励学生内在的积极力量，提升学生在思政课学习中的认同感、价值感和幸福感。大学生以一种积极的心态投入到思政课学习中，鼓励大学生学会提升主观幸福感，肯定自我并勇于追求并实现自我价值，能极大调动大学生的主观能动性，在积极的教学环境中更易

---

① 克里斯托弗·彼得森：《积极心理学》，徐红译，群言出版社 2010 年版，第 26 页。

② 马丁·塞利格曼：《真实的幸福》，洪兰译，万卷出版公司 2010 年版，第 21 页。

理解与接受思想性、理论性程度较高的教学内容，从而增强整体教学效果。在具体教学过程中，教师要努力创造机会和拓展渠道为学生提供各种展示自己的机会和平台，根据教学内容教师创造性地设计多种多样、丰富多彩的实践教学活动如演讲、辩论、征文、情景演出等。思政课教师要有激励和感染学生的能力，不断探索、认识自我并悦纳自我，培育学生形成公正仁爱、自信坚韧、感恩宽容的积极品质，引导学生把这种心理顺势转化为应对困难与挫折的行动。这种正向的积极教育会促使学生对人生充满信心，并提升对自我和生活的满意度，同时也会加深对思政课的喜爱、认可和接纳程度。因此，积极心理学的融入能让师生双方在正向积极的课堂氛围中进一步激发教与学的动机。这种师生之间交互感染的氛围、情绪，也有助于使师生间传递和吸收的教学内容信息更为准确、思想沟通更为顺畅，从而促进高校思政课教师教学效能感和学生学习效能感的增强，并且在积极正面的教学环境中实现教师主导性与学生主体性的统一。

**（二）从单向灌输到双向交互：创新传统教学方法，培养学习兴趣**

情绪和情感是个体与生俱来的本能心理体验，在心理体验形成后能够积蓄能量，最终产生学习兴趣。这个理论运用到思政课教学中则是要求教师主动改革传统的、封闭的、单向输出的教学模式，要把传统思政课教学方法与灵活多样的课堂活动相结合。通过组建小组来讲述主题故事，以拍摄微电影、课堂剧目、歌曲传唱等形式进行探究式自主学习并以场景的形式进行成果分享。教师以组织者的身份积极协调，设计出符合小组学习分享的具体任务，与各小组成员在充分沟通的基础上鼓励小组创作，并给予关爱、鼓励和期待，实时关注小组进展并为其解疑释惑，指导学生克服理论学习的畏难心理。在特定的任务驱动下，团队成员承担多种角色，查阅资料、细化问题、开展论证、撰写文本或剧本、选择适宜的呈现形式，尊重与鼓励小组合作并完成主题任务学习与分享，展示新时代青年风采。通过理论联系实际，开展实践教学和现场教学等，引导学生在具体的情景体验中深刻理解所学知识，注重新媒体教学手段，结合青年关注的热点事件、网红视频等内容来激发学生的学习兴趣。教师知识结构有其知识盲区或短板，而自我意识强烈、网络技能娴熟的新时代大学生参与教学设计，可以促进课堂教学内容和方式的革新。教师积极鼓励学生通过师生线下研讨、智慧课堂发表弹幕等方式参与教学研讨，对教学章节重难点、热点话题、案例素材、教学形式等进行开放式讨论，既培养了学生的思辨能力，也有利于他们积极人格特质的培养和形成，形成教学相长的良性循环，拓宽了思政课教学的思路与空间。

**（三）从共识到共情：创设积极的课堂环境，提高学习效率**

积极心理学范畴下的个体积极人格是在与所处环境的积极互动、与周围人的积极情绪体验中形成的。长期身处积极向上的课堂环境、得到积极心理支持有利于个体对象积极型人格的形成，有助于学习效率的提升。通过思政课教学，不同主体达成对社会主义核心价值观念、理论制度的一致看法，形成基于教学知识维度目标的共识。而能从情感维度目标直击教学对象灵魂深处，实现共情共鸣，是对思政课教学更高水准的要求。积极心理学提倡不同主体间建立深厚的情感联结，为其情感目标的达成提供了有益借鉴。在和谐的教学环境、良好的师生关系的影响下，双方的目标与期望、理想与需要不断地融合，形成合理的价值观念和行为取向，通过教育者人格魅力的吸引力及学生追求真理的向心力来增强学生的心理归属。教师主导创设积极的课堂环境，引导师生之间、生生之间形成正向积极、信任合作的人际关系，师生之间建立起交流互助的情感联结，这种轻松和谐的教学环境可以提高学生对教育内容的热情程度，激发受教育者的求知情怀，带给大学生积极幸福的课堂体验。构建和谐稳定的思政教育环境，不仅要改善相应的教学管理方法和硬件设施，还要避免照搬教学权威式管理课堂，选择用共情的视角去理解学生的真实需求，坚持与学生共创，在激发课堂主体共情中促进心理语境同构，既满足了新时代大学生重视个人表达、反权威的心理需求，同时也有助于教学心理权威的建立，能增加学生的心灵归属感、达成深层情感共鸣，从而有效提高学习效率。

**（四）从“被动接受”到“主动生成”：积极的教学评价与反馈**

当前思政课教学评价方式大多局限于规范的平时考核和课堂期末考核，这种模式由教师主导考核过程，在整个评价过程中师生关系不对等，彼此之间缺乏有效的积极反馈。现代的教育对象不满足于单纯的考核评价，他们更希望得到过程肯定与情感支持。课堂评价与反馈引入积极心理学相关理念，教师与学生建立和谐平等的关系，在实际的教学过程中进行积极评价，师生之间保持融洽流畅的情感沟通，对学生在成长中遇到的问题给予支持与帮助，合理应用积极心理学打破过去学生被动应对的评价模式，比通过单纯考试取得课程高分更有激励效果与获得感。具体而言，一是评价主体要多元化。改变思政课教学成绩由教师单一主体评判的传统评价方法，引入学生同辈评价、小组成员之间的评价，还可以包括课堂教学之外的研究管理者、教学督导者等对教学效果的反馈，提高课堂评价反馈的公正性。评价主体多元化是把教师的评价权力下放到其他主体，使部分评价由学生同辈、小组成员及学校来共同完成。评价主体多元化看似削弱了教师的评价权威，实际上却有助于教师重建课堂秩序、强化教学质量把控、纠正恶意评分行为偏差、提升教师的教学能力。评价分数由学生的被动接受转变为主动生成，更能激发学生积极参与教学过程。二是评价内容要全面客观。除了出勤、课堂表现、课堂测验等常见内容之外，还可以增加学生课堂分享展示、汇报汇演、小组合作、读后感、问卷调研等能展示学生学习态度、学习主动性的评价内容。三是注重过程评价与考试结果评价相结合的综合评价。除了期末考核成绩之外，综合评价应包括期中评价、平时评价等过程评价，重视并合理设置过程评价的学业任务及比重，把综合评价与促进学生学习成长结合起来。四是评价注重规范性与个性化相结合。课堂评价内容与方式可根据学生所在学科的特点进行个性化设置，如理工科学生可侧重采用调研与数据分析的形式做思辨型的主题分享，文科学生可通过微电影、情景剧等方式讲授红色故事。教师多了解学生的思想动态和成长需求，给予个性化的支持与帮助，对教学的实时反馈及时做适度调整，增强学生学习的积极性和主动性。

**（五）对不同学习效能的学生采取有针对性的教学策略**

大学生在不同的学习阶段对思想政治理论课有不同的学习心理状态，呈现出不同的学习效能。心理学教育工作者应将大学生在校期间的学习心理工作重点放在入学之初，建立学习心理档案，注重培养大学生良好的学习习惯。同时，定期对他们的学习效能状况进行调查，及时更新学习心理档案。另外，思想政治理论课教师及时观察和了解学生的学习效能状况，并针对不同的学习心理问题分主题进行研究，改进教学方式方法，不断提高学生的学习效能。

针对学习效能低的学生主要采用矫正、补偿性策略，预防性策略及发展性策略。首先是矫正、补偿性策略，该策略强调矫正厌学学生的基础知识、学习技能、学习方法和学习习惯等方面的缺陷，使得他们的学习水平得到提高。针对学习效能低的学生的四种类型，要制定有针对性的教学策略。关于暂时厌学型学习效能低的学生，教师应该把课堂气氛创设好，使得他们积极地参与到课堂学习中，在教学环节中有认知冲突方面的设计，以激发学生的学习热情。关于能力缺乏型学习效能低的学生，要帮助他们找到学习上存在的具体困难，改进学习方法，培养他们的自学能力。同时，在教学内容上要注意知识的衔接，教学方法上要注意教学的直观性，并逐步向抽象过渡，使他们适应新的学习环境与掌握新的认知规律，树立起学习的勇气和信心。关于动力问题型学习效能低的学生，教师要充分调动学生的情感因素，激发他们学习的内在动力，重视“建立健全完善的大学生激励、惩罚机制，有效地提高大学生学习的主观能动性”①。关于整体问题型学习效能低的学生，这类学生问题比较严重，要因材施教。针对学生使用个别补救教学，即对应学生的知识起点和学习障碍点，把个别教学计划和目标有针对性地制定出来。同时培养学生的理想和兴趣，激发他们学习的积极性，端正其学习态度，使他们养成良好的学习习惯和性格。其次是预防性策略。针对学习效能低的学生的实际情况，可以实施分层递进教学，并且在教学过程中及时发现、及时反馈学生的学习难点和认知障碍，使得他们的学习兴趣和学习习惯得到很好的激发和培养，让这些学生自己掌握学习方法，避免积累问题而导致他们学习上的持续困难。确实，学生由于遗传差异和不同的生活经历，他们的潜力和所获得的知识和技能水平有所不同。但是，每个人都具有成为有用之才的心理条件，都具有待开发的潜能，都具有他们自身的学习优势。最后是发展性策略。针对学习效能低的学生，开展教育的重要任务是发现和开发他们的潜能，全面增强他们的素质。无论是教师或学生本人，对于学习“困难户”的学习潜能的认识常常是不足的，这正是他们的潜能未能得到有效开发，甚至受到压抑的主要原因。教师要在分析学生差异的基础上，选择适宜的教育方法，进行有针对性的教育教学，充分发现和开发学生潜能，如通过开展学生个人或集体的自学、自我教育及公益服务等活动，为学生创设各种自主实践的活动条件以及为公众服务的机会。针对因情绪困扰而导致学习效能低的学

① 刘燕平、陆恒：《大学生厌学现象矫正：基于中和技术理论与惩罚理论视角》，《中国青年研究》2017年第11期。

生，要提高他们对情感生活的认识，不仅要让他们认清健康的情绪对人的积极作用，消极的情绪对人的健康生活和成长的危害，还要帮助他们掌握控制情绪的方法，认清情感与现实，以及情感与生理、身心发展的关系，在面对情感冲突和矛盾时，作出适当的情绪反应，消除不良的情绪反应。教师可以通过各种途径了解学生产生情绪困扰的原因，然后在学生自愿的前提下，指导学生采取正确的措施对自己的消极情绪进行控制训练，以提高学生控制情绪的能力。同时，教师还应该想方设法消除导致学生产生情绪困扰的根源。教师无法选择学生，但能选择适合学生的教法。高校教师要寻求适合学生的教法，使每一位学生都愿学、乐学、好学。

积极心理学与高校思政课教学存在内在契合，为提升高校思政课效能提供了学理支撑。推动新时代高校思政课教学实践的改革和创新，不仅要从理论上探索积极心理学与思政教育交叉融合的契合点，还要在实践层面积极探寻通过积极心理学提升高校思政课学习效能的路径和方法，推动积极情绪体验、幸福感等积极要素在提升学生学习获得感、教师职业成就感等方面的多元运用，以提高新时代思政课的针对性与吸引力。

## 四、正面管教理论视域下高校思政课课堂管理效能提升

课堂管理贯穿于教学活动始终，是增强教学效能感和影响课堂教学质量的关键。思政课的课堂管理既是“大课特有的难题”，也是各高校教学督导反馈问题的“重灾区”。思政课课堂管理存在囿于传统教学管理理论、忽略学生主体性和师生情感联结缺失等问题，传统权威管理对于增强高校课堂管理效果不佳、作用有限。源自阿德勒个体心理学的正面管教理论区别于传统权威外驱动、“控制型”理念，是一种以尊重合作为基础强调“刚柔并济”的理论。本文把以“积极心理学”作为理论基础的正面管教理论创新融入思政课的课堂管理，在师生共同尊重中建立情感联结与规则边界，让学生在坚定与和善的课堂体验中感悟到思政课的价值和魅力。

### （一）传统课堂管理的现实困境

课堂管理是以课程为中介师生相互作用而形成管理环境和人际心理环境，其主体是教师与学生。人是提升课堂管理效能的关键环节，课堂管理应该以对人的主体性把握为逻辑前提，解决教师与学生在教学环节面临的问题，消

除困境。

1. 课堂管理显性与隐性问题困境

第一，学生主体意识缺失，出现课堂管理显性问题。传统控制型课堂管理方式强调教师的权威主导权，课堂规则较多体现教师的喜好与节奏，而新时代大学生的传统“教师权威意识”渐趋淡化，更为关注平等和尊重。师生管理理念偏差忽略了学生的主体性，处于被动服从的学生容易出现逃课、迟到早退、玩手机等外显问题行为，导致课堂管理失灵。当教师过度依赖纪律约束推动思政课的课堂学习时，会使学生产生抵触和反感心理。第二，学生情感认同淡漠，导致课堂的隐性缺席。控制型课堂管理，教师较多采取奖励或惩戒等方式影响、控制学生的课堂行为，学生表面上接受了这种管理方式，实际上没有对课堂管理规则建立内在认可和情感认同。虽然没有显性问题行为，但可能会出现消极对待思政课堂、安静写其他科目作业的情况，缺乏课堂参与感，造成隐性缺席。而安静的隐性缺席较难察觉，反而会造成教师对课堂管理有效的假象。

2. 教师权威消解与教学成就感下降困境

第一，管理理念偏差消解教师权威。相较于“专业课堂”“固定课堂”，来自不同班级、不同专业甚至不同学院的大学生在思政课“暂时合班课堂”“大课课堂”的表现不如人意，更易出现课堂问题行为。思政课教师采取传统权威管理、奖励或惩罚手段对教学大班进行纪律约束，课堂管理理念不符合学生的心理期待，往往难以得到学生内心的认可与支持，甚至出于“法不责众”心理抱团对抗教师的管理权威。思政课教师即使投入大量的时间与精力来管理维护课堂秩序，也难以真正产生有效教学，教师陷入了“想管不敢管、管了不管用”的尴尬境地，从而导致课堂纪律权威的消解。第二，管理方法欠缺影响教师教学成就感和教学效果。教师的教学成就感和教学效果除了受到自身教学风格和教学水平影响之外，还与课堂管理方法、学生的课堂参与度与情感态度等反馈有关。教师的教学效果必须以学生学习在场为前提，缺乏反馈与学习投入的课堂，使得教师难以根据学生反应来及时调整自己的教学内容与节奏。教师在面对课堂管理困境时，缺乏行之有效的解决方法，难以激发学生的感受、回应，滔滔不绝的思政课教学容易演变成教师的一场自娱自乐，使其职业期待与现实产生落差，容易导致自我价值感缺失，产生职业倦怠，进而影响思政课教师的教学成就感。

**（二）正面管教理论提升高校思政课课堂管理效能的理论与实践适切性**

前述对高校思政课课堂管理困境的分析显示，课堂管理效能受到学生主体意识缺失与情感认同淡漠、教师理念偏差与能力不足等因素的综合影响。理念是行动的先导，提升课堂管理效能首先要变革理念，积极回应人的发展需求。正面管教理论与传统权威教育的外驱动、“压力式”理念不同，它关注人的自身，强调“刚柔并济”的理论。不同于“奖励或惩罚”的严格控制方式，正面管教是运用不惩罚也不骄纵的鼓励方式，以尊重合作为基础营造和善而坚定的沟通氛围，在鼓励中为教育对象找到价值感、归属感和责任感，是激发学生内驱动的“成长型”教育理念。

1. 正面管教理论提升高校思政课课堂管理效能的理论适切性

第一，从教育层面来看，正面管教理论契合课堂管理的育人本意。课堂管理本质上不是为了惩戒与控制，而是重在引导、激励和参与，为实现学生的全面发展服务。正面管教理论从尊重学生出发，激发学生学习各项技能的潜能，使他们在遭受暂时的挫折时不会退缩，而是在包容的环境里从错误中学习和获得力量。第二，从情感层面来看，正面管教理论拉近师生心理距离。相较于控制型管理方法，当教师以合作协商、倾听分享的方式建立课堂规则，尊重学生成长需求，学生更容易遵守课堂管理规则，并且与教师产生共情，促进课堂氛围从冷漠、对抗向合作、协同与相互尊重转变。具体而言，正面管教理论强调教师不再以控制者、惩戒者自居，而是成为鼓励者、关怀者，与学生建立起深厚的感情基础，使学生清晰地感受到来自老师的人文关怀，进而能够实现课堂行为由他律向自律的转换，有助于提升思政课学习效能。第三，从管理层面来看，正面管教理论提升课堂管理服务与教学的契合度。思政课教学有其理论性强、涉及内容广等特点，其教学效果涉及课堂管理、知识精选、授课技巧、学生投入等多方面的协同配合。正面管教理论为高校思政课课堂管理提供了新方法，教师应对课堂问题行为有具体可供参考的引导方法；强调遵循学生主体地位和认知发展规律，为学生提供一个自由、开放、民主的课堂环境，也为学生主动建构知识体系提供了思路。

2. 正面管教理论提升高校思政课课堂管理效能的实践适切性

正面管教理论符合课堂管理实践的关系性特质。教师在课堂管理实践中发挥重要作用，但是课堂管理并非教师独自操纵的实践，学生的支持也非常关键。由此观之，课堂管理实践根本上也是在关系中展开的。然而控制型课堂管理实践体现出一种单一化取向，将课堂管理视为教师个人的任务，而忽视了关系在课堂管理实践中的关键性作用。基于此，控制型课堂管理陷入失去学生支持的实践困境，而正面管教理论则从关系性的角度对此困境进行反思。具体而言，正如诺丁斯所说，有很多人自称“关心”别人，但是接受他们所谓“关心”的人却感受不到关心，产生这种实践困境的主要原因便是教师无法与自己的学生成功沟通，建立关心与被关心的双边关系。故而，正面管教视域下的课堂管理符合课堂管理实践的关系性特质，注重师生关怀关系的建构，加强师生的沟通交流，让学生能够感受到教师的关怀，进而促进课堂管理实践的发展。

**（三）正面管教理论提升高校思政课课堂管理效能的路径**

高效能课堂管理是提高思政课教学效能和学习效能的内在追求，对于深化思政课教育教学改革、提高人才培养质量具有重要启发意义。正面管教的教育理念在师生关系中被归结为尊重与平等两个基本要点，这为建立和谐的师生关系提供了有效帮助。同时，关注学生需求、运用鼓励赋能、接纳学生错误等也使得学生的归属感和自我价值感不断提升，增强了学生在思政课课堂管理中的主体性与能动性。

1. 有机建构尊重平等的师生关系，提高学生对课堂规则的认同感

传统教育观念下，学生作为发展中的人，在教师引导下进行以自我完善为目标的学习活动。这种以教师为主导的师生关系，导致双方在关系中的角色权利不对等，忽视了学生在关系中的主体性与能动性。现实生活中不乏相应教学经验较丰富、教龄较长的执教者，这些教育工作者的课堂管理模式往往较为固定，这是爱岗敬业的体现，却也对培育受教学生创新的个性化学习思维等有一定的限制。课堂正面管教有四项限定：一是能否在尊重以及鼓励学生的同时传递出对学生的和善以及坚定；二是能否使受教学生从内心深处感受到自身实际存在的意义，并且同时感受到归属感以及价值感；三是由于

实践施教中的惩罚往往只在短时期内有效果，而长期运用总会产生系列负面效果，因而能否使长期效果直观化也是一项重要限定；四是能否在施教实践中使学生领悟到有强烈价值性的处世社交以及现实生活技能，并且后续日渐形成尊重与关怀他人、有机处理现实状况、勇于承担责任、良性的合作意识等。[①] 正面管教提倡和善与坚定并行，使学生有归属感和价值感等，所有的实践方法正是以尊重和平等为原则的。尊重是前提，师生彼此尊重，才能平等地对话。平等是基础，只有在平等交流和沟通的基础上，教师才能赢得学生的心，也才能让教育发挥应有的作用。基于该状况，在实践探究与研习正面性管教的过程中，院校内部可以积极举办专项化的学培活动、教育教学经验交流会等，以便更明确地知悉与领悟更客观、更全面的正面管教施教方式方法等，从而更好地进行施教与育人工作。思政课教师在教学及与学生沟通期间应注重换位思考、悉心宽容、尊重及理解学生，从而更好地建构相互契合、协同信任的良性师生关系。

2. 关注学生需求，建立师生情感连接

传统课堂管理对学生实际的心理需求缺少关注。在正面管教理念下，思政课教师应格外关注学生需求，以建立良好的师生情感连接，再施以适当的教育引导。

首先，要读懂学生，了解学生课堂问题行为背后的原因。思政课教师可通过“雨课堂”等问卷调查方式，了解需要关注的学生需求，总结不同学科专业的课堂管理的要求。思政课教师根据调查结果回应学生诉求，设置课堂管理规则，体现互相尊重、悦纳的师生关系。其次，有效倾听是建立师生情感连接的基础。思政课教师可以利用课间倾听学生对待课堂的想法和感受，欣赏每位学生的独特之处。这样的情感连接，能让学生感受到老师对自己的关爱和尊重，进而敞开心扉，实现平等和谐的师生互动，在情感上对思政课堂产生更多的认同感。

3. 倡导鼓励，为学生成长赋能

鼓励肯定的课堂管理环境具有引导、陶冶、启发等功能，有利于学生形

---

① 简·尼尔森：《正面管教》，玉冰译，北京联合出版公司 2016 年版，第 91-136 页。

成良好的思想品德与行为习惯，促进其思想与行为潜能的持久变化。鼓励的意义在于让学生在课堂中得到价值感和归属感，能够在情绪良好的情况下提升学习效能。正面管教中有诸多工具可以使学生识别自己的情绪，正确表达自己的需求，并因此获得情智上的激励。首先，正面管教中“鼓励的三种句式”，就是很有力量的激励工具。一是描述式鼓励：我看到、我注意到……例如“我看到你的书本上密密麻麻写了许多笔记”。二是感激式鼓励：谢谢你、感谢你……例如“谢谢你今天第一个举手发言”。三是赋予力量式鼓励：我相信、我坚信……例如“我相信你可以找到答案”等。其次，教师一方面可以运用正面管教中的“情绪脸谱”工具，引导学生在矛盾中认识、接纳自己当下的情绪，鼓励自己主动面对成长中的困境；另一方面，当学生情绪失控时，教师也可运用正面管教中的“掌中大脑”“积极暂停”等工具，引导学生主动到“积极暂停区”，选择自己喜欢的方式平复心情。待学生冷静后，教师再与学生及时沟通，鼓励学生以饱满的热情重新投入学习。

4. 接纳学生错误，共同解决问题

优质的解决方案有助于增强师生间的信任，也有利于提高课堂管理效率、增强教学效能。正面管教理论认为，错误是最好的学习机会。接纳学生错误，专注解决问题，是构建良好师生关系的重要途径。首先是要互相帮助、互相尊重，共同找到解决问题的方法。正面管教建议教师提问时采用启发式句式促使学生对周围的事物进行观察、推理，对已知的经验进行判断、选择和比较。当教师采用启发式提问时，就代表了他们出于好奇和关心，发自内心地想要知道学生的想法和感受，从而达到鼓励学生独立思考解决问题的育人目标。其次，在解决班级课堂管理的普遍问题的时候，不是关注错误本身，而应通过正面管教的工具，共同寻求解决问题的方式。解决问题之前教师可以先安排致谢环节，把对遵守课堂规则的学生的感谢表达出来，以提升他们在集体中的价值感和归属感。有了这个环节奠定的情感基础，学生就可以在尊重和平等的自然状态下，通过“头脑风暴”共同思考、讨论课堂管理规则，对所要完成的任务进行具体描述，共同制定课堂公约，由学生自愿认领岗位任务。这样，当每个学生都有一份职责时，就会建立责任心，产生归属感，从而在课堂管理中，自然而然地建立尊重和平等的师生关系。

# 第二节　积极心理学在日常思想政治教育中的应用

思想政治工作从根本上说就是做人的工作，必须围绕学生、关照学生、服务学生，不断提高学生思想水平、政治觉悟、道德品质、文化素养，让学生成为德才兼备、全面发展的人才。在日常思想政治教育中要培养大学生自尊自信、理性平和、积极向上的健康心态，不断加强对大学生的人文关怀和心理疏导。思想政治教育本质是一项蕴含深刻人文关怀精神的完善人的教育活动，其教育过程实际上就是为受教育者提供人文关怀的过程，倡导和践行人文关怀是推动思想政治教育发展的内在诉求。人文关怀在思想政治教育中占有重要地位，政治教育是一项启之以需、晓之以理、动之以情、导之以行的系统工程，人文关怀是思想政治教育的核心维度和价值坐标。①

为深入开展研究，本节主要以人文关怀为切入点，研究积极心理学在日常思想政治教育中的具体应用。人文关怀是高校日常思想政治教育最为关注的研究点，而“尊重人，理解人，关怀人，肯定人的价值，开掘人的潜能”是人文关怀的实质，这与积极心理学的发展目标十分契合。② 从理论上而言，两者的契合为高校思想政治教育工作者运用积极心理学相关理论开展人文关怀教育奠定了基础。对思想政治教育人文关怀的研究有利于扩展思想政治教育的广度和深度。对于实际工作而言，思想政治教育学是一个随着时代发展而不断创新的学科，基于积极心理学背景下开展对思想政治教育人文关怀的研究，有助于教育者树立积极教育理念，积极融入大学生群体的情绪体验之中，探索人文关怀的思路和方法，提升思想政治教育工作感染力和实效性。

---

① 曾长隽：《高校思想政治教育人文关怀：逻辑关系、现实挑战和提升路径》，《高教探索》2020 年第 3 期。

② 蔡熙文：《发挥积极心理学在大学生思政教育中价值的路径探索》，《辽宁经济职业技术学院（辽宁经济管理干部学院）学报》2019 年第 3 期。

## 一、运用积极心理学开展高校思想政治教育人文关怀的逻辑关系诠释

### （一）高校思想政治教育工作与人文关怀之间具有耦合的自洽性与必要性

积极心理学起源于人本主义，积极心理学所追求的就是对人类最终的人文关怀。人文关怀的核心要义是以人为主、理解和关怀人的本身，因此积极心理学与人文关怀具有深层次的内在关联。此外，思想政治教育与人文关怀之间具有耦合的自洽性与必要性。人是思想政治教育活动的核心与关键，满足人的发展需求，弘扬、培植人的主体性，使其真正成为自由自觉的活动主体，既是思想政治教育的出发点与归宿，也是现代思想政治教育的价值追求。人文关怀为人自由而全面的发展的终极目标赋予强大的精神力量，以哲学的深邃内涵启迪人持续开拓人性的新境界，鼓舞人自觉探寻生命的最高意义。人文关怀是推动思想政治教育发展不可或缺的动力，倘若思想政治教育缺乏人文关怀，就不可能形成教育者与受教育者之间良性的人际关系，思想政治教育将失去存在的意义与发展的可能。如果说“人”是思想政治教育的出发点，那么坚持以人为本，尊重人格尊严，提升人的精神境界则成为思想政治教育发展的内在需求。总之，思想政治教育的目标就是建设人本身，最终实现人自由而全面的发展，这与人文关怀的终极目标高度一致。

### （二）高校思想政治教育工作蕴含人文关怀的必要内容

在思想政治教育领域，人文关怀的内涵可谓众说纷纭。有的学者认为“人文关怀是对人的普遍关怀，强调在尊重人、肯定人的主体地位和差异特点的基础上，对人的生存状况和发展需求的关注与满足”①。有的学者认为人文关怀是“以充分尊重人、理解人、关爱人、肯定人为基点，以解读人生价值意义、全面提升人性层次为使命……是个体全面发展的内在需要”②。还有的学者认为“人文关怀是思想政治教育的核心维度和价值坐标，也是思想政治

---

① 孙瑛辉：《人文关怀：思想政治教育发展的重要维度》，《东北师大学报（哲学社会科学版）》2015 年第 2 期。

② 陆璐：《人文关怀视野中的大学生思想政治教育实效性》，《中国高等教育》2018 年第 22 期。

教育有效运行的必要支撑和逻辑遵循”①。总的来看，虽然学者们对思想政治教育人文关怀的解释略有差异，但大家的看法基本一致，即思想政治教育人文关怀就是在教育活动中尊重大学生人格尊严，满足其需求，引领其精神成长，最终实现大学生的自由而全面发展。具体来讲，主要是指在思想政治教育过程中，教育者作为大学生人生观和价值观的指导者和人生的引路人应关心大学生的生活、学习、工作，关注其心理健康及精神成长，加强与学生的情感交流，建构其主体性，促进大学生自由而全面地发展。思想政治教育人文关怀的有效实施，不仅能够帮助大学生愉悦地学习知识，而且能够激发他们的主观能动性，促进其自由全面地健康成长，对于加强和改进高校思想政治工作具有重要意义。

## 二、高校思想政治教育人文关怀实施过程中存在的问题

高校思想政治教育人文关怀面临着社会环境变迁及思想政治教育工作者工作方式方法陈旧等多重现实挑战，在面对多元多样共在、阶层利益分化、社会热点频出的现代社会环境时，部分思想政治教育工作者在对大学生开展人文关怀的过程中，缺乏沟通，情感疏离，不能完全满足大学生的人文关怀需求，人文关怀的网络化教育方法不足，因而不能取得思想政治教育人文关怀的预期效果。

### （一）师生缺乏沟通，情感疏离

思想政治教育人文关怀在过程上就是思想政治教育工作者与学生之间建立的一种关怀关系。这种关系不是单向的主客体间的“我—他”师生关系，而是双向的主体间的“我—你”师生关系；不是“你说我听”的单向关系，而是“你来我往”的双向关系。② 思想政治教育人文关怀的过程也不是单向的、被动的，而是双向的、主动的。然而，在实际的高校思想政治教育工作中，教育者面向的学生数量多，要花费大量时间精力处理事务性管理工作，忽略了与大学生群体的情感交流、思想沟通。而强调实际学习功效，重视解

---

① 刘蕊、王岳喜：《自媒体时代思想政治教育人文关怀的现实际遇与创新路径》，《思想理论教育导刊》2018 年第 10 期。

② 张莉、肖岭璐：《大学生思想政治教育人文关怀的实现路径》，《学校党建与思想教育》2020 年第 10 期。

决学生管理事务，也窄化了受教育者的人格培养，轻视了受教育者的情感体验。学生大多情况下视教育者为管理权威，许多高校思政教育工作者也兼具学生管理员的角色，学生与他们接触时多为解决具体学业生活问题、学生管理事务难题等，这使得双方的情感沟通不足。高校思想政治教育的弊端之一就是主要凸显其政治功能和社会功能，功利化、工具化、客体化等价值倾向明显。① 思想政治教育工作者与学生之间角色融入意识欠缺，思想政治教育工作者关怀大学生的主动性不足，部分大学生也未能主动接受思想政治教育工作者的关怀并作出回应，除政策化、事务性的工作关心之外，双方缺少自觉生发的情感关怀和双向奔赴的人文关怀，未能形成“关怀—接受—回应”的良性循环，使得思想政治教育目的难以实质性地实现。

### （二）对大学生的人文关怀需求满足不到位

正确判断大学生的人文关怀需求，是开展思想政治教育人文关怀的核心。而在实际工作中，部分思想政治教育者并不能有效捕捉大学生的人文关怀需求，对他们的人文关怀需求满足不到位，“需求者本位”意识不强，而是习惯于以教师为中心的教育空间格局和师生之间的授受关系，首要考虑以社会规范、学校教育、政治意识形态、管理制度等方式提供“供给”，而忽略了大学生更多个性化的人文关怀需求，造成“供给”与“需求”不对称。部分思想政治教育工作者的人文关怀理念有待加强，教育理念滞后于学生的成长需求，对人文关怀教育认识存在偏差，片面地认为人文关怀就是生活关怀，难以识别学生个体差异性的情感关怀、心理疏导等需求，不够关心学生内心的感受，也忽略了引导学生正确对待困难、挫折和荣誉，进而使得大学生在思想、政治、道德和心理层面的认同感不够。

### （三）人文关怀的网络化教育方法不足

数字化、符号化的信息技术发展改变了人发展的场域和方式，网络的、代码的和数字化的方式构建了人—机相互作用关系，从而形成了一个与现实世界不同却能被人通过视觉与听觉感知的数字化空间。以往师生的交往模式是以面对面的形式进行的“主体—主体”模式，教育者可直接观察到大学生

① 曾长隽：《高校思想政治教育人文关怀：逻辑关系、现实挑战和提升路径》，《高教探索》2020 年第 3 期。

的言行、举止以及了解大学生的内心思想是否沿着正确的方向发展，而以网络媒介为终端的交往模式变为“主体—客体（互联网终端）—主体”模式，这种模式表面上是网络主体之间的互动，实质上是数字与符号之间的互动，交流者的表情、思想和行为都被隐藏在符号和数字之中，人与人真真切切的情感交流被一系列数字和符号所代替。大学生过分依赖虚拟交往使现实社会的正常交往减少，人与人之间本该亲近的关系逐渐淡化，大大降低了对真实世界的感知度，制约了大学生的实践能力和社交能力的发展。此外，教育者与受教育者之间的话语方式和沟通手段不同，导致双方的现实沟通关系和话语沟通力受阻，在一定程度上阻碍师生之间的交流。如何借助新媒体技术跟上信息发展和教育变革的步伐，以及如何利用微博、微信等微媒体开展思想政治教育人文关怀成为亟须探索的现实课题。为此，在新形势下，要把互联网思维、技术与人文关怀结合起来，线上和线下同时发力，借助网络丰富人的精神境界，努力构建“互联网＋人文关怀”新生态。00后大学生表达自我的诉求和欲望凸显，表达方式呈现个性化和实时互动性，枯燥单一的传统思政教育方式难以触动学生的内心，难以与学生产生共鸣。因此，借助网络创新思政教育方式，丰富人文关怀的网络化教育方法，使教育形式符合大学生的文化消费特征和心理接受特征，满足大学生生活化、个性化的表达方式，才能充分调动起他们的主动性和积极性，建立互动式、探讨式的教学形式，增强思想政治教育人文关怀形式的吸引力。

## 三、积极心理学视域下高校思想政治教育人文关怀的提升路径

### （一）树立人文关怀理念，提高人文关怀素养

思想政治教育者在实施人文关怀时会受到很多因素的影响，其自身的人文关怀素养是最根本的影响因素。人文关怀素养是指教育工作者在实施人文关怀的过程中引导学生健康成长、提升学生的精神品位、丰富学生的心灵世界、实现学生自由而全面发展所具备的特殊能力。提高人文关怀素养需要从两个方面着手：其一是树立人文关怀理念。人文关怀理念是人们对于思想政治教育如何实践和实现其人文价值的思想观念和理想追求。以学生为本的人文关怀理念成为当前思想政治教育的重要指导思想和核心理念，这主要是由人的本质决定的。人不仅仅是对象性的实然性存在，还是一种不断超越现实

和自身的应然性和可能性存在。正是人的应然性和可能性决定了思想政治教育不单单是使人顺应现实的社会生活，更重要的是要关照人的精神生活，促进人的不断发展。走向人文关怀的思想政治教育首先要尊重学生的人格，相信学生具有潜在发展性和现实生成性。“高度重视人的因素，是思想政治教育的本质所规定的，也是思想政治教育所必须遵循的基本逻辑。”① 传统的思想政治教育存在重教师主导性，忽视学生主体性的缺点以及重知识灌输、轻师生情感交流的问题，这与以学生为本的人文关怀理念背道而驰。因此，教育者要转变传统落后的教育观念，充分认识和了解新时代大学生的思想和行为新样态，以平等的态度、民主的作风尊重和关爱每一位学生，全面关怀学生的健康成长，充分发挥思想政治教育所蕴含的对学生成长成才的引领功能。同时，用真情去拨动学生的心弦，以诚相待、以情相待，加强与学生的情感交流和沟通。其二，要提高教育者的人文关怀素养，包括高度的角色主体意识、积极平等的人性观以及全面的精神关怀能力等。角色主体意识是指教育者以主体身份和责任意识践行思想政治教育人文关怀的自觉性。高度的角色主体意识是有效开展人文关怀活动的内在基础，促使教育者不断提高自身水平、丰富内心世界和完善自身的人格。积极平等的人性观是指教育者对学生持积极平等的态度，相信每个学生都具有自我成长的潜质，平等地对待每一位学生，尊重每位学生的人格，鼓励启发学生的潜能。此外，教师的精神关怀能力具体包括沟通协调能力、理解能力以及自我反思能力。积极探索沟通的新渠道，提升沟通技巧和表达能力，与大学生展开平等的对话，真正地理解大学生的诉求与心声，才能实现教育者和受教育者之间的良性互动。

**（二）建立关怀式师生关系**

良好的师生关系不仅是一种重要的教育资源，更是促进教育活动有效开展的重要条件。思想政治教育人文价值只有在平等、民主及互动的关怀式师生关系中才能实现。平等的关怀式师生关系体现的是教育者与受教育者在人格上的平等性和独立性，著名教育学家布贝尔坚持用“我、你”取代“师、生”，实际上就是强调了师生之间的平等。德国哲学家哈贝马斯把人的行为分

① 陆庆壬：《人的发展和社会发展：思想政治教育学基础理论研究》，同济大学出版社 1994 年版，第 40 页。

为“交往行为”和“工具行为”两类，交往行为中双方都把对方当作平等的对话伙伴，而工具行为则把行为情境中的他人作为客体看待。也就是说，有效的互动交流有赖于改变过去主客体对立的传统认识，使主客体在平等的视域中走向和谐。关怀式师生关系重视教师与学生在精神领域的交流与沟通，是真正意义上惠及双方的交往互动。诺丁斯指出，人是以关系的形式存在着的，关系性存在是人性的根本特征，而且维系关系的是关怀。“关怀是人类生活中的一个基本要素，不可以被视为可有可无的——确实所有的人都希望得到关怀。”① 建立平等的交往关系要求教育者摆脱道德权威的气势，通过师生间的平等对话寻求共同成长。教育者以“良师益友”而非“管理权威”的身份面对学生，积极通过微博、微信等微平台与学生沟通交流，与学生建立朋友关系，成为学生的“圈内好友”“粉丝”，了解学生的思想动态和实际情况，为学生的健康成长提供实实在在的帮助。思想政治教育人文关怀从灌输走向对话交流，建立新型的关怀式师生关系，是增强高校思想政治教育实效性的发展方向。

**（三）创新网络化、生活化的人文关怀方法**

一是注重采用网络化、生活化的人文关怀方式。思想政治教育人文关怀必须贴近学生的现实生活，消除枯萎干瘪的理论符号、强制性灌输的方法及空洞的说教，避免出现思想政治教育的“泛政治化”、受教育者主体精神丧失和教育者“不食人间烟火”的现象。教育者要擅于通过微信、微博等网络媒介走进大学生的“微世界”，关注大学生的生活世界、内心情感世界，近距离倾听大学生的心声。教育者需要借助微博、微信、QQ、E-mail 等方式广泛开展调查，正确把握受教育者的思想动态，了解受教育者的内心世界，实现心理疏导、思想引导、行为规范、文化熏陶的结合。二是采用现代化的教育手段。教师应该充分利用网络信息资源共享和传播速度快的优势，利用微博和微信的“转发”和“评论”功能将时政热点、社会焦点、新闻动态、课堂的重点和难点等最新信息内容发布出来，开展探讨式和互动式教学，建立师生双向互动和生生群体互动的立体互动模式，尽可能调动学生一起参与，建立起网络教学、互动教学、实践教学等相结合的立体教学模式，不断增强思想政治教育的吸引力和说服力。

① 诺丁斯：《始于家庭：关怀与社会政策》，侯晶晶译，教育科学出版社 2006 年版，第 11 页。

# 第三节 借鉴积极心理学创新高校思想政治教育方法

思想政治教育工作的开展应该与时俱进，开拓创新。面对新形势、新情况，思想政治教育工作在继承和发扬优秀传统的基础上，必须在内容、形式、方法、手段、机制等方面进行创新和改进，思想政治工作方法创新是我党的优良传统。早在新民主主义革命时期，毛泽东同志就指出："我们不但要提出任务，而且要解决完成任务的方法问题。我们的任务是过河，但是没有桥或没有船就不能过。不解决桥或船的问题，过河就是一句空话。不解决方法问题，任务也只是瞎说一顿。"① 科学、恰当的方法，是实现思想政治教育的目的，是取得思想政治教育最佳效果和提高思想政治教育效率的关键。在深入分析的基础上，引入积极心理学相关理论，以思想政治教育方法的创新，为思想政治教育注入新的活力。

## 一、培养积极的师生关系，保持积极沟通与及时反馈

传统的思想政治教育活动中，教育者处于绝对的权威地位，教育者根据自身的知识积累和既定的教育目标，采取强制灌输式的教育方式，将思想政治教育所要传达的理念以理论板块的形式传达给受教育者，在这种教育模式下，受教育者完全处于单向接受知识的被动地位。由于受教育者的个人学习能力不同，对于知识的理解和把握程度也不一致，能力较强、社会责任感较强的学生对思想政治教育所传达的教育理念理解较为全面，然而，还有些受教育者并不能很快地接受教育者所传达的知识，并且对教育内容不假思索地全盘接受，被动地应付教育者所提出的教育要求，这种情况下，实现教育目标就十分困难。思想政治教育的最终目标是实现人自由而全面的发展，培养出适应时代发展需要的人才。

① 《毛泽东选集》第1卷，人民出版社1991年版，第139页。

思想政治教育师生之间积极和谐的互动关系不仅是在思想政治教育主体双方互相期望的基础上建立的，还是在教育者与受教育者双方平等、积极的沟通中实现的。思想政治教育是关于人的教育活动，人与人之间当然也离不开沟通。目前，受教育者自主意识不断增强，单纯的谈话式沟通已经不能满足当下教育对象的心理需求，因此，在现代的交流方式中，除了要注意沟通技巧和方法外，还要让受教育者清楚地了解到教育者所传授的思想政治教育内容和文化理论知识，同时教育者又可以通过受教育者的反应和感受来掌握受教育者的思想动态和心理现状。也就是说，及时有效的沟通就是一个从了解到接受、从传递到反馈的交流过程。其意义和目的在于平等地交流和有效地沟通主体双方的想法、意见，从而统一思想和行为，促进大学生思想政治教育目标的达成。建立积极的师生关系的方法随着新媒体的发展而变得多样化起来，教育者可以采用主题座谈会、与受教育者个别谈心、电话沟通等多种传统的沟通方式，也可以利用青年受教育者群体经常使用的人人网、猫扑论坛、QQ、微博、微信等现代交流平台，建立深层次沟通渠道与机制，及时有效地进行沟通和良性反馈。现代教育理念表明：教育就是一种感情的投入和付出，在平等、真诚的情感沟通下，建立彼此信任、亲密、依赖的互动关系，使受教育者主动接受教育内容，并能积极主动参与到思想政治教育中。

## 二、调动大学生的积极情感，塑造积极人格

积极心理学侧重于人的心理层面，其具有心理调适的功能，受教育者在进行思想政治教育理论知识学习的过程中，可以通过有效地调动积极情感，以便采取有效方法使受教育者消除当前的心理困惑，及时调节情绪。从教育方法上看，积极心理学重视积极情感的培养，注重倾听与情感沟通，对教育对象采取接纳、理解、信任、平等的态度，增强学生的主观幸福感，引导学生产生积极情绪和塑造积极人格。

调动积极情感需要学生从自身做起。学生要做到尊重自我、悦纳自我，才能拥有较高的生活满意度，才能增加主观幸福感。可以通过与身边自尊、自爱、自信的同辈人交朋友，在同辈人的优良品质影响下成为积极自信的人。同时大学生要注重培养兴趣爱好，兴趣爱好能使人产生满足、快乐、幸福等积极情感，让内心有所寄托，以此代替苦闷等消极情感。积极心理学认为积

极人格应包含六大美德和24种性格优势，即智慧（创造力、好奇心、好学、开放性思维、洞察力）、勇气（勇敢、毅力、正直、活力）、正义（社会责任感、公平、领导力）、仁爱（爱、仁慈、社交智慧）、节制（宽恕、谦虚、谨慎、自我管理）与升华（美的领悟、感恩、乐观、幽默、信仰）。利用科学的方法将积极心理学研究成果创新应用在高校思想政治教育过程中，如把大学生个人理想同国家理想和民族精神相结合，把大学生的素质品行教育与践行社会主义核心价值观相结合，努力将六大美德、24种性格优势融入社会主义核心价值观教育中。

## 三、采用适宜的教育情感表达方式

在思想政治教育过程中，教育者与受教育者所处的位置、处理问题的角度以及思维方式的不同，导致在开展思想政治教育活动时会出现信息交流不对等、知识理解有歧义、情感交流有障碍等问题，这些问题出现在思想政治教育活动中会引起诸多关注。众所周知，思想政治教育是对人的教育，是以人为本的教育，在这种教育过程中就一定要注意教育对象的在场性，突出教育的目的是促进教育对象身心的发展，因此，在思想政治教育活动中，教育者要有足够的耐心来研究教育对象的情绪波动，留心教育对象对于教育过程的把控程度，及时了解教育对象在整个教育活动中的发展程度。

积极心理学注重情感沟通的顺畅性，然而，在传统的思想政治教育中，教育者往往采取强迫的方式进行说教和灌输，导致受教育者产生强烈的逆反心理，双方无法形成平等友好的教学关系，阻碍了思想政治教育活动的顺利进行。现代教育理念表明，平等的教学关系具有重要的教育影响力，教育就是一种情感的交流互动，没有交流就不存在真正意义上的教育。因此，教育者在教育实践中要注重与受教育者的交往，注重掌握建立积极情感关系的策略。情感表达不同于简单的信息交流沟通，情感是人的主观感受，是一种心理状态，不是简单的事实陈述。我们经常会听到“言不由衷”“辞不达意”等表达交流不畅的词，这就是未能将自身真实的情感正确地表达出来，或因表达的方式不对而造成信息交流不畅等。教育者与受教育者要想更科学、更有效地进行教育情感的表达，就要掌握最基本的教育情感表达方式。教育情感的表达是心理活动外显的过程，从教育情感表达的载体来看，外在的表现形式还是比较多样的，如语音语调、面部表情、肢体动作等，这些特殊的语言，也是教育情感表达的基本方式。受教育者本身有着强烈的表达自身心理期望的愿望，而这些愿望可以通过主动与教育者沟通生活、学习和工作情况，积极参加学校等教育机构组织的各项团体活动，充分了解、参与教育者的教育、管理活动等方面实现。只有这样受教育者本身才能真实、正确、主动地表达自己的思想，才能合理调整自己的心理期望，从而接受教育者的有关期望并形成积极回应。

## 四、积极创建和谐的教学环境

教育者与受教育者的关系是相互期望的缔结，这包含有两个方面的情形：一方面是基于双方对对方特定社会角色的认知形成了不成文规定的共性期望，它表现对彼此因社会传统和时代特征对角色的定义而产生的要求和期待；另一方面是教育者与受教育者领悟和感知到特定教育组织文化中的有关规范和理念并由此形成的相互期望，体现了教育组织传达基本教育理念的要求和期望。

在思想政治教育过程中，教育者与受教育者是否有积极的互动与回应、双方是否投入积极情感、是否产生主观幸福感的体验都可能产生思想政治教育效果的差异。因此，这就要求教育者与受教育者采取积极主动的行为进行互动和交流，逐渐调整自己的心理期望，使双方的积极付出与回应处于对等或是平衡状态。在思想政治教育活动中，积极和谐的教学环境有利于营造一种良好的、宽松的人际关系，对教育者与受教育者而言，更有利于双方平等的交流，在良好的教学环境影响下，教育者与受教育者的目标与期望、理想与需要不断地融合、调整，使思想政治教育主体双方形成合理的价值观念和行为取向，通过教育者人格魅力的吸引力及受教育者追求真理的向心力，增强受教育者的心理归属感。思想政治教育在青年群体价值观的形成过程中至关重要，对受教育者理性思维的建构也有着很强的感染力，思想政治教育是社会主义国家主流价值观传递的主要手段和方式，通过思想政治教育活动传递的主流价值思想对于构建和谐的社会主义也具有重要作用，因此，在思想政治教育过程中建立一种乐观向上、信任合作的学习氛围十分重要，这种轻松和谐的教学环境可以增加受教育者对教育内容的热情程度，激发受教育者的求知情怀。构建和谐稳定的思政教育环境不仅要改善教育组织相应的教学管理方法和硬件设施，而且要教育者不断地提升自我的道德修养和职业素质，为受教育者树立良好的榜样，让受教育者从心里自发地产生一种奋发向上的动力，增加受教育者的心灵归属感和心理满意度。

# 第六章　思想政治教育引领新时代大学生创新创业

创新是中华民族的优良传统，是引领发展的第一动力。《中华人民共和国国民经济和社会发展第十四个五年规划和 2035 年远景目标纲要》明确指出，“要坚持创新在我国现代化建设全局中的核心地位”，“优化创新创业创造生态”，“大力弘扬新时代科学家精神”，“倡导敬业、精益、专注、宽容失败的创新创业文化”，“加强青少年科学兴趣引导和培养，形成热爱科学、崇尚创新的社会氛围”。① 百年未有之大变局下，世界多国对建设创新型国家的重视程度和对培养创新型人才的投入力度与日俱增。党和国家力倡新时代人才强国战略，加快建设世界重要人才中心和创新高地的步伐。大学生作为我国建设创新型国家的生力军，是推动我国走中国特色社会主义道路，向全面建成社会主义现代化强国第二个百年奋斗目标迈进，实现中华民族伟大复兴、远大理想和宏伟目标的重要力量。在创新成为当今社会发展的必然趋势与迫切要求的时代背景下，加强大学生创新创业精神培育力度势在必行。

在高等教育深化改革和创新发展的背景下，创新创业教育与经济社会发展相适应，与时代精神相吻合，是一种教育理念、教育体制和新的教育实践，我国高校创新创业教育已取得较大成效，但部分高校在实践中忽视创新创业价值观的培育，创新创业精神培育的理念滞后于实践，呈现出明显的急功近

① 《中华人民共和国国民经济和社会发展第十四个五年规划和 2035 年远景目标纲要》，人民出版社 2021 年版，第 11-17 页。

利倾向，需要充分发挥思想政治教育的价值引领、心理疏导和人文关怀等功能，以社会主义核心价值观涵养大学生创新创业价值观、构建科学有效的思想政治教育价值引领体系，为高校创新创业人才培养提质增效。

## 第一节　思想政治教育引领高校创新创业教育的价值

创业知识传授与德育价值传播成为教师传道授业、学生学习成长的共同点、需求点。目前，高校创新创业教育现状是教师普遍采用创办企业、创业实务和创业知识点输出的教育逻辑，在教育教学实践中，创新创业教育还存在着以下困境：一是过度强调创新创业的社会经济价值，忽视了精神价值的引领。在教育教学上过于追求创业知识技能的广度，忽视了学生人生价值的树立、人格的塑造和思想品质的培育，造成创新创业人才培养片面化。二是过度强调创新创业的个人发展价值，忽视了社会价值的引领。教育成效过于追求短、平、快的即时利益，忽略企业家精神、工匠精神和社会主义价值观的引领，导致创新创业教育出现功利化苗头。三是过度强调创新创业的知识技能作用，忽视了价值选择的引领。创新创业教育应致力于帮助学生完善自身的知识结构，掌握创新创业知识技能，更应该倡导和影响学生形成具有批判精神和甄别能力的智慧，在创新创业选择上形成正确的价值取向和态度行为，避免青年学生参加创新创业教育活动的态度消极化。创新创业教育已是大学生的必修课，但价值感缺失、功利性过强、积极性不够等困境造成了创新创业知识传授与价值塑造的背道而驰。因此，高校创新创业课程组织者要形成一个新的理念——创新创业教育要惠及广大学生：创业与德育同向并行、知识与价值同频共振有着理论研究和实际运用上的紧迫性和重要性。

### 一、发挥主流价值观在创新创业知识传授中的引领导向作用

思想政治教育引领高校创新创业教育是指在创新创业教育教学中，潜移

默化地施加马克思列宁主义、毛泽东思想、邓小平理论、“三个代表”重要思想、习近平新时代中国特色社会主义思想以及中华优秀传统文化等内容的影响，在课堂中发挥思想政治教育的价值导向作用，增强社会主义核心价值观对大学生创新创业课程知识的影响，发挥主流价值观在创新创业知识传授中的导向作用，培养大学生形成符合现代社会发展的创新创业价值观。

主流价值观在创新创业知识传授中的导向作用是具体的。第一，表达作用。通过社会主义核心价值观的引领，表达了中国共产党和中国政府领导下社会主义教育所承载的培育青年的要求和职责，要培养德智体美劳全面发展的社会主义建设者和接班人，创新创业教育也要发挥作用。第二，组织动员作用。通过思想政治理论课教学、日常思想政治教育活动、创新创业“课程思政”教学改革等动员更多的大学生积极肩负起实现中华民族伟大复兴的历史使命，紧紧抓住大有可为的历史机遇期，在创新创业的道路上努力拼搏，开启全面建设社会主义现代化国家新征程。共同的价值观念决定着大学生可以接受相同或相似的历史使命，自愿结为志趣相投的创新创业团队或企业。

价值观在全社会的确立是思政教育与社会教育相互促进的过程，是内化与外化相辅相成的过程。因此，在思想政治教育引领高校创新创业教育实践中，要注意处理好思想政治教育的价值导向和大学生的价值取向有机统一的问题。思想政治教育的价值导向是一元的，这是由我们所在的社会主义意识形态的性质所决定的。而大学生的价值取向是多元的，尤其是在信息传播异常发达的现代网络社会，大学生对各类信息的接触和取舍具有主观性，也容易受到各种社会思潮甚至反动思想的影响。在这样的情况下，很可能发生思想政治教育主流价值导向不被大学生所接受的问题，从而导致教育成本增加、教育资源浪费。因此，思想政治教育对高校创新创业教育的引领建设必须做深做实，使教育形式变得更为生动活泼，才能更容易让教育者所倡导的价值理念入耳、入脑、入心。

## 二、发挥正确世界观和方法论在创新创业实践中的保证作用

高校的思政课程和各类课程思政的基本作用在于帮助大学生树立正确的世界观和找到正确的方法论，以保证各项事业的发展。思想政治教育对高校

创新创业教育的保证作用是通过间接的方式实现的，通过思想政治理论课教学、日常思想政治教育活动和创新创业课程思政的教学内容和手段，提高大学生的知识水平和政治素养，帮助大学生确立正确的世界观、价值观，引导他们在人生成长、学业规划、创新创业和其他各项实践中沿着正确的方向发展，为社会主义现代化建设添砖添瓦。因此可以说，高校思想政治教育激发了大学生源源不断的积极性、主动性和创造性，保证了他们在创新创业实践中得到锻炼，实现理想追求和促进个人发展。

青年大学生富有想象力和创造力，是创新创业的生力军。创新是引领发展的第一动力，创业是推动经济社会发展、改善民生的重要途径。近年来，大众创业、万众创新持续向更大范围、更高层次和更深程度推进，创新创业与经济社会发展深度融合。在正确的世界观和方法论的指导下，大学生作为创新创业生力军，能够在个人成长道路上秉持着社会主义方向的改革观、发展观、创新观，对于保证社会主义经济建设、政治建设和文化建设的发展具有重要意义。

## 三、发挥德育在创新创业人才成长中的基础作用

思想政治教育对高校创新创业教育的引领重点在于深挖创新创业课程教学中的德育内容和德育元素，把创新创业课程作为连接价值与科学知识的“精神中介”，把立德树人融入教书育人全过程。高校创新创业课程挖掘探索的以爱国主义为核心的民族精神和以改革创新为核心的时代精神，鼓舞和推动大学生弘扬中国精神，培养“敢为天下先”的创新创业意识，发挥创造活力，肩负实现中华民族伟大复兴的使命担当，践行创新创业报国之志。在课程中弘扬社会主义核心价值观，引导大学生扣好人生的第一粒扣子，弘扬企业家精神和工匠精神，增强以创新引领创业、以创业带动就业的自觉意识，在大学生群体中培养创造价值、服务国家的未来企业家精神等；在课程中贯穿德育内容，培养创新创业人才的优秀品质、理想信念、综合素养。

思想政治教育对高校创新创业教育的引领能更好地把握大学生的思想状态，能极大地调动高校教学与管理部门、专业教师、学生工作队伍参与育人过程。大学是大学生完善人格发展的重要时期，大学生的思想品德、心理素

质和专业能力在这个阶段完成奠基。除了思政课程主渠道的学习之外，课程思政范式的创新创业课程也能有效发挥德育功效，在授课教师的案例讲授、课程内容的组织传达、创新创业的实践锻炼中塑造学生健全的人格，使得培养的创新创业人才能形成崇高丰富的精神世界，拥有健康良好的创新品格，积极向上的道德品质。

## 四、解决思想政治教育与专业教育“两张皮”的问题

长期以来，困扰我国思想政治教育特别是高校思想政治工作的深层次问题，就是抓思政与搞专业“两张皮”的现象。思政课程与专业课程、思政学科与专业学科的教材建设、课程建设、师资建设各自为政，尤其在专业学科建设的过程中，教师比较强调该专业领域的前沿进展，比较强调知识传授，较少涉及“德育为先”如何在专业教育中落细、落小、落实。更有甚者，个别专业课程公然与思政课程“唱反调”，思政课授课教师在上一节课中努力“砌墙”，为大学生树立的理想信念，下一节课便被专业课教师“拆墙”，形成思政课育人的“孤岛”。课程思政可以使专业课教师围绕育人核心发挥课堂的重要作用，增强与思政课程的协调，从而保证大学生思想政治教育目标的顺利实现。

创新创业教育在这些年取得了很大的发展，但由于功能过于单一，定位不够清晰，内容体系不够科学，价值观念不够突出，制约和影响了其在人才培养中的作用和成效。思想政治教育历经 40 多年的发展，理论研究与实践探索均取得了从量变到质变的飞跃式发展，但也面临着学科内容亟须更新、鲜活性不足、吸引力不强等问题。从现实发展来看，两者割裂式的单独发展建设存在弊端，创新创业教育的思想理念滞后于实践，需要思想政治教育的价值引领，思想政治教育的发展需要与现实接地气的创新创业教育契合。思想政治教育对高校创新创业教育的引领促使了它们在教育目标、教学内容上的高度统一。思想政治元素对创新创业课程发挥价值引领作用，创新创业课程进一步丰富思想政治教育的内涵和外延，实现思想政治教育与专业教育的融合协同，夯实课程育人成效。

# 第二节　思想政治教育引领高校创新创业教育的要求与内容

## 一、坚守正道，融入“思政味”

### （一）思想政治教育是“盐分”

习近平总书记在全国高校思想政治工作会议上指出：“好的思想政治工作应该像盐，但不能光吃盐，最好的方式是将盐溶解到各种食物中自然而然吸收。”[①] 这个新鲜又生动的比喻含义深刻、意蕴丰富，对加强和改进思想政治工作有着深远的启发意义。贯彻落实习总书记的讲话精神，就是要更好地把思想政治教育之“盐”融入大学生日常教育管理工作和课程中，让思想引领无处不在，引导青年学生励志勤学、刻苦磨炼，勇担历史责任，使高校始终充满积极向上的正能量，洋溢蓬勃向上的青春活力，展现改革创新的时代风采。

思想政治教育是一种社会实践活动，反映社会主流意识形态，是为国家的发展大局服务的，其重要性不言而喻。盐是维持人体正常机能的必需品，它调节着人体肌肉运动、神经信号传递等机能的正常运转。如果缺盐，就会造成体内的钠含量过低，轻则食欲不振、四肢无力，重则肌肉痉挛、视力模糊，甚至危及生命。思想政治工作犹如人精神上的“盐”，是一切工作的生命线，是一项具有经常性、基础性意义的重要工作。好的思想政治教育能够为受教育者提供科学的思想理论和正确的方向指引，满足生命和灵魂的精神需求和期待，是为受教育者全面发展提供的“精神大餐”中不可或缺的“调味剂”和“营养品”。

思想政治教育具有渗透性。教育者通过创设一定的环境和载体，运用马克思主义理论，采用多种教育方式和方法，对受教育者进行思想塑造和心理

① 蔡建昭：《思想政治工作要如盐在肴融于细微》，《解放军报》2018 年 10 月 8 日。

影响，使受教育者受到渲染和熏陶，以实现思想政治教育的目的。正如盐的溶解性特质（盐不能直接进食，必须将盐融入食物，才能提供人体需要的氯元素、钠元素）一样，思政教育的渗透性也是全方位、多维度的，体现在渗透的内容丰富多彩，载体形式多种多样，作用对象广泛。另外，通过思政教育改变、提升受教育者的思想和心理认知不是一朝一夕的事情，要在有利的环境和深厚的教育氛围中经过长期的连续作用，从外至内多重反复，逐步实现。

思想政治教育具有渐进性。运用理论进行渐进的传输，逐渐将思想理论的主旨融入受教育者的思想中，强调渐进式技巧的运用，摒弃填鸭式、纯理论灌输式的手段，使理论与实践相结合，关注教育对象的层次性和需求性，有针对性地推进教育进程。简单、生硬、单调的灌输，犹如让受教育者直接吃盐，必然不能被受教育者欣然接纳，且内心极易产生叛逆式的抵制。思想政治教育是一项极富艺术性的工作，需要科学的方式方法，把正确的世界观、人生观、价值观融入日常生活，把思想价值引领贯穿于教育工作的全过程，借助载体，真正做到如盐在肴，化于无形、融于细微，在看不见、摸不着的状态下做到“润物细无声”，用正能量的内容占领青年的思想高地。

思想政治教育具有适应性。思想政治工作需要把握技巧，根据受众不同的学识背景、不同发展阶段的不同需求，做到实时跟进、因时而异、因势而新，“大水漫灌”不如“精准滴灌”，好的思想政治工作要讲究规律性、精准性和实效性，以增强时代感和吸引力。放盐时也要讲究艺术，把握用盐的“适量”和放盐的“适时”，太咸或太淡，都直接影响味觉体验和身体健康。思想政治教育同样不能“重口味”，言语过于高调、政治意图过于明显往往令人生厌、引人逆反。同时，做好思想政治工作，还需要遵循规律、因材施教，有的“食材”需要大量的“盐”保鲜，有的“珍馐”仅需要一点“盐”提鲜。思想政治教育只有因人而异、恰如其分、适量“放盐”，才能让受教育者在咸淡适宜、味美可口的思政教育大餐中汲取营养、受益终身。

如何像放“盐”一样做好思想政治工作？一是必须顺应受教育者的心理需求和个性特征，重构受教育者接受的话语体系，赋予话语新的时代元素，将思想政治工作的“盐”同各种时尚化、生活化的话语“佐料”相融合，生成“精神大餐”，从而使受教育者愿意听、听得进、记得住。二是创新受教育者接受的方式方法。首先，要发挥柔和的引导作用，保持教育者与受教育者平等的交流和探讨，鼓励受教育者发表自己的观点和看法；其次，要将教育融入受教育者的日常工作学习中，少说大话空话，立足实际，善于见微知著；最后，要注重全过程的人文关怀、情感关怀，以文化人、以理服人、以情感人。三是依托受教育者易于接受的活动载体，通过开展丰富多彩的文化教育活动，寓教于乐，突出受教育者的主体性，为受教育者做好每一道“精神佳肴”。

### （二）坚守思想政治教育引领的正道

党中央对思想政治教育工作高度重视，我们必须始终坚持马克思主义指导地位，大力推进中国特色社会主义学科体系建设，为思想政治教育提供根本保证。我们对共产党执政规律、社会主义建设规律、人类社会发展规律的认识和把握不断深入，开辟了中国特色社会主义理论和实践发展新境界，中国特色社会主义取得举世瞩目的成就，中国特色社会主义道路自信、理论自信、制度自信、文化自信不断增强，为思想政治教育提供了有力支撑。中华民族几千年来形成了博大精深的优秀传统文化，我们党带领人民在革命、建设、改革过程中锻造的革命文化和社会主义先进文化，为思想政治教育提供了深厚力量。思想政治教育长期以来形成的一系列规律性认识和成功经验，为思想政治教育守正创新提供了重要基础。

坚守思想政治教育引领的正道，就要坚持显性教育和隐性教育相统一，挖掘创新创业课程和教学方式中蕴含的思想政治教育资源，实现全员、全程、全方位育人。这种引领与坚守，不是跨界，而是坚持显性教育和隐性教育相统一，发挥所有课程的育人功能，让所有教师都负有育人职责，真正形成全员、全程、全方位育人的强劲合力，切实把立德树人根本任务落到实处。从思政课程到课程思政，体现了“溶盐入汤、润物无声”的效果。要让所有课都上出“思政味”，所有老师都挑起“思政担”，就要将以往单纯的思政课教育转变为覆盖各专业、各学科、各课程体系的大思政和大德育，将课堂教学提升为全课程育人，推动思政课建设内涵式发展。把思政课办得越来越好，正是我们未来的努力方向。

## 二、力求出新，发挥“同道”价值

### （一）深挖创新创业课程德育元素

创新创业课程教育学生拥有创新思维和创新能力、构建创业团队、识别创业机会以及获取创业资源等，这是促进学生全面发展的要求，也是创新发展型国家对创新人才培养的要求。创新创业课程中各个章节涵盖内容较多，如包含最新的科学技术前沿以及创业公司或团队，这些都是学生较为关心、关注的内容，对于部分创业者来说，他们更喜欢新鲜、新奇的事物，在授课过程中不可避免地会涉及国外的创业团队、创业公司以及创业者，例如曾经的世界首富比尔·盖茨，苹果公司的创始人乔布斯等闻名世界的创业者。为了更加了解这些成功创业者的故事，授课教师会主动查阅相关资料信息，甚至搜集到许多未经证实、歪曲解读的信息，这些对于价值观仍未完全定型的大学生而言，容易因过度美化的西方创业故事而受到西方价值观的影响，因而教师更应该在创新创业课程中融入思想政治教育内容，让大学生正确客观看待创业成果，同时引导他们结合国家战略目标和个人发展思考有效开展创业活动的方法，在课程中深刻讲解个人与国家发展的辩证关系，个人前途命运发展与国家是紧密联合起来的，在思想政治教育中把稳课程方向，引领学生成长发展的航向，让创新创业课课程思政的教育效果更好。

思想政治教育引领学生坚定信仰马克思主义，不断增强大学生对国家、中华民族、中华文化、中国共产党和中国特色社会主义的认同，增强四个自信。在创新创业课程中要坚守思想政治教育引领，授课内容要把个人发展与国家社会发展相结合，例如把创新精神培养与大国崛起相结合，把创业者精神与个人成长相结合，把创业团队组建与协作共赢精神相结合，把创业机会识别与国家重要战略机遇相结合，把创业资源获取与全局观相结合，把市场营销与社会道德相结合，把企业家精神与社会责任相结合，把企业文化与商业伦理相结合，把创业失败与情绪管理相结合，这有助于大学生形成正确的创业观与创业的毅力，助力他们创业获得成功。好的创新创业教育课堂就像一道靓菜鲜汤，但不能光吃菜喝汤，更好的方式是将思想政治教育这“盐分”溶解到各类“食物”、各类“鲜汤”中自然而然地吸收。加入思想政治教育的盐分让创新创业课“有滋有味”，不仅可以“提鲜入味”，而且能够潜移默化地影响学生，让主旋律更响亮、主阵地更牢固、主渠道更通畅，为人才培养工作作出更大的贡献。

**（二）发挥创新创业课程“同道”价值**

为做好拥有“思政味”的创新创业教育大餐，加入“盐分”的方法尤为讲究，加入的量得当，事半功倍，加入的量与时机不对，就会咸淡不均，让饮食者觉得难以下咽。要想“课程大餐”咸淡合适，就要在以下三个方面下功夫。

第一，用好思想政治教育内容之“盐”。思想政治教育所包含的内容较多，包括社会主义核心价值观教育、形势与政策教育、军事理论教育、党和国家方针政策教育等，这些内容都根植于大学生亲身所处的这片社会主义沃土之中，令他们有着鲜活直观的感受。例如庆祝中国共产党成立100周年之际，大学生在“庆祝党的百年华诞”系列活动中感受和了解到党的百年奋斗重大成就和历史经验。在中国共产党的领导下，我们彻底改变了近代100多年以来中国积贫积弱、受人欺凌的悲惨命运，中华民族走上了实现伟大复兴的壮阔道路。中国共产党走过矢志践行初心使命的百年历程，面向未来，作为历史接棒人，当代大学生如何在创新创造中创下新的辉煌？选择思想政治教育活动的时间节点，使之与创新创业内容相结合，就像选取不同量的盐分，并使之与鲜汤产生了融合效果。用好思想政治教育内容之“盐”，结合创新创业这份不同的“鲜汤”，适时适量地加入不同含量的“盐分”，确保育人效果的回味无穷。第二，做鲜创新创业教育之“菜”。“盐分”怎么选取，量如何把握，具体也要看“菜”和“汤”如何。创新创业教育中包含许多内容，要想效果好，首先要保证“菜”和“汤”新鲜可口，对于“菜品”的新鲜程度，创新创业教育尤为重视，创新创业教育的内容是随着社会的变化而不断更新变化的。技术方法的革新、新兴创业公司的成立、不同的投资方向等都属于“菜”和“汤”的内容。尤其在移动互联网时代，只要拥有手机就可以获取想要的绝大部分信息，如果内容不鲜，即使盐分控制得当，学生吃了也会觉得索然无味，这样就更不用说取得想要的效果了。第三，做强授课教师之“厨”。用好“盐”，做鲜“汤”，最后的落脚点都在“厨师”身上，“厨师”的厨艺如何直接决定了创新创业课程思政效果如何，这就要求“厨师”增强个人厨艺，不仅在创新创业内容方面有着较深的研究和造诣，同时自身也是坚定的马克思主义信仰者和传播者，自觉学习理论知识，坚持知识传授与价值引领相结合，使得创新创业课程与思想政治教育同向同行，形成协同效应。“守好一段渠、种好责任田”，“厨师”要着力把中国特色社会主义核心价值观融入教育教学全过程，将思想政治之“盐”溶入创新创业教育之“汤”。

## 三、实践“行道”，促进知识传授与价值塑造同频共振

把大学生的思想政治教育融入和贯穿于创新创业教育全过程，就是要在创新创业精神培育、创业团队组建、创业机会识别、创业资源获取、市场营销及企业家精神培育等知识传授的实践中发挥思想政治教育的思想导向、价值引领、心理调节、品行塑造等作用。

### （一）创新精神与国家发展

创新是指以用现有的思维模式提出有别于常规或常人思路的见解为导向，利用现有的资源，在特定的环境中，本着理想化需要或为满足社会需求而改进或创造新的事物（包括产品、方法、元素、路径、环境），并能获得一定有益效果的行为。而创新精神是指具有能够综合运用已有的知识、信息、技能和方法，提出新方法、新观点的思维能力，以及进行发明创造、改革、革新的意志、信心、勇气和智慧。创新精神对于国家发展至关重要，从 16 世纪开始，世界上大国的崛起都和机制创新、技术创新以及创新氛围的营造等密不可分，严格意义上来说，16 世纪以来崛起的资本主义国家如葡萄牙、西班牙、荷兰、英国、法国、美国、德国、日本、俄罗斯等国，它们发展成为处在世界中心位置的大国的重要因素便是国家创新精神的培育和创新能力的提升。荷兰地处欧洲大陆边缘，在 17 世纪左右能够成为当时全球的经济中心，和它的创新发展以及弘扬创新精神密不可分。那是一个争夺海上霸权的时代，谁获得了海上权力，谁就获得了经济快速发展的最佳动力。当时，荷兰通过改良创造了体型较小、造价更便宜、载物更多且移动速度更快的小型帆船。这种小船对比其他国家既笨重载物又少的战船优势极为明显，它们可以快速穿梭于海上运输物资，同时收取的费用更少。因此许多欧洲国家愿意和荷兰进行生意来往，荷兰由此获得了欧洲各国甚至世界的海洋运输权，从而有了“海上马车夫”的美称。另外，荷兰创新了财富管理制度，成立了世界上第一个股票交易中心，后期又成立了世界上第一家银行保障资金有效运转。不仅

如此，各类创新体现在该国各行各业中，这些都为荷兰的现代化发展奠定了坚实的基础。

另一个通过创新以及创新精神的普及渐渐成为强国的典型例子就是英国。英国地处偏僻的海岛，与欧洲大陆分离，物产、能源等相对匮乏，但英国却在这样的环境下成为世界上第一个进入工业革命的国家，成为当时的日不落帝国，它是如何做到的呢？不断创新就是它的答案。世界上最伟大的科学家——牛顿在当时提出三大定律和万有引力定律，这是一个跨时代的科学成就。正是在这个理论的基础上，瓦特通过自己的创新发明了世界上第一台蒸汽机，这也标志着工业时代的到来。而让英国能够不断积累财富成为世界中心的还有当时的经济学家亚当·斯密所著的《国富论》，该书深刻揭示了经济运行的规律，提出了自由经济理论、供需关系等著名的论述，这为英国制定国家经济制度，完成制度创新提供了理论依据。当然，以上只是对英国的创新发展贡献较为突出的三个案例，诸如此类的通过创新以及创新精神促进国家快速发展的案例数不胜数。在全球一体化、竞争越来越激烈的国际形势下，国家要发展就必须创新。这种创新无处不在，大到国家的政治经济制度，小到企业的改革和日常生活，而创新精神的获得并非一朝一夕的事情，必须培育、鼓励和营造长时期的创新氛围。当时的英国对于创新能力非常推崇，他们在世界上设立了第一个专利保护法保护创新发明，同时从诸多细节都可以看出国家对于创新的重视。进入 21 世纪，世界上各个国家更加强调创新能力的重要性，尤其是科技创新能力。日本是亚洲地区第一个进入现代化的国家，“二战”之后一度成为世界的第二大经济体，依靠不断创新以及较为低廉的价格，其工业产品行销各国。美国之所以能成为世界上的强国，同样有发展科技创新能力的重要原因。创新精神对于国家的发展，尤其是国家的崛起至关重要。培养具有创新独立精神的人才，要通过课程教学与实践培训，让全体学生感受创新能力对于国家发展的重要性，并愿为此努力奋斗。

### （二）创业者精神与个人成长

创业者精神类似一种能够持续创新成长的生命力，指的是以个人力量驱动、在个人愿景引导下从事创新活动，进而创造一个新企业、新环境。创业者精神在创业过程中发挥着重要作用，创业者需要信念和坚持，需要笃定、大胆、诚信与合作的精神去发现商机、组建团队、克服困难，这些精神与个人成长有着千丝万缕的关系。

创业者精神的内涵非常丰富，学术界对此各抒己见，其中达成共识的内涵大致有四个方面：第一，坚定的理想信念。真正的创业者有属于自己的伟大梦想，且在梦想与信念的支持下克服困难前行。比如“饿了么”的创始人张旭豪在分享自己艰难创业的经历时讲到，他们属于大学生创业，初期创业场所就是大学宿舍，创业初期付出了大量人力物力但收入不多，但要稳住创业团队，让团队继续运行，这时理想的作用就非常有效。而他们也正是在困难的时候不忘创业理想，在“饿了么”外卖平台未来愿景的激励下不断前行，最终使这个外卖平台能够像淘宝一样辐射到各个角落。正是强调创业积极意义从而支撑初创团队克服困难，这家大学生企业才能发展成为现在的知名公司。创业初期，信念非常重要，这个阶段的团队或企业通常不像成熟企业一样有着稳定的资金、市场、人脉、销售网络，这些资源都要靠着团队成员去开拓，同时因为要去竞争成熟公司的市场，必然会遇到各种竞争和阻碍，面临的困难可想而知，再加上创业初期资金运转并不顺畅，这时理想主义情怀和精神就显得特别重要。信念让创业者更加专注自我实现的最高需求，坚信做的事情是有意义的，坚信事情会朝好的方面发展，从而越挫越勇。第二，持之以恒、精益求精的精神。日本当红人气餐饮店——“铁板神社”于2003年从一家小串烧店起步，十多年之后成长为大阪乃至整个日本数一数二的名店，总店的月营业额稳居日本餐饮店前列，创造了餐饮界的奇迹。“铁板神社”创始人田中寿幸在自己的书中讲到，从开始创立第一家门店起，他始终视客户满意为信条，每天坚持工作十多个小时，将提供极致服务和为客户创造极致用餐体验融入管理经营的方方面面，如果没有这份坚定的信念和坚持的精神，是做不到今天这份成就的。这份坚持和信念体现在许多创业成功的企业家身上。想要创业成功，就要坚持在某细分领域做到极致，长期在该领域深耕，寻找问题、发现问题、解决问题，从而做出自己的特色和亮点，个人及企业才会不断成长。第三，诚信精神。人无信则不立。在这个竞争残酷的市场中如无信誉则无法立足，最终会被客户淘汰。浙江桐庐有“中国快递之乡”的美称，因为中国的“三通一达”（圆通、申通、中通和韵达）创始人都来自这里。中通创始人赖梅松在他的分享会中讲到，做服务行业，诚信至关重要。道理同样适用于各种经营中，买卖市场中没有诚信，小则失去客户，大则失去市场、失去品牌。第四，合作精神。这是一个抱团取暖、团队合作的时代。没有合作精神，则难以组建长期稳定的团队。合作也是相互学习的过程，在与他人合作的过程中，可以发现商机，同时也可以学习他人的做法，人只有在相互学习的过程中才会成长得更快。合作精神的内涵要求创业者能够积极主动与他人沟通交流信息和意见，在收集信息中探索商机、谋求发展；要求创业者能够敞开胸怀去拥抱世界。创业之路充满艰辛困难，合作共赢是使创业之路能顺畅的重要因素。

### （三）创业团队组建与协作共赢

创业团队组建是创新创业课程中极为重要的一部分，“风险投资管理之父”多里特曾经这样说过：“我更喜欢拥有二流创意的一流创业者和团队，而不是拥有一流创意的二流创业团队。”有“创业教育之父”之称的杰弗里·蒂蒙斯教授也曾提出了包含创业机会、资源、团队三个核心要素的创业过程模型，三个核心要素构成一个倒立的三角形，其中创业团队位于三角形的底部，是创业过程的主导者和左右创业企业发展的核心要素。

第一，协作发展、共享成果是组建创业团队的重要砝码。创业团队拥有共同愿景、共同目标，共同承担风险，共同享受回报，成员紧紧捆绑在一起，休戚相关，荣辱与共。优秀的创业团队成员之间能实现思维互补、技能互补、资源互补和性格互补。思维是指看待问题的角度，不同的思维方式有利于不同思想的交融，不同思维的碰撞会产生新的火花，尤其是当今这个时代越来越强调学科交叉思维，因为在学科交叉领域会产生很多新的创业机会，而这种创新会让创业团队先行一步。如果说思维代表看问题的格局，技能则是落实格局的细节，格局和细节同等重要。技能互补，能确保创业想法成功实施。资源具有稀缺性，每个团队成员都有属于自己的资源，这个资源涵盖方方面面，有人脉、技术、资金等，需要团队创造性地整合资源。在现实生活中有许多成功的团队，他们相互合作，协作共赢。而在我国古代小说中，协作共赢最为出名的要算唐僧师徒团队，师徒 4 人性格各异，资源技能不同，看待事情的思维也有差异，但在唐僧的带领下，每人都极致地发挥了个人优势，在共同目标——“西天取得真经回到东土大唐”的引领下，经历九九八十一难，最终过五关、斩六将，取得真经回到大唐。

第二，合理分工，协作共进。创业团队的组建通常要有以下一些职务，首席执行官（CEO）、运营总监（COO）、营销总监（CMO）、技术总监（CTO）、财务总监（CFO）等。不同职务的成员有着特定的能力需求以及工作任务，分工明确才能更好合作，达到“1+1>2”的合作效果。首席执行官（CEO）是整个创业团队的核心成员，他掌控着整个团队的运营以及发展方向，是团队的大脑。一名优秀的首席执行官需要有一定的战略能力，能够清晰阐述公司愿景，找到行业脉搏，抓住竞争者命门，也要有团结团队成员的能力，具备优秀的团队沟通和管理能力、品牌宣传能力，还要具有优秀的演讲能力，能够掌握销售技巧和员工激励技巧，另外要具有融资能力，确保公司按计划发展，拥有足够的预算和正向资金流动性。运营总监（COO）是公司中负责制造产品或提供服务的管理人员。一名优秀的运营总监需要有以下几方面的能力：一是运营能力，要管好产品的产销存，具备成本、业务流程和风险控制能力；二是数据运营能力，运营首先要对数据敏感，同时目标感强，这是销售运营的基础；三是规则构建能力，基于对核心业务的深刻洞察，构建产品运营体系；四是团队管理能力，具备合作、谈判以及沟通技能，且自信并勇于承担责任。技术总监（CTO）是一家企业中技术方面的最高负责人，对全公司的长期技术策略、短期技术问题作出规划与指导并进行管理。一名优秀的技术总监需具备以下几方面的能力：一是商业洞察力，能够洞察市场与用户需求，通过产品与技术创新实现公司商业战略，为用户创造价值；二是技术能力与产品开发经验，在技术工作中不断成长并且一直关注相关技术的发展，技术知识相对比较泛且有所精；三是团队管理与组织能力，人员招聘与激励、团队建设、内部协作模式等。财务总监（CFO）全盘管理公司的财务和会计事务，负责公司的财务、会计、投资、融资和法律等事务。营销总监（CMO）负责品牌和市场。创业团队做好分工，各成员按照分工做好本职工作，协作共进，为创业团队创造效益。

**（四）创业机会识别与国家重要战略机遇**

创业机会主要是指具有较强吸引力的、较为持久的有利于创业的商业机会，创业者据此可以为客户提供有价值的产品或服务，并使创业者自身获益。好的创业机会能让创业者迅速占领空白市场，获得有效位置，为成功创业奠定良好的基础。而在众多的创业机会中，国家重要发展战略是不可忽视的一环。国家战略是战略体系中最高层次的战略，例如乡村振兴战略、粤港澳大湾区建设战略等，这是为实现国家目标而制定的总体性战略，指导着国家各个领域的总方略，而战略的制定将带来一系列的就业、创业机会。

乡村振兴战略是习近平总书记2017年10月18日在党的十九大报告中提出的战略。农业、农村、农民问题是关系国计民生的根本性问题，必须始终把解决好“三农”问题作为全党工作的重中之重，实施乡村振兴战略。2018年1月2日，当年的中央一号文件公布，即《中共中央 国务院关于实施乡村振兴战略的意见》。乡村振兴战略提出产业兴旺、生态宜居、乡风文明、治理有效、生活富裕的总要求，为农村新产业、新业态的发展提供了非常大的空间，为创新创业提供了新的舞台。在产业兴旺方面，我国过去的农业产业主要集中在生产环节，这里反映出两个问题，第一是生产环节的优质情况，中国特色社会主义进入新时代，我国社会主要矛盾已经转化为人民日益增长的美好生活需要和不平衡不充分的发展之间的矛盾，如何生产出优质产品满足人民日益增长的美好生活需要是要考虑的一大问题；第二是在农村农业产业中第二、三产业比较薄弱，生产出的大量农产品加工以及后续服务较难跟进，从而出现了农产品滞销甚至浪费的现象，这亟须农产品加工企业加大创新，也需要创业团队或企业入驻激发活力，同时为那些融合第一、二、三产业的企业带来巨大机会。在生态宜居方面，重点是改造乡村生活环境，现在我国已有部分乡村通过发展休闲观光园区、种植基地、乡村民宿、森林人家、特色小镇等项目加快了乡村改造，同时通过打造具有乡村特色的小镇民宿等吸引大量的城市人员过来旅游观光、参观学习，带动当地产业及经济协同有序发展。在生活富裕方面，不仅仅是资金收入的提升，同时需要推进乡村教育、医疗等配套资源的发展，因为在乡村及城乡融合地区这些领域尚属空白，这就提供了大量的创业机会，让乡村居民能够享受城镇居民的生活质量，使他们的物质生活和精神世界真正富裕起来。

2019年2月18日，中共中央、国务院印发了《粤港澳大湾区发展规划纲要》，粤港澳大湾区是由香港、澳门两个特别行政区和广东省的广州、深圳、珠海、佛山、中山、东莞、惠州、江门、肇庆九市组成的城市群，是继美国纽约湾区和旧金山湾区、日本东京湾区之后的世界第四大湾区。大湾区有着天然的优势，各城市优势互补，拥有区位与信息基建优势，同时，世界一流的学科群为大湾区带来源源不绝的创新型技术人才。在重点打造创新型湾区方面，以国家政策引导经济发展，积极鼓励创新创业，创业氛围更加包容，孵化环境良好，支持资源丰富，有利于降低创业者的创业成本。近年来，通过粤港澳三地大力合作，珠三角涌现出众多成效显著的港澳青年创新创业基地，包括广州南沙创汇谷、粤港澳青年文创社区、深圳前海深港青年梦工厂、珠海横琴澳门青年创业谷等。良好的创新创业环境为青年创业提供了坚实的基础，也为大湾区的建设注入了蓬勃活力。

**（五）创业资源获取与大局观**

创业资源是指创业者在创造价值的过程中需要的特定的资产，包括有形与无形的资产，它是创新型企业创立和运营的必要条件，主要表现形式为：创业人才、创业资本、创业机会、创业技术和创业管理等。创业者获取创业资源的最终目的是组织这些资源追逐创业机会，提高创业效益，获得创业成功。无论是要素资源还是环境资源，无论它们是否直接参与企业的生产，它们的存在都会对创业效益产生积极的影响。但在创业过程中不能一味求取创业资源，因为有时资源过多，没有有效地利用整合一方面会造成资源浪费，另一方面容易给团队成员造成团队资源丰富，可以恣意使用的假象，从而滋长创业团队散漫、随意之风。因此，创业资源的获取、挑选以及利用对于创业团队的发展及运行至关重要，创业者的大局观能在其中发挥积极作用。大局观，通俗地说就是凡事考虑长远，以得与失的辩证关系看待问题，就是能够把目光放长远，能够把握好整体利益和局部利益的关系，分清主要矛盾和次要矛盾，不因小失大，对待问题能作出快速的反应和正确的决策，使整体的利益最大化。“不谋全局者不足以谋一域，不谋万世者不足以谋一时。”大局往往是长远的问题，而长远的问题大多是极为重要但并不紧急的事情，这恰恰决定了创业的成败。在创业资源获取方面，大局观体现在能将资源进行充分收集整合后有效使用。大局观对创业者来说就是近期集中解决主要矛盾，远期则是将资源有效利用在重要不紧急的事情上，这样做不仅能够集中力量办大事，让公司获得经济效益，实现更大的发展，同时也能保障公司可持续发展。大局观带给创业者明晰的目标，能帮助创业者回答为什么创业、愿意为创业的结果付出什么样的代价的问题，能够帮助创业者真实地分析并掌控企业的内部资源和外部资源，把握住时代变迁与发展带来的机会，能很好地处理眼前利益与长远利益。拥有大局观一方面需要创业者能够充分获取各类资源，另一方面对于资源的使用要了如指掌，能够保证优质资源用在合适的地方从而产生更大的功效，确保新创企业能够更平稳地发展，获得最大效益。创业资源获取与大局观密不可分，两者之间有效的结合能让创业之路平稳有序。

### （六）市场营销与社会道德

随着市场竞争的日趋激烈和对营销理论与实践研究的不断深入，营销已经成为现代企业非常重要的职能活动之一。企业营销活动始于市场营销调研，通过市场营销调研了解现实和潜在顾客的需求、发现市场营销机会、选择目标市场、针对目标市场需求特点制定市场营销组合策略。各种营销活动也对公众和社会产生重大的影响，日益凸显的营销道德问题，成为制约企业发展的一个重要因素。现代营销应当注重道德问题，实施诚信营销，使企业认识到营销道德建设的必要性，在消费者心中树立起良好的企业形象。

第一，市场营销道德标准。市场营销道德则指消费者对企业营销决策的价值判断，即判断企业营销活动是否符合广大消费者及社会的利益，能否给广大消费者及社会带来幸福。这势必涉及企业经营活动的价值取向，要求企业以道德标准来规范其经营行为及履行社会责任。最基本的道德标准已被规定为法律和法规，成为社会各企业主体必须遵循的规范。营销道德则不仅涵盖法律法规，还包括未纳入法律范畴而作为判断营销活动正确与否的道德标准。判断市场营销道德的标准是什么，在很多情况下并不像人们想的那么容易。固然有一些营销行为，诸如虚假广告、合谋定价、贩卖假酒假药等，为社会所痛恨，其违背营销道德的情况是一目了然的。然而，对某些营销行为，囿于个人价值观及生活经历的不同，不同的人对这些行为是否违背道德有不同的见解。符合道德的生产经营比不符合道德的生产经营对于社会发展更有益。西方伦理学家提出了判断营销道德的两大理论，即功利论及道义论。功利论主要以行为后果来判断行为的道德合理性，如果某一行为给大多数人带来幸福，该行为就是道德的，否则就是不道德的。道义论则从处理事物的动机来审查行为是否符合道德，并且从直觉和经验中归纳出人们应当遵守的某些道德责任和义务，以这些义务的履行来判断行为的道德性。作为目的性的道德投资和作为工具性的道德投资，尽管在理论上可以划分，但在现实中却很难区分，通常将功利论与道义论相结合来判断营销行为的道德性。

第二，市场营销道德缺失的主要表现形式。营销不道德行为给社会、组织和个人带来极大的副作用，在实际的市场营销活动中，虽然管理部门对不良问题实施了监管，但是由于市场缺少准确的引导标准，不良的市场营销道德问题仍然存在于社会当中，产生一定的消极影响。首先是产品中的道德问题。企业最基本的社会责任是为消费者提供货真价实的优质产品或服务。而在现实中，一些企业在经济利益驱使下，过于强调产品外在形式的奢华特征或过于强调产品核心内容的经济性，这些都将使产品的生产制造严重脱离普通大众的消费习惯而步入误区。如“化学火锅”、“一日鞋”、假酒等假冒伪劣产品，严重危害消费者的身体健康，造成社会资源的极大浪费和对消费环境的严重破坏。其次是价格制定中的道德问题。由于市场信息不对称，消费者无法准确判断企业生产成本和产品价格之间的关系，因此在能否提供真实信息和价格时，就考验着企业的营销道德。一些企业严重违背营销道德，在价格制定过程中缺乏公开、透明的定价决策机制和约束机制，严重脱离成本制定超高价格，对于消费者这一相对处于市场弱势地位的群体实施价格欺诈。最后是促销中的道德问题。促销可在一段时间内调动消费者的购买热情，培养消费者的兴趣和爱好，改变一些消费者的品牌忠诚度和使用习惯，因此有些企业就出现了欺骗消费者的促销行为。如制作过度夸大产品功效或隐瞒产品缺陷的广告诱惑消费者购买本企业产品，使用含糊其辞的广告宣传词句误导消费者等，使消费者作出错误的购买决策。有时营销道德缺失并不局限于上述某一个具体方面，而是表现为一种综合性的或者全面的道德缺失。例如，近年来普通消费者比较关注的药价高的问题。其实这并不是一个简单的价格方面的道德缺失问题，它是涵盖产品、价格、渠道、促销等各个层面，包括在生产、批发、零售等各个环节的综合性或全面的营销道德缺失问题。为此，消除营销道德缺失现象必须重视道德资本的重要价值并增加道德资本的总量和比例，同时要强调道德资本在营销环境改造方面的具体指向性。

在营销实践中所表现出的各种道德缺失现象，既与我国市场营销环境的特点有关，也受企业自身主观因素的影响。在营销环境方面，信息的不对称导致消费者处于信息劣势地位，使一些企业有机可趁，实施不法、不道德的行为。在企业自身方面，企业在逐利动机的驱使下，忽视营销道德建设，缺乏诚信营销意识，片面追逐利益最大化。在当前以家庭教养为主的个人私德品质教育和以政府为主导的公共道德建设体制下，强调企业对市场营销道德的坚持更加具有现实意义。倡导优秀的企业营销文化，首先要强调企业的社会责任感，营销行动要兼顾社会利益、消费者利益和企业自身利益；其次要以人为本，营销目标设定合理可行；最后要帮助营销人员树立正确的价值观，将其关注的重点从眼前的经济利益转到长远发展上来。在企业外部环境改造方面，要通过大众媒体的宣传教育，加强社会舆论的监督作用，塑造注重营销道德的社会氛围。对企业管理者、职工、营销人员开展多层次、多形式的企业道德教育和职业道德教育，提升企业人员的道德水平和明辨是非的能力。

### （七）企业家精神与社会责任

传统经济学认为土地、劳动力、资本与企业家精神是生产者在进行生产活动时所需要的生产要素，通过妥当安排与有效利用这些生产要素，生产者得以将原料转换成产品，提高资源价值、改善生活质量并获取适当利润。其中，企业家精神无疑是当代非常重要的生产要素。党的十九大提到了企业家精神，尤其鼓励企业家承担起更大的社会责任，把企业家精神和社会责任挂钩。那么，何为企业家精神？企业家精神体现在两个方面，一是创造社会财富，二是推动社会进步。企业家精神可以促进土地、劳动力、资本的利用，并创造社会福祉，保护自然环境。企业家精神的两大核心元素，一是创新，一是信任。

企业家通过创利来增加社会财富，通过创新来推动社会进步。创利和创新不仅是企业家的职责，也是企业家精神的核心要义。一个不会赚钱的企业肯定不是一个好企业，一个只会赚钱的企业不是一个优秀的企业。一个企业的价值，不仅包括商业价值，还包括社会价值。创利是企业生存的前提，而创新是企业家的天然使命。“创新是企业家的灵魂”，不创新的企业家不能称为真正的企业家。但是，一味追求创新而忘记社会责任，会失去公众对企业和企业家的信任，最终反而会造成更大的危机。

创新需要有边界，牺牲他人权益以满足自我利益的创新不符合企业家精神。因此，企业家精神不只包含创新，还包含信任。如果一个商业组织能以自身为主体，针对各利害关系人，从事合宜行为、建立适当关系，在运营过程中履行企业社会责任，那么其所推出的各种创新措施肯定会兼顾利害关系人权益，并逐步建立起与各利害关系人之间的信任互动，这将成为该企业得以经营发展的稳固基石。这就是信任作为企业家精神核心元素之一的根本原因。可见，企业家精神与社会责任之间，其实存在一种正面循环的因果关系，即一个企业家若能在日常运营的每一天，致力于坚守企业伦理底线，自然就可以实现持久经营，并承担起社会责任。企业作为承载经济增长、创新发展的特定主体，企业家把企业做优做强是实现国家强盛、民族兴旺、社会文明、人民幸福的基础和保障，而履行社会责任无疑是企业家精神的一种体现。当前，社会对企业的印象评价更多来自该企业履行的社会责任。企业的社会责任也可以成为促进企业成长与持续健康发展的驱动力，企业在回馈社会的过程中能够获得成长和壮大。

## 四、高校思想政治理论课培育大学生创新创业精神的现状与策略

高校思想政治教育作为提升大学生素质的重要途径，在培养大学生的创造性思维和促进大学生的全面发展等方面发挥着独特的作用。思想政治理论课教师应在思政课教学中不断改革教学方法，创设积极愉悦的课堂氛围，注重实践教学，努力激发大学生的学习兴趣，不断培育大学生的创新思维，增强大学生的创新能力。

### （一）思想政治理论课培育大学生创新创业精神的现状

近年来，随着“大众创业、万众创新”新态势的不断发展，高校思想政治理论课教学工作契合创新创业教育进行了教学改革，思想政治理论课对培育大学生创新创业精神起到了促进作用，但总的来说，还没有摆脱传统思想政治工作的做法，仍然存在一定的不足。

思想政治理论课对培育大学生创新创业精神的作用成效。其一，激发大学生创新创业的内驱力。思想政治理论课具有理论性、系统性、逻辑性，教学内容涉及哲学、伦理学、社会学、心理学等诸多学科，通过持续不断的知识传授，唤醒了大学生求知和探索的内驱力，并不断推动大学生在创新创业中深入思考，从而为大学生创新所必备的知识文化水平、思维方式、能力结构的形成提供了稳定的智力因素。思想政治理论教育应发挥课程优势，从课程建设、培养方案等方面制定适应大学生需求的人才培养计划，特别是根据大学生自身发展和创新需求发挥培养计划的指引和驱动作用。其二，提升大

学生创新创业的综合素养。创新过程中应具有的综合素养同样不容忽视，它包括思想道德素质、人格素质、心理素质、身体素质等。新时代大学生要在创新上作出成绩，除了在专业技能、知识储备上要做好准备外，在思想道德素质、心理素质等方面更要打好基础，不断完善自身。因此，思想政治理论课就需要在课程的安排和教授中着重提高大学生的思想道德素质，培养他们追求真理、实事求是、独立思考、勇于创新的精神。大学生创新实践活动是专业知识与综合素养的有机结合，在实践过程中既要培养大学生创新所需的技能，又要努力提高大学生的思想道德素质，两者相辅相成才能保证创新实践活动有效进行。

传统思想政治理论课对培育大学生创新创业能力的不足。一是传统的教学方式方法有待更新。传统思想政治理论课课堂教学以理论讲授为主，教学中虽然使用了多媒体，但其作用主要是播放课件和图片，没有充分发挥多媒体的功能。这样的教学方式与手段，决定了传统思政课教学的局限性，因而也就难以激发学生对思政课的兴趣，更不用说很好地发挥思政课培养创新人才的内在合力。随着近年来高校学生人数的增加，思政课教师的教学压力也不断加大，思政课又大多是大课的形式，甚至有的学校每堂课的师生比例达到 1∶200 左右，教师组织教学、授课的困难加大，因此社会调查、参观学习、座谈访问等形式的思政教学活动开展受到很大的制约。长期以来，这种单一的教学方式不但使学生对思政课的学习兴趣和热情不足，教师也无法投入更多的时间和精力进行深入学习和探讨，显然不利于大学生创新意识的培养。二是传统的评价考核方式有待优化。思想政治理论课知识丰富且理论性较强，许多概念、原理都比较抽象，这就造成在传统的课堂教学中，思想政治理论课往往被上成抽象的理论课或空洞的说教课，使得学生不能充分理解透相关知识而“生吞硬咽”。传统思政课的评价考核主要采用期末闭卷考试的办法，造成记忆性内容在考试中占据的比重较大。这种评价方式必然会导致学生平时不注重综合能力和素质的培养，一到期末就忙于应付考试，这就不利于对学生的能力和素质进行考查，而使记忆力的好坏成为考试成功与否的决定性因素。这种传统的考核方式往往会让学生形成平时不努力、考试前死记硬背就能过关的学习态度，学生的能力和素质培养成为空谈，创新思维培养就更无从谈起。

### （二）在思想政治理论课中培养大学生创新创业能力的方法

思想政治理论课是高校的核心课程，在培养大学生创新能力时应发挥其主渠道作用。培养大学生的创新能力是每一个思政课教师必须积极准备并加以研究的新课题。这就要求我们在思政课教学中，善于激发大学生的学习兴趣，创设活跃的课堂氛围，不断改革教学方法，注重实践教学，最大限度地发挥出思政课对大学生创新思维和能力的培养作用。[①]

第一，激发学生的学习兴趣。以往不少思政课教师把外部灌输作为学生课堂学习的唯一途径，强制学生无条件地接受现成的理论成果，这种强制性的灌输式教学不仅不符合教育规律，也严重挫伤了学生学习的积极性与主动性，使学生难以对思政课教师的正面引导产生共鸣。树立以学生为主体的教育观念就需要教师运用相关心理学知识，为学生有效学习提供科学的方式方法，如采取主体参与型教学模式，实现思政课的师生互动交流，增强高学生对思想政治理论课学习的兴趣，进而培养其创新意识。[②]

第二，创设活跃的课堂氛围。课堂氛围直接影响着教师的教学质量，也影响着学生的个性发展。教育心理学认为，处在积极愉快的课堂氛围中的学生，大脑皮层处于一种兴奋状态，因此他们就会情绪活跃、思路开阔、兴趣浓厚、注意力集中。思政课教师在课堂中要善于创设一种开放的教学情境，营造宽松的课题探讨氛围，尊重和鼓励学生的创新意识和创新精神；鼓励学生大胆质疑，打破思维定式；锻炼学生独立全面地思考问题的能力；保护学生的好奇心和想象力。同时，教师要营造一种自由讨论的良好氛围，建立起民主平等的师生关系，鼓励学生按照自己的需求探索实践，并积极尝试解决问题，主动培养自己的创新意识与创新能力。

第三，改革传统单一的教学方式。传统的思想政治理论课教学方法以教师讲授为主，学生往往处于被动状态，这就很难调动学生的主动性与积极性。除此之外，教学手段、考核方式的单一从某种程度上也限制了学生的个性发展和创新意识的培养。因此，改革思政课传统单一的教学方式，是培养大学

---

① 侯衍社：《因时而变，遵循规律，改革创新：高校思政课教学方法创新的若干思考》，《思想理论教育导刊》2017 年第 9 期。

② 桑新民：《创新学习文化回归大学精神：21 世纪大学通识教育新探》，《教育研究》2010 年第 9 期。

生创新意识的重要一环。要改变单一的教学手段，教师可以采取邀请专家讲座、组织演讲比赛或辩论赛、进行情景教学、运用多媒体、采取实践教学等多种教学手段来激发大学生的学习兴趣和热情，培养他们的创新意识。教师要善于挖掘教材中的创新思维要素，以形式新颖、精心组织的教学赢得学生的注意，激发学习兴趣、拓宽学习视野、训练创新思维。① 在课堂教学中多联系社会实际和大学生个人实际以激发学生提出问题、讨论问题的兴趣；尊重学生的个体差异，充分调动学生的主动性、积极性，激发学生独立思考的能力，锻炼创新思维，为大学生创新实践的开展提供思想和智力上的支持。另外，传统思想政治理论课考核方式也应积极作出相应改革，可以采取以平时多种形式的阶段性考核为主，期末开卷考试为辅的考核方式，这样既可以摒除学生心理上对思政课的抵触情绪，又可以培养大学生理论联系实际的能力与创新能力。

第四，注重开展实践教学。培养大学生创新实践能力的基本措施及重要途径之一就是加强思政课的实践教学环节，引导与鼓励大学生参与实践。实践教学环节是组织学生参加各类社会实践以及社会公益活动，鼓励大学生走出校门，走进工厂、农村、社区等，这是大学生了解社会、了解国家的重要途径。学生通过参与社会实践教学活动，获得大量的感性认识，把课堂上所掌握的理论知识与实际情况作比较、相印证，从而把抽象的理论知识转化为实际的工作知识。通过社会实践，学生能更透彻地理解和更好地掌握已有的理论知识，逐渐学会在实践中主动地进行创造性学习，并通过实践检验自己所掌握的理论知识和思维方法是否科学，从而不断锻炼自己独立提出问题、分析问题、解决问题的能力，培养自己的创新意识与能力。

---

① 徐向上、李曙生：《高职院校思想政治理论课融入创新思维教育探讨》，《职教论坛》2016 年第 20 期。

# 参考文献


［1］马克思恩格斯文集：第1卷［M］. 北京：人民出版社，2009.

［2］马克思恩格斯文集：第2卷［M］. 北京：人民出版社，2009.

［3］马克思恩格斯全集：第1卷［M］. 北京：人民出版社，1956.

［4］马克思恩格斯全集：第3卷［M］. 北京：人民出版社，1960.

［5］马克思恩格斯全集：第40卷［M］. 北京：人民出版社，1982.

［6］马克思恩格斯全集：第42卷［M］. 北京：人民出版社，1985.

［7］马克思恩格斯选集：第1卷［M］. 北京：人民出版社，2012.

［8］马克思恩格斯选集：第2卷［M］. 北京：人民出版社，2012.

［9］马克思恩格斯选集：第3卷［M］. 北京：人民出版社，2012.

［10］毛泽东选集：第1卷［M］. 北京：人民出版社，1991.

［11］江泽民文选：第2卷［M］. 北京：人民出版社，2006.

［12］胡锦涛文选：第2卷［M］. 北京：人民出版社，2016.

［13］胡锦涛. 坚定不移沿着中国特色社会主义道路前进 为全面建成小康社会而奋斗：在中国共产党第十八次全国代表大会上的报告［M］. 北京：人民出版社，2012.

［14］习近平谈治国理政：第一卷［M］. 北京：外文出版社，2018.

［15］习近平谈治国理政：第二卷［M］. 北京：外文出版社，2017.

［16］习近平谈治国理政：第三卷［M］. 北京：外文出版社，2020.

［17］习近平谈治国理政：第四卷［M］. 北京：外文出版社，2022.

［18］习近平. 决胜全面建成小康社会 夺取新时代中国特色社会主义伟大胜利：在中国共产党第十九次全国代表大会上的报告［M］. 北京：人民出版社，2017.

［19］习近平. 高举中国特色社会主义伟大旗帜 为全面建设社会主义现代化国家而团结奋斗：在中国共产党第二十次全国代表大会上的报告［M］. 北京：人民出版社，2022.

［20］习近平. 在中国文联十大、中国作协九大开幕式上的讲话［M］. 北京：人民出版社，2016.

[21] 习近平. 在文艺工作座谈会上的讲话 [M]. 北京：人民出版社，2015.
[22] 中共中央文献研究室. 十六大以来重要文献选编：下 [M]. 北京：中央文献出版社，2008.
[23] 中共中央文献研究室. 十七大以来重要文献选编：上 [M]. 北京：中央文献出版社，2009.
[24] 中共中央文献研究室. 十八大以来重要文献选编：上 [M]. 北京：中央文献出版社，2014.
[25] 中共中央文献研究室. 十九大以来重要文献选编：上 [M]. 北京：中央文献出版社，2019.
[26] 中共中央文献研究室. 习近平关于青少年和共青团工作论述摘编 [M]. 北京：中央文献出版社，2017.
[27] 中共中央文献研究室. 习近平关于社会主义文化建设论述摘编 [M]. 北京：中央文献出版社，2017.
[28] 中华人民共和国国民经济和社会发展第十四个五年规划和 2035 年远景目标纲要 [M]. 北京：人民出版社，2021.
[29] Joseph S. Nye. Bound to Lead：The Changing Nature of American Power [M]. New York：Basic Books，1990.
[30] 卡尔. 积极心理学：第 2 版 [M]. 丁丹，等译. 北京：中国轻工业出版社，2013.
[31] 诺曼·费尔克拉夫. 话语与社会变迁 [M]. 殷晓蓉，译. 北京：华夏出版社，2003.
[32] 克里斯托弗·彼得森. 积极心理学 [M]. 徐红，译. 北京：群言出版社，2010.
[33] 马丁·塞利格曼. 真实的幸福 [M]. 洪兰，译. 沈阳：万卷出版公司，2010.
[34] 诺丁斯. 始于家庭：关怀与社会政策 [M]. 侯晶晶，译. 北京：教育科学出版社，2006.
[35] 朱熹. 四书章句集注 [M]. 北京：中华书局，2011.
[36] 朱熹，吕祖谦. 近思录 [M]. 上海：上海古籍出版社，2016.
[37] 蔡元培. 中国伦理学史 [M]. 北京：中华书局，2014.
[38] 吴潜涛. 思想政治教育教学与研究 [M]. 北京：中国人民大学出版社，2018.
[39] 王炳林，张泰城. 高校红色文化资源育人发展报告 2018 [M]. 北京：人民出版社，2020.
[40] 张耀灿. 思想政治教育学前沿 [M]. 北京：人民出版社，2006.
[41] 骆郁廷. 精神动力论 [M]. 武汉：武汉大学出版社，2003.
[42] 艾四林，吴潜涛. 新时代思想政治教育创新发展研究 [M]. 北京：人民出版

社，2020.
[43] 郑永廷. 思想政治教育方法论 [M]. 北京：高等教育出版社，2010.
[44] 张雷声，梅荣政，钟明华. 思想理论教育研究：第1辑 [M]. 北京：高等教育出版社，2004.
[45] 王学俭，丁志刚. 春风化雨 思想政治理论课教学改革与实践 [M]. 北京：中国社会科学出版社，2013.
[46] 陈万柏，张耀灿. 思想政治教育学原理 [M]. 北京：高等教育出版社，2007.
[47] 陈金龙，蒋积伟，王炳林. 特区精神 [M]. 北京：中共党史出版社，2019.
[48] 陈金龙，朱斌，刘意. 继承与弘扬：新时代革命文化研究 [M]. 北京：社会科学文献出版社，2020.
[49] 关锋. 经典马克思主义与中国特色社会主义新时代 [M]. 广州：中山大学出版社，2020.
[50] 关锋. 新时代精神文明建设过程论 [M]. 北京：社会科学文献出版社，2022.
[51] 胡国胜. 红色符号 [M]. 广州：广东人民出版社，2011.
[52] 张国启. 思想政治教育发展研究 [M]. 北京：中国社会科学出版社，2019.
[53] 魏传光. 马克思正义思想与现实 [M]. 北京：人民出版社，2022.
[54] 陈联俊. 网络思想政治教育前沿问题研究 [M]. 广州：暨南大学出版社，2022.
[55] 江传月. 大学生社会主义核心价值观自信研究 [M]. 北京：人民出版社，2021.
[56] 宋元林. 网络思想政治教育 [M]. 北京：人民出版社，2012.
[57] 韩振峰. 新时代思想政治教育理论与实践问题研究 [M]. 北京：社会科学文献出版社，2019.
[58] 李宗桂，等. 中国优秀传统文化的现代价值 [M]. 北京：人民出版社，2019.
[59] 欧阳康. 民族精神：精神家园的内核 [M]. 哈尔滨：黑龙江教育出版社，2010.
[60] 陈先达. 思想中的时代和时代中的信仰 [M]. 北京：中国人民大学出版社，2018.
[61] 渠长根. 红色文化概论 [M]. 北京：红旗出版社，2007.
[62] 童世骏，文军. 我们时代的精神文化生活 [M]. 上海：上海人民出版社，2019.
[63] 杜向民，郗波，王立洲. 高校红色文化教育传承研究 [M]. 北京：中国社会科学出版社，2021.
[64] 教育部普通高中思想政治课课程标准实验教材编写组. 思想政治必修三 [M]. 北京：人民教育出版社，2013.
[65] 李超民. 新时代提升网络思想政治教育话语权研究 [M]. 北京：人民出版社，2019.
[66] 刘秉亚. "微时代"高校思想政治教育创新研究 [M]. 成都：西南交通大学出版

社，2017.
［67］张勇，张玲. 新时代高校思想政治教育创新研究［M］. 北京：中国社会科学出版社，2019.
［68］闻竹，李康. 新时代背景下高校思想政治教育创新发展研究［M］. 北京：九州出版社，2021.
［69］本书编写组. 马克思主义基本原理概论［M］. 北京：高等教育出版社，2018.
［70］张薇，付欣. 我国传统文化与思想政治教育的融合创新研究［M］. 西安：西北工业大学出版社，2019.
［71］王易. 传统文化与思想政治教育创新［M］. 北京：中国人民大学出版社，2018.
［72］谢瑜，等. 思政课程与课程思政融合的教学研究［M］. 成都：西南交通大学出版社，2021.
［73］吕巧平. 媒介化生存：中国青年媒体素质研究［M］. 北京：中国传媒大学出版社，2007.
［74］邱仁富. 思想政治教育话语论［M］. 上海：上海交通大学出版社，2013.
［75］任俊. 积极心理学［M］. 上海：上海教育出版社，2006.
［76］苏令银. 主体间性思想政治教育研究［M］. 上海：上海三联书店，2012.
［77］洪波. 思想政治教育话语范式转换研究［M］. 杭州：浙江大学出版社，2012.
［78］陆庆壬. 人的发展和社会发展：思想政治教育学基础理论研究［M］. 上海：同济大学出版社，1994.
［79］顾美霞，陈少雄. 课程思政视角下高校大学生创新创业教育课程建设研究［M］. 武汉：武汉大学出版社，2020.
［80］习近平. 在庆祝中国共产党成立100周年大会上的讲话［J］. 求是，2021（14）.
［81］习近平. 思政课是落实立德树人根本任务的关键课程［J］. 求是，2020（17）.
［82］习近平. 用好红色资源 传承好红色基因 把红色江山世世代代传下去［J］. 求是，2021（10）.
［83］廖小琴. 思想政治教育过程要素再探究［J］. 思想教育研究，2022（1）.
［84］李彬. 当前个体生活的特点及其道德困境［J］. 道德与文明，2011（3）.
［85］张莉，胡芝. “大思政”视域下高校思想政治教育协同创新研究［J］. 学校党建与思想教育，2018（11）.
［86］杨晓慧. 以“大思政”理念创新思政育人格局［J］. 思想教育研究，2020（9）.
［87］肖珍，靳玉军. 新时代“大思政课”的核心要义、实践要求与价值意蕴［J］. 学校党建与思想教育，2022（9）.

[88] 中共中央，国务院. 关于进一步加强和改进大学生思想政治教育的意见 [J]. 中国高等教育，2004 (20).
[89] 邱仁富. “课程思政”与“思政课程”同向同行的理论阐释 [J]. 思想教育研究，2018 (4).
[90] 董勇. 论从思政课程到课程思政的价值内涵 [J]. 思想政治教育研究，2018 (5).
[91] 许硕，葛舒阳. “思政课程”与“课程思政”关系辨析 [J]. 思想政治教育研究，2019 (6).
[92] 陈艳. 论高职院校“思政课程”与“课程思政”的交互融合 [J]. 思想理论教育导刊，2018 (12).
[93] 郑佳然. 新时代高校“课程思政”与“思政课程”同向同行探析 [J]. 思想教育研究，2019 (3).
[94] 崔戈. “大思政”格局下外语“课程思政”建设的探索与实践 [J]. 思想理论教育导刊，2019 (7).
[95] 白列湖. 协同论与管理协同理论 [J]. 甘肃社会科学，2007 (5).
[96] 韩喜平，肖杨. 课程思政与思政课程协同育人的“能”与“不能” [J]. 思想理论教育导刊，2021 (4).
[97] 王天民，闫智敏. 思政课程与课程思政协同运行：理据、契机与对策 [J]. 教育与教学研究，2020 (6).
[98] 杨秀萍. 课程思政与思政课程协同育人：前提、途径与机制 [J]. 黑龙江高教研究，2021 (12)。
[99] 刘瑞，周海亮. 以立德树人为根基的高校“三全育人”工作机制建构研究 [J]. 学校党建与思想教育，2019 (3).
[100] 陈明霞. 增强高校课程思政实效的实践逻辑 [J]. 教育评论，2020 (12).
[101] 孙武安，蒯正明. 一化六制：高校思想政治理论课课堂教学的综合改革 [J]. 思想理论教育导刊，2017 (6).
[102] 高善春，邬旭东. 创新教学方法 突出教学效果：思想政治理论课落实党的十九大精神方法探索 [J]. 思想理论教育导刊，2018 (4).
[103] 黄海棠. 现象教学法在经济学中的应用研究 [J]. 重庆科技学院学报（社会科学版），2018 (6).
[104] 陈式华. 现象教学：芬兰 2016 教改新模式 [J]. 教育与教学研究，2016 (11).
[105] 包翼. 现象教学法与项目化教学的比较及启示 [J]. 太原城市职业技术学院学报，2017 (9).

[106] 李慧琳. 理解、认同与传承：发掘红色文化时代价值的三个环节 [J]. 思想教育研究，2019 (2).
[107] 文丰安. 新时代红色文化传承与发展研究 [J]. 学习与探索，2020 (11).
[108] 郭信峰. 对外讲好中国故事的困难挑战与对策建议 [J]. 党的文献，2020 (1).
[109] 唐润华，曹波. 人类命运共同体视阈下中国对外话语体系的时代特征 [J]. 现代传播（中国传媒大学学报），2019 (7).
[110] 陈华栋. 全媒体生态下网络思想政治教育主要矛盾的变化与思考 [J]. 思想理论教育，2019 (1).
[111] 胡明辉. 微博：大学生思想政治工作的新载体 [J]. 现代教育科学，2011 (9).
[112] 罗仲尤，刘玉立. 网络空间视域下思想政治教育话语创新探析 [J]. 马克思主义理论学科研究，2022 (8).
[113] 胡春阳. 话语整合与马克思主义意识形态主导地位的巩固 [J]. 理论探索，2014 (1).
[114] 王才勇. 文化间性问题论要 [J]. 江西社会科学，2007 (4).
[115] 李超民，李礼. 网络思想政治教育话语权研究 [J]. 华侨大学学报，2015 (6).
[116] 黄宗芬，刘社欣. 积极心理学视阈下高校思想政治教育亲和力的提升 [J]. 广西社会科学，2018 (1).
[117] 丛建伟. 积极心理学视角下的思想政治教育实效性研究 [J]. 思想教育研究，2014 (9).
[118] 李东才，潘晔. 价值认同视域下提升高校思想政治理论课教育实效性研究 [J]. 学校党建与思想教育，2014 (9).
[119] 刘燕平，陆恒. 大学生厌学现象矫正：基于中和技术理论与惩罚理论视角 [J]. 中国青年研究，2017 (11).
[120] 曾长隽. 高校思想政治教育人文关怀：逻辑关系、现实挑战和提升路径 [J]. 高教探索，2020 (3).
[121] 蔡熙文. 发挥积极心理学在大学生思政教育中价值的路径探索 [J]. 辽宁经济职业技术学院（辽宁经济管理干部学院）学报，2019 (3).
[122] 孙瑛辉. 人文关怀：思想政治教育发展的重要维度 [J]. 东北师大学报（哲学社会科学版），2015 (2).
[123] 陆璐. 人文关怀视野中的大学生思想政治教育实效性 [J]. 中国高等教育. 2018 (22).
[124] 刘蕊，王岳喜. 自媒体时代思想政治教育人文关怀的现实际遇与创新路径 [J]. 思

想理论教育导刊，2018（10）.
［125］张莉，肖岭璐. 大学生思想政治教育人文关怀的实现路径［J］. 学校党建与思想教育，2020（10）.
［126］曾长隽. 高校思想政治教育人文关怀：逻辑关系、现实挑战和提升路径［J］. 高教探索，2020（3）.
［127］侯衍社. 因时而变，遵循规律，改革创新：高校思政课教学方法创新的若干思考［J］. 思想理论教育导刊，2017（9）.
［128］桑新民. 创新学习文化回归大学精神：21世纪大学通识教育新探［J］. 教育研究，2010（9）.
［129］徐向上，李曙生. 高职院校思想政治理论课融入创新思维教育探讨［J］. 职教论坛，2016（20）.
［130］张烁，谢环驰. 习近平主持召开学校思想政治理论课教师座谈会强调 用新时代中国特色社会主义思想铸魂育人 贯彻党的教育方针落实立德树人根本任务［N］. 人民日报，2019-3-19.
［131］张烁，鞠鹏. 习近平在全国高校思想政治工作会议上强调 把思想政治工作贯穿教育教学全过程 开创我国高等教育事业发展新局面［N］. 人民日报，2016-12-9.
［132］鞠鹏，谢环驰. 习近平在中国人民大学考察时强调 坚持党的领导传承红色基因扎根中国大地 走出一条建设中国特色世界一流大学新路［N］. 人民日报，2022-4-26.
［133］习近平. 在纪念五四运动100周年大会上的讲话［N］. 人民日报，2019-5-1.
［134］徐京跃，霍小光，鞠鹏. 习近平在北京大学考察时强调 青年要自觉践行社会主义核心价值观 与祖国和人民同行努力创造精彩人生［N］. 人民日报，2014-5-5.
［135］习近平. 在知识分子、劳动模范、青年代表座谈会上的讲话［N］. 人民日报，2016-4-30.
［136］习近平. 习近平给复旦大学青年师生党员回信勉励广大党员 在学思践悟中坚定理想信念 在奋发有为中践行初心使命［N］. 人民日报，2020-7-1.
［137］黄敬文，鞠鹏. 习近平在清华大学考察时强调 坚持中国特色世界一流大学建设目标方向 为服务国家富强民族复兴人民幸福贡献力量［N］. 人民日报，2022-4-20.
［138］鞠鹏，王晔，姚大伟. 习近平在文化传承发展座谈会上强调 担负起新的文化使命 努力建设中华民族现代文明［N］. 人民日报，2023-6-3.
［139］习近平在中共中央政治局第十二次集体学习时强调 建设社会主义文化强国 着力提高国家文化软实力［N］. 人民日报，2014-1-1.
［140］习近平. 在联合国教科文组织总部的演讲［N］. 人民日报，2014-3-28.

[141] 习近平在中共中央政治局第十三次集体学习时强调把培育和弘扬社会主义核心价值观作为凝魂聚气强基固本的基础工程 [N]. 人民日报，2014-2-26.
[142] 习近平在中共中央政治局第十二次集体学习时强调 建设社会主义文化强国 着力提高国家文化软实力 [N]. 人民日报，2014-1-1.
[143] 习近平讲故事：推动中华文明创造性转化和创新性发展 [N]. 人民日报海外版，2014-3-27.
[144] 习近平在中共中央政治局第十八次集体学习时强调 牢记历史经验历史教训历史警示为国家治理能力现代化提供有益借鉴 [N]. 人民日报，2014-10-14.
[145] 习近平. 在庆祝改革开放 40 周年大会上的讲话 [N]. 人民日报，2018-12-19.
[146] 潘旭涛. 习近平谈信仰信念 [N]. 人民日报海外版. 2017-6-7.
[147] "一带一路"承载和平发展共同心愿 [N]. 人民日报，2018-8-30.
[148] 田丽，赵婀娜，黄超，等. 大思政课，总书记心中的一件大事 [N]. 人民日报，2022-5-22.
[149] 杜尚泽. "'大思政课'我们要善用之"（微镜头·习近平总书记两会"下团组"）[N]. 人民日报，2021-3-7.
[150] 共青团中央书记处. 充分发挥高校共青团在大学生思想政治工作中的生力军作用：深入学习习近平关于高校思想政治工作的重要论述 [N]. 人民日报，2017-1-26.
[151] 习近平：用海外乐于接受方式易于理解语言 努力做增信释疑凝心聚力桥梁纽带 [N]. 人民日报，2015-5-22.
[152] 中共中央办公厅，国务院办公厅. 关于实施中华优秀传统文化传承发展工程的意见 [N]. 人民日报，2017-1-26.
[153] 沈壮海. 文化强国建设的中国逻辑 [N]. 人民日报，2016-9-21.
[154] 我国对外传播工作，习近平作重要讲话 [N]. 科技日报，2021-6-1.
[155] 赵欢春. 牢牢掌握互联网"微空间"的话语权 [N]. 光明日报，2015-9-9.
[156] 国务院. 国家教育事业发展"十三五"规划 [EB/OL]. (2017-1-10) [2023-5-20]. http://www.gov.cn/gongbao/content/2017/content_5168473.htm.
[157] 中共中央办公厅，国务院办公厅. 关于深化教育体制机制改革的意见 [EB/OL]. (2017-9-24) [2023-3-24]. http://www.gov.cn/xinwen/2017-09/24/content_5227267.htm.
[158] 中共中央办公厅，国务院办公厅. 关于实施革命文物保护利用工程（2018—2022年）的意见 [EB/OL]. (2018-7-29) [2023-5-21]. http://www.gov.cn/zhengce/2018-07/29/content_5310268.htm.

［159］习近平. 在教育文化卫生体育领域专家代表座谈会上的讲话［EB/OL］.（2020-9-22）［2023-5-22］. http://www.gov.cn/xinwen/2020-09/22/content_5546157.htm.

［160］习近平. 在庆祝中国共产主义青年团成立100周年大会上的讲话［EB/OL］.（2022-5-10）［2023-5-22］. http://www.gov.cn/xinwen/2022-05/10/content_5689538.htm.

［161］教育部. 高等学校课程思政建设指导纲要［EB/OL］.（2020-6-1）［2023-5-22］. http://www.moe.gov.cn/srcsite/A08/s7056/202006/t20200603_462437.html.

［162］岳月伟，李学仁. 习近平在湖南考察时强调 在推动高质量发展上闯出新路子 谱写新时代中国特色社会主义湖南新篇章［EB/OL］.（2020-9-18）［2023-5-23］. https://www.gov.cn/xinwen/2020-09/18/content_5544581.htm.

［163］人民网融媒体报道精彩纷呈，庆祝新中国成立70周年［EB/OL］.（2019-9-23）［2023-5-24］. http://media.people.com.cn/n1/2019/0923/c14677-31368011.html.

［164］中共中央，国务院. 关于新时代加强和改进思想政治工作的意见［EB/OL］.（2021-7-12）［2023-5-24］. http://www.gov.cn/xinwen/2021-07/12/content_5624392.htm.

［165］程瑶. 习近平提出文明交流互鉴的“中国方案”［EB/OL］.（2019-5-16）［2023-3-24］. http://www.xinhuanet.com/politics/xxjxs/2019-05/16/c_1124502802.htm.